全国革命老区县发展史丛书·广东卷

汕尾市城区革命老区发展史

汕尾市城区革命老区发展史编委会 编

SPM 南方出版传媒 广东人民出版社
·广州·

图书在版编目（CIP）数据

汕尾市城区革命老区发展史 / 汕尾市城区革命老区发展史编委会编. —广州：广东人民出版社，2020.5
（全国革命老区县发展史丛书·广东卷）
ISBN 978-7-218-14267-8

Ⅰ. ①汕… Ⅱ. ①汕… Ⅲ. ①汕尾—地方史 Ⅳ. ①K296.53

中国版本图书馆 CIP 数据核字（2020）第 074644 号

SHANWEI SHI CHENGQU GEMING LAOQU FAZHANSHI
汕尾市城区革命老区发展史
汕尾市城区革命老区发展史编委会　编　　　版权所有　翻印必究

出 版 人：肖风华

责任编辑：林　俏
责任校对：窦兵兵
装帧设计：张力平
责任技编：吴彦斌　周星奎

出版发行：广东人民出版社
地　　址：广州市海珠区新港西路 204 号 2 号楼（邮政编码：510300）
电　　话：（020）85716809（总编室）
传　　真：（020）85716872
网　　址：http://www.gdpph.com
印　　刷：广州市浩诚印刷有限公司
开　　本：715mm×995mm　1/16
印　　张：20.25　插　页：8　字　数：270 千
版　　次：2020 年 5 月第 1 版
印　　次：2020 年 5 月第 1 次印刷
定　　价：68.00 元

如发现印装质量问题，影响阅读，请与出版社（020-85716808）联系调换。
售书热线：（020）85716826

广东省编纂《革命老区县发展史》丛书指导小组

组　长：陈开枝（广东省老区建设促进会会长）
副组长：林华景（广东省老区建设促进会常务副会长）
　　　　宋宗约（广东省农业农村厅副巡视员、广东省老区建设促进会副会长）
　　　　刘文炎（广东省老区建设促进会副会长）
　　　　郑木胜（广东省老区建设促进会副会长）
　　　　姚泽源（广东省老区建设促进会副会长兼秘书长）
　　　　谭世勋（广东省老区建设促进会副会长）
　　　　廖纪坤（广东省农业农村厅总经济师）

办公室

主　任：姚泽源（兼）
副主任：韦　浩（广东省农业农村厅扶贫协作与老区建设处处长）
　　　　柯绍华（广东省老区建设促进会副秘书长）
　　　　伍依丽（广东省老区建设促进会副秘书长）

汕尾市编纂《革命老区县发展史》丛书指导小组

组　　长：王世顶

副组长：许　古　陈永宁　马世珍

指导小组下设办公室

主　　任：陈保壮

成　　员：李强如　陈锦环　彭　仲
　　　　　陈　发　陈慧兰　陈伟健
　　　　　王冠钦

汕尾市城区革命老区发展史编纂委员会

顾　　问：李庆新　林钢捷　罗光钊
主　　任：郑良斌
副 主 任：叶凯旋　余正茂　吴大集　陈镜炉
成　　员：邵银洲　余少杰　吴小臻　赖振亚　吴秋业　黄思平
　　　　　曾昭谋　刘克涛　黄　超　陈小凯　林悦钊　李映慧
　　　　　许争荣　陈永潮　詹胜聪　郭乃坎　曾向平

编委会下设编辑部
主　　编：吴大集
副 主 编：张子贺　许争荣
成　　员：翁烈辉　陈剑钊　赖杉昌　陈汉杞　陈　犇
　　　　　余飞远　何夏逢
审　　稿：曾昭群　钟训成

汕尾市城区革命老区发展史评审小组
组　　长：余正茂
副 组 长：陈镜炉　曾昭群
成　　员：陈保壮　陈建新　邵银洲　钟训成　黄　平　陈　锤
　　　　　曾昭谋　黄　超　赖振亚　韩如沛　陈汉杞　李映慧
　　　　　王耿绵　翁烈辉　柯腾峰　黄吉庆

总序

在举国欢庆新中国成立 70 周年前夕，中国老区建设促进会王健会长请我为《全国革命老区县发展史》丛书作序，作为一名在老区战斗过并得到老区人民生死相助的老兵，回首往事，心潮澎湃，感慨万千，深感义不容辞，欣然应允。

中国革命老区，是以毛泽东为代表的中国共产党人在领导人民推翻帝国主义、封建主义和官僚资本主义三座大山，争取民族独立和人民解放伟大斗争中建立的革命根据地，在这片红色的土地上，诞生了无数可歌可泣的革命英雄儿女，为后人树起了一座不朽的丰碑，她是新中国的摇篮，是党和军队的根。

在艰苦卓绝的战争年代，老区人民把自己的命运与中华民族的命运紧紧地联系在一起，与中国共产党和人民军队的命运紧紧地联系在一起，他们生死相依，患难与共。我曾亲历过战争年代，并得到过老区红哥红嫂的救助，切身感受到发生在身边的一幕幕撼天动地的革命故事，在那极其艰难的条件下，老区人民倾其所有、破家支前，不怕艰难困苦，不怕流血牺牲。"最后一碗米送去做军粮，最后一尺布送去做军装，最后一件老棉袄盖在担架上，最后一个亲骨肉送去上战场"，这是当时伟大的老区人民为建立新中国做出巨大牺牲的真实写照，它将永远镌刻在中国共产党、中国人民解放军、中华人民共和国的历史丰碑上。他们的光辉业绩永载史册，他们的革命精神必将影响一代又一代的革命新人，造就一代又一代的民族脊梁。

在社会主义革命和建设时期,革命老区和老区人民响应党的号召,面对落后的面貌、脆弱的经济、恶劣的生态环境,他们本色不变,精神不丢,自力更生,艰苦奋斗,干一行爱一行。始终坚持"革命理想高于天",自觉做共产主义远大理想的坚定信仰者和忠实实践者,勇于向恶劣的自然环境和贫穷落后宣战,他们在各条战线上为国建功立业,用平凡的双手创造了一个又一个不平凡的奇迹,彰显了老区人的崇高精神和人格力量。

在改革开放的伟大进程中,老区人民解放思想,勇于创新,发奋图强,攻坚克难,老区的经济社会建设取得了辉煌成就。特别是在改变中国的面貌、中华民族的面貌、中国人民的面貌、中国共产党的面貌的伟大实践中发挥了至关重要的作用。老区人民既是改革开放的参与者,也是改革开放的推动者。

艰苦练意志,危难见精神。老区人民在近百年的革命战争、社会主义建设和改革开放的伟大实践中,孕育形成了伟大的老区精神:爱党信党、坚定不移的理想信念;舍生忘死、无私奉献的博大胸怀;不屈不挠、敢于胜利的英雄气概;自强不息、艰苦奋斗的顽强斗志;求真务实、开拓创新的科学态度;鱼水情深、生死相依的光荣传统。这是党和人民宝贵的精神财富、丰厚的政治资源,是凝心聚力、振奋民族精神的重要法宝,也是社会主义核心价值观的重要内容。

中国老区建设促进会怀着强烈的政治责任感和历史使命感,组织全国各地老促会人员克服困难,尽心竭力编纂《全国革命老区县发展史》丛书,记录老区的光辉历史和辉煌成就,传承红色基因,弘扬老区精神,是功在当代、利及千秋的一件大事。手捧这部丛书的部分书稿,读着书中的故事,倍感亲切,深感这部丛书具有资政、育人、存史的社会功能,有着重要的时代和历史价值。它是不忘初心、牢记使命的源头活水,是赞颂共产党、讴歌老区人民的一部精品力作,是弘扬老区精神、传承红色记忆的丰厚载体,是一项继承优秀传统文化、弘扬革命文化、发展社会主义先进文化,坚定"四个自信"的宏大文化工程。它必将成为一种文化品牌,为各界人士了解老区宣传老区支持老区提供一部有价值的研究史料。希望读者朋友们能从中了解并牢记这些为党和民族的利益不断奉献的老区人民,从中得到教益,汲取人生奋斗的精神动力。

新时代赋予新使命,新起点开启新征程。让我们更加紧密地团结在以习近平同志为核心的党中央周围,坚持以习近平新时代中国特色社会主义思想为指导,增强"四个意识",坚定"四个自信",做到"两个维护",弘扬老区精神,铭记苦难辉煌。为实现"两个一百年"奋斗目标,实现中华民族伟大复兴的中国梦作出新的更大的贡献!

2019 年 4 月 11 日

编写说明

2017年6月,中国老区建设促进会组织全国各地老促会启动编纂《全国革命老区县发展史》丛书,按照"建立中国共产党、成立中华人民共和国、推进改革开放和中国特色社会主义事业"三大里程碑的历史脉络,系统书写革命老区百年历史,深入挖掘革命老区红色文化资源,这对于充实丰富中国革命史籍宝库、在新时代传承红色基因、弘扬革命精神、强固根本,对于激励人们在新的历史条件下夺取中国特色社会主义伟大胜利,实现中华民族伟大复兴的中国梦具有重要意义。

丛书编纂以习近平新时代中国特色社会主义思想为指导,以《中国共产党历史》《中国共产党的九十年》等重要文献为基本依据,以党的领导为核心,以老区人民为主体,以老区发展为主线,体现历史进程特征,突出时代发展特色,坚持辩证唯物主义和历史唯物主义相统一、历史真实性与内容可读性相统一的原则,书写革命老区从站起来、富起来到强起来的光辉革命史、不懈奋斗史、辉煌成就史,把老区人民的伟大贡献、伟大创造、伟大成就、伟大精神充分展示出来,形成一部具有厚重历史特征和鲜明时代特色的精品力作。这是一部培根铸魂、守正创新,既为历史立言,又为时代服务,字里行间流淌着红色血脉、催生着革命激情的传世之作。丛书的编纂出版将成为讴歌党讴歌人民讴歌时代、传播红色文化、为革命老区和老区人民树碑立传的重要载体。

丛书按照编年体与纪事本末体相结合、以编年体为主的编写体例确定框架结构；运用时经事纬、点面结合的方式记述史实；坚持人事结合、以事带人的原则处理人与事的关系；采取夹叙夹议、叙论结合以叙为主的方法展开内容。做到了史料与史论、历史与现实、政治与学术统一，文献性、学术性、知识性相兼容。

为编纂好《全国革命老区县发展史》丛书，打造红色文化品牌，中国老区建设促进会认真组织积极协调，提出政治立场鲜明、史料真实准确、思想论述深刻、历史维度厚重、时代特色突出、编写体例规范、篇目布局合理、审读把关严格、出版制作精良的编纂出版总要求，力求达到革命史籍精品的精神高度、思想深度、知识广度、语言力度，增强丛书的权威性和社会影响力。各省（区、市）、市（州、盟）、县（市、区、旗）老促会的同志，以强烈的使命感、责任感和紧迫感，勇于担当，积极作为，认真实施，组织由老促会成员、专家学者等参加的十余万人编纂队伍。编纂工作主体责任在县，省、市组织协调、有力指导、审读把关。各方面人员以高度负责的精神和科学严谨的态度，满腔热情地投入工作，为丛书编纂出版做出了重要贡献。丛书编纂工作还得到了党和国家有关部委、地方各级党委政府及有关部门的大力支持和积极参与，社会各界也给予了热情帮助。中共中央政治局原委员、中央军委原副主席、原国务委员兼国防部长迟浩田上将，对老区人民怀有深厚感情，对革命老区建设发展十分关注，欣然为《全国革命老区县发展史》丛书作总序。

丛书由总册和1599部分册（每个革命老区县编纂1部分册）组成，共1600册。鉴于丛书所记述的史实内容多、时间跨度长和编纂时间紧，不妥之处，敬请批评指正。

中国老区建设促进会

● 彭湃精神 ●

彭湃塑像——彭湃,中国无产阶级革命家,中国共产党早期农民运动主要领导人之一,海陆丰农民运动和革命根据地的创始人,被毛泽东称为"中国农民运动大王"。彭湃亲自点燃了城区革命老区的革命烈火,他的革命精神永远激励着城区革命老区人民不忘初心,奋勇前进(何夏逢摄)

革命遗址

嚣城捷胜——彭湃、李劳工最早在海丰县东南沿海发动农民运动的地方（何夏逢摄）

市区二马路东南楼——全国第一个镇级苏维埃政府原址所在地（何夏逢摄）

浩气长存——汕尾鼎盖山革命烈士纪念园（何夏逢摄）

20世纪40年代，何香凝、柳亚子从香港被营救送到海丰，当时在马宫南湖登陆。图为登陆处（何夏逢摄）

柳亚子居住过的杨胜昌大院（何夏逢摄）

何香凝居住过的杨成兴大院（何夏逢摄）

● 文化古址 ●

"沙坑文化"原址——捷胜沙坑村（何夏逢摄）

明城古址——汕尾坎下城（何夏逢摄）

● 老区新貌 ●

百载商埠汕尾港,是新中国成立后全国首批对外开放口岸之一(何夏逢摄)

品清湖,汕尾人民的母亲湖,亚洲第二大潟湖、中国第一大潟湖(陈鹏飞摄)

妈祖石像屹立在4A级凤山祖庙旅游区凤仪台（何夏逢摄）

2005年5月1日,首届汕尾市城区中华妈祖文化节在妈祖文化广场举行(何夏逢摄)

4A级旅游区——铜鼎山旅游区(何夏逢摄)

交通新枢纽——汕尾火车站 （何夏逢摄）

滨海新城——保利金町湾（陈鹏飞摄）

滨海新城夜景一角（陈鹏飞摄）

滨海新城一角（何夏逢摄）

红草高新技术开发区(何夏逢摄)

工业新星——信利电子城(陈鹏飞摄)

工业新星——全国农业龙头企业国泰食品有限公司流水线（何夏逢摄）

工业新星——新雅地毯（何夏逢摄）

马宫造船基地 （何夏逢摄）

"中国蚝乡"——红草辰洲村。图为蚝民在晒蚝干（何夏逢摄）

千帆竞发汕尾港——汕尾港休渔结束开港的壮观场面（何夏逢摄）

汕尾港的天然屏障——"汕尾沙舌"（何夏逢摄）

● 老区特产 ●

龙虾（何夏逢摄）

石斑鱼（何夏逢摄）

本港鱿鱼干（何夏逢摄）

鲍鱼（何夏逢摄）

蚝（何夏逢摄）

海蟹（何夏逢摄）

金钩虾米（何夏逢摄）

海胆（何夏逢摄）

目录

序 / 001

第一章　区域及革命老区概况 / 001

第一节　区域概况 / 002

第二节　区域和名称沿革 / 006

第三节　资源优势 / 008

　　一、土地资源 / 008

　　二、海洋资源 / 008

　　三、其他资源 / 009

第四节　革命老区概况 / 011

第二章　大革命时期和土地革命战争时期 / 015

第一节　革命火种　彭湃传播 / 016

第二节　工农运动　蓬勃发展 / 018

第三节　武装起义　攻占汕尾 / 022

第四节　红色政权　率先成立 / 023

第五节　红军善战　建功罾城 / 026

第六节　浴血奋战　斗争不息 / 028

第三章　全民族抗日战争时期 / 033

第一节　日寇入侵　青抗奋起 / 034

第二节　郑重受命　恢复党建 / 043

第三节　侨胞回乡　抗日救亡 / 047

第四节　中心县委　坚强堡垒 / 053

第五节　抗日武装　兵藏汕尾 / 056

第六节　红楼泣血　壮士悲歌 / 063

第七节　香港营救　精英脱险 / 068

第八节　抗战胜利　港城受降 / 071

第四章　解放战争时期 / 075

第一节　隐蔽斗争　待机再起 / 076

第二节　人民武装　威震敌胆 / 078

第三节　民运建政　开拓税源 / 084

第四节　"海灯"长明　青年先锋 / 086

第五节　和平解放　汕尾新生 / 091

第六节　乘胜前进　剑指龟龄 / 097

第五章　建设发展时期 / 099

第一节　建立巩固新政权 / 100

　　一、新政组建，执政为民 / 100

　　二、高配机构，服务发展 / 104

　　三、清匪反霸，巩固政权 / 113

　　四、反特登陆，严阵以待 / 114

第二节　恢复发展经济 / 116

一、互助合作，渔业增产／116

　　二、革弊兴利，盐业丰收／121

　　三、建港兴工，功能配套／126

　　四、兴修水利，造福百姓／129

　　五、渔民翻身，渔歌传情／130

第六章　改革开放时期／135

第一节　春风化雨　探索发展／136

　　一、拨乱反正，落实政策／136

　　二、大胆尝试，渔业改制／137

　　三、修复沙舌，港口嬗变／140

　　四、十老办学，心系后代／143

第二节　建市设区，加快发展／148

　　一、优化产业，转型升级／150

　　二、设渔试区，全国领先／151

　　三、扩大开放，招商引资／155

　　四、兴办园区，发展工业／157

　　五、"三高"农业，增效增收／159

　　六、民营经济，生力大军／161

　　七、教育医卫，齐驱并进／164

　　八、农村"五通"，助农惠民／173

第三节　迈进新时代，老区谱新章／177

　　一、开发"三区"，夯实后劲／179

　　二、高铁开通，助推发展／180

　　三、高位谋划，持续攻坚／181

四、精准扶贫，促进民生 / 183

五、创文创卫，城市升级 / 186

六、砥砺前行，再展宏图 / 190

附　录　红色历史资料 / 201

附录一　大事记（1919—1949 年） / 202

附录二　革命文献资料 / 232

附录三　革命人物 / 262

附录四　革命烈士纪念碑 / 288

附录五　红色革命遗址 / 291

附录六　革命烈士英名录 / 294

参考文献资料 / 299

后　记 / 301

序

汕尾市城区是一块具有光荣革命传统的红色土地。在这块红色土地战斗多年的汕尾籍革命老同志、老红军、抗日战争时期中共海陆丰中心县委书记郑重,在讲述汕尾市城区光荣革命历史和社会主义建设事业成就时,以朴实而炽热的语言,深情地赋诗一首:

> 昔称汕尾市,革命有史诗。
> 苏区经济点,抗日先锋地。
> 县委此成立,东移司令居。
> 六支游击队,山海任骋驰。
> 烈士精神在,后人更有为。
> 劳动能致富,建设繁荣区。

郑重同志的这首诗,为我们勾画出一幅壮丽的汕尾市城区红色革命斗争历史画卷。在汕尾市城区这片英雄的土地上,诞生了全国第一个镇级苏维埃政权,她是全国十三块革命根据地之一的海陆丰革命根据地重要的组成部分,是抗日战争时期中共海陆丰中心县委成立时驻地,是海陆丰抗日救亡活动的策源地和中心。在大革命时期、土地革命时期、抗日战争时期和解放战争时期,英雄的汕尾市城区人民在党的领导和彭湃革命精神鼓舞下,前赴后继，不怕牺牲，浴血奋战，为建立和巩固海陆丰革命根据地，为抗击日本帝国主义侵略者，为中国人民的解放事业，做出了巨大的牺牲和贡献。在革命战争年代，汕尾市城区有李劳工、梁秉刚、何丹成、江国新等600多名革命烈士，为中国革命的胜利献出了他们宝贵的生命。汕尾市城区的革命斗争在海陆丰革命根据地的史册上，在共和国的史册上，留下了光荣而厚重的一页。

新中国成立后，汕尾市城区翻开了崭新的一页，踏上了社会主义康庄大道。改革开放特别是1988年汕尾建市设区以来，汕尾市城区这块红色土地又迎来新的发展机遇，进入一个振兴发展的历史时期。作为汕尾市的政治、经济、文化、卫生、教育中心的汕尾市城区，在汕尾市委、市政府的坚强领导下，经历届汕尾市城区党政班子带领全区干部群众的努力奋斗，经过30年的城市建设，一座美丽的滨海新城矗立在南海之滨。这块古老和红色的土地充满着活力和希望。

"鉴往知来，资政育人。"值此举国上下迎接新中国成立70周年，建党100周年的重大历史时刻，根据全国老促会和广东省老促会的部署，编纂《汕尾市城区革命老区发展史》一书，是汕尾市城区深入贯彻党的十九大精神，致力传承红色文化，弘扬老区革命精神，凝心聚力，打造文化强区和促进经济社会和谐发展的重要举措。《汕尾市城区革命老区发展史》全书分为"区域及革命老区概况""大革命时期和土地革命战争时期""全民族抗日战争时期""解放战争时期""建设发展时期""改革开放时期"和"附录：红色历史资料"七部分，以翔实的历史资料，反映汕尾市城区人民在党的领导下，近百年来浴血奋战的革命史、艰苦奋斗的创业史、改革发展的成就史。这是一本厚重的存史资政红色史册，也是汕尾市城区建立以来的第一部老区革命史和发展史，她必将会受到广大干部群众的喜爱和欢迎，成为一股凝聚人心，鼓舞士气，高举旗帜，砥砺前行的红色文化力量。

习近平总书记指出："老区、苏区的红土地孕育了革命，也孕育了革命老前辈，为中国人民的解放事业作出了巨大贡献，忘记了这些，就是忘本。我们不能忘了老区人民对革命的贡献，一定要把老区的事办得更好，让革命老前辈放心。"[①] 在汕尾市城区全区上下深入学习贯彻习近平总书记重要讲话精神，按照中共中央政治局委员、广东省委书记李希在汕尾调研时提出的有关要求，全力推进"首善之城、大美之区"建设的今天，我们精心组织编写《汕尾市城区革命老区发展史》，旨在继承和发扬彭湃等革命前辈"敢为人先，无私奉献"的革命精神，让革命前辈的革命精神成为我们实现中华民族伟大复兴和城区振兴发展的强大动力和精神财富。通过编纂《汕尾市城区革命老区发展史》，进一步弘扬革命前辈的崇高革命精神，不忘初心，牢记使命，坚定理想信念，沿着革命前辈的足迹奋勇前进，扎实推进和实施《海陆丰革命老区振兴发展规划》，融入粤港澳大湾区建设，奋力走好新时代革命老区高质量发展新路子，为把城区建成善美之城，大美之区，为把汕尾建设成为沿海经济带靓丽明珠作出新的贡献。以优异的成绩，为中国共产党建党 100 周年献礼！

汕尾市城区革命老区发展史编纂委员会
2019 年 12 月

[①] 中国老区建设促进会编：《习近平总书记关于革命老区重要论述选编》（内部资料）第 1 页，2018 年 6 月。

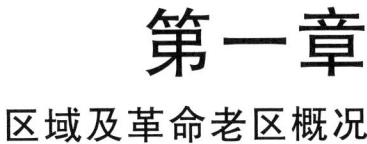

第一章
区域及革命老区概况

第一节 区域概况

汕尾市城区①（简称城区）是1988年1月7日经国务院批准设立的市辖区，同年3月29日，中共汕尾市城区委员会、汕尾市城区人民政府正式挂牌办公。是中共汕尾市委、汕尾市人民政府的驻地，是汕尾市的政治、经济、文化中心。

1988年1月，国务院批准海丰、陆丰两县设立汕尾市，从海丰县东南沿海析出汕尾、马宫、红草、东涌、捷胜、田墘、遮浪7个镇设置汕尾市城区。1989年2月，撤销汕尾镇建制，分设凤山、香洲、新港3个市区街道。1992年11月，省政府批准从城区析出田墘镇、遮浪镇，设立汕尾市红海湾经济开发试验区。此后，城区辖红草、马宫、东涌、捷胜4个镇和凤山、香洲、新港3个街道。2002年12月，马宫镇改为马宫街道。

城区设置时区域陆地面积为401.05平方千米，海岸线长170千米。析出田墘镇、遮浪镇后，区域陆地面积为302.11平方千米，海岸线长98千米，海域内有岛屿10多个、海湾2处、较大的海湖6处。建市后，市区第一次规划面积24平方千米，第二次规划面积86平方千米，第三次规划面积158平方千米。2017年末，全区耕地保有量3361公顷；户籍人口39.32万人，常住人口

---

① 注："城区"本是每个城市的市区泛称，本文的城区是指汕尾市辖下的一个行政区域名称。

42.02万人。民族中主要是汉族，改革开放及建市设区后因移民新增了蒙古族、回族、藏族、维吾尔族、彝族、锡伯族、壮族、布依族、朝鲜族、满族、侗族、瑶族、白族、土家族、哈萨克族、黎族、佤族、畲族、土族、达斡尔族、羌族、塔吉克族、俄罗斯族等23个民族，其中汉族人口占总人口的99.83%。居民姓氏有337个，人口较多的姓氏有黄、陈、林、张、刘、吴、何、李、蔡、曾等。宗教有道教、佛教、天主教、基督教。

城区位于汕尾市的东南部，东北与海丰县赤坑镇接壤，东南与红海湾经济开发试验区相邻，西北和西沿黄江南岸至长沙湾与海丰县联安镇、梅陇镇相对，南濒南海的红海湾，北与海丰县陶河镇毗邻。地理坐标为北纬22°36′—22°54′，东经115°10′—115°29′。城区位于汕尾市东南沿海，水陆交通方便，深汕高速公路和厦深铁路横穿全境，陆路高速西距广州317千米，距深圳186千米，东距汕头208千米，水路至香港81海里，至澳门120海里。

境内陆地地形以山地和丘陵为主，外观上呈展翅飞翔的蝙蝠形状，中间地势偏高，南北地势偏低，山地占地面积较广，海拔200米以上的山峰13座，最高峰为与海丰县交界的羊牯岭山峰，海拔527.6米；滨海平原狭窄。东西南三面多港湾和海湖，海域中岛屿众多而散落，属典型的滨海地貌。区域内气候属亚热带海洋季风性气候，四季分明，气候温和，日照充足，雨量充沛，无霜期长。

城区是一块古老的土地。城区历史悠久，是"沙坑文化"的发祥地。1934年，英籍芬戴礼神父最早致力于汕尾史前文化的考古。之后，他的助手意大利神父麦兆汉在芬戴礼神父发现的基础上进行深入的考究。民国时期，麦兆汉从香港到汕尾传教期间，在城区境内的田墘、遮浪、捷胜及香洲街道的埔上墩等地，发现一大批新石器时代的石器及陶器（这些出土的文物陈列在香港历史博物馆)。此外,他还在城区东涌镇宝楼村龙岗埔发现了一个铸造青铜器的工场。麦兆汉根据考古方法进行考究之后,在香港《自然科学杂志》连载发表《粤东考古发现》一文。1938年,麦兆汉在新加坡举行的第三次远东史前史学术会议上宣读《华南考古的若干发现》一文,阐论了"沙坑遗址"的久远历史渊源。后来在麦兆汉倡议下,这些石器和陶器被送到美国哥伦比亚大学进行碳十四测定估计年代。其中,捷胜沙坑北的"22块夹沙软陶及一些石器",年代最远,可追溯至6000年前至1.2万年,其广泛分布在海边的沙地及贝丘上,属"浮滨文化"类型。

1942年,城区乡贤,我国著名的人类学家、考古学家杨成志教授回乡考古普查,也对"沙坑遗址"进行了深入科学的考究,随后将其考古资料在中山大学《文学院报》发表,1943年,又在中山大学研究期刊《广东人民与文化》上发表,以充分的史料和科学的方法论证了"沙坑遗址"的久远年代,即中国新石时器时代约开始于1万年前。由此可见汕尾从6000年前至1.2万年前已处于新石器时代,并开始有人类在这里繁衍生息。可以说,城区是一块古老的土地,有着6000年至1.2万年的文明史,是汕尾文化的起点和根柢,也是中国东南沿海地区史前史文化的发源地之一,是与"仰韶文化"同等重要的文明体系,在中国文明史上有着重要的一页。

城区是一块富饶的土地。"南海物丰"是城区真实生动的写照,她濒临南海之滨,绵长的海岸线镶嵌着座座岛屿、海湖和渔港,如一串珍珠;丰富的海洋资源造就"渔盐美丽"[①],孕育和营造了广东著名的海洋捕捞渔业大港、海水养殖生产基地、原盐生产和出口基地;中国第一大潟湖、亚洲第二大潟湖——美丽的品

---

① 形容渔业、盐业产业发达。

清湖。舟楫之利促进了贸易繁荣，汕尾早在宋初就成为商埠，曾经是"舟楫云屯，商旅雨集"。孙中山在《建国方略》中把汕尾港作为广东四大渔港之首列入全国港口建设规划。新中国成立后，汕尾港被国家列为全国六大特级渔港，全国首批对外开放口岸之一。改革开放以后，又被确定为全国两大渔业体制改革试验区之一。丰富的物产和天然的口岸，造就了汕尾的贸易繁荣，早在民国初期，汕尾就有"小香港"之称。

城区是一块红色的土地。城区是中国第一个镇级苏维埃政权的诞生地，为全国第一个县级苏维埃政权——海丰苏维埃政府的诞生在人力、财力、物力方面提供了有力的支持，发挥了重要作用。它是海陆丰革命根据地重要的组成部分，是海陆丰革命运动经济的支撑点，是抗日战争时期中共海陆丰中心县委的驻地。英雄的城区人民在党的领导下和彭湃革命精神鼓舞下，在第一次国内革命战争时期、第二次国内革命战争时期、抗日战争时期和第三次国内革命战争时期，前赴后继，不怕牺牲，浴血奋战，为建立和巩固海陆丰革命根据地，为抗击日本帝国主义侵略者，为中国人民的解放事业，作出了巨大的牺牲和贡献。新中国成立后，城区人民在党的领导下，坚持走社会主义道路，万众一心，艰苦奋斗，建设美丽家园。改革开放以后，城区人民发扬彭湃等革命前辈"敢为人先"的革命精神，敢闯敢试，在全国率先开展渔业体制改革，其经验和做法得到中央的肯定和推广，推动了全国渔区渔业体制改革的开展，为渔业经济发展作出了贡献。

第二节 区域和名称沿革

城区历史上隶属海丰县。据考证,在新石器时代早中期,已有原始人在沿海一带渔耕狩猎、繁衍生息。夏、商、周及春秋战国时代,成为南方百越之一隅;东晋咸和六年(331)隶属南海郡海丰县,宋神宗熙宁元年(1068)至清朝年间属海丰县金锡都。明嘉靖四十年(1561)建汕尾坎下寨;明崇祯九年(1636)更名建为坎下城;清雍正七年(1729)设汕尾巡检司;乾隆二十一年(1756)设县丞驻汕尾,设汕尾镇。民国2年(1913)实行区建制,区内的汕尾、捷胜、青草等地设置区公所;民国3年(1914)6月,城区为潮循道海丰县所辖的第五区(汕尾、青草)、第七区(田墘)、第八区(捷胜),嗣后,属海丰县辖下的第五区(汕尾)、第七区(捷胜、田墘、遮浪)、第八区(青草);民国14年(1925)2月汕尾改设汕尾市(县辖市);民国26年(1937)属海丰县第四区、第五区;民国32年(1943),城区有五镇五乡,五镇为汕尾、青草、马鬃、捷胜、田墘,五乡为十三乡(竹围)、十八乡、东品乡(东涌、品清)、遮东乡(遮浪、东尾)、流安乡(流口、安华);民国36年(1947)属海丰县海南区。

1949年10月17日,汕尾镇和平解放;10月19日,汕尾镇成立军事管制委员会。翌年,各乡镇建立政权。1952年,城区含汕尾镇、第五区(驻地青草)、第七区(驻地田墘)、第八区(驻地捷胜)。1957年,城区含汕尾、马宫2个镇和红草、捷胜、田墘、遮浪、东品、流安、香洲7个乡。1958年9月,撤乡镇建立人民公社,公社实行政社合一的体制,管理机构称人民公社管理委员会,城区含汕尾、红草、东涌、捷胜和田墘5个公社。1959年,城区增设马宫、遮浪2个公社(从红草公社析出马宫公社、田墘公社析出遮浪公社)。1961年,从汕尾公社析出芳荣公社(1963年又并入汕尾镇)、香洲公社(1963年并入汕尾镇,1964年又析出)。1968年,公社、生产大队两级管理机构改称革命委员会。1984年,人民公社体制撤销,改为区建制,管理机构为区公所,为县政府的派出机构。1987年4月,撤区设镇,各镇设立人民政府。

1988年1月,经国务院批准设立汕尾市,并从海丰县析出汕尾、东涌、捷胜、田墘、遮浪、红草、马宫7镇建置汕尾市城区(县级),同年3月挂牌办公。城区为汕尾市委、市政府驻地。翌年2月,撤销汕尾镇,将其分设为凤山、新港、香洲3个街道(镇级)。1992年11月4日,广东省人民政府批准从城区析出田墘、遮浪2镇,设立汕尾市红海湾经济开发试验区,由汕尾市直辖。2002年12月,广东省民政厅批准马宫镇改设为街道,2005年5月正式挂牌。至2018年,城区辖凤山、新港、香洲、马宫4个街道和红草、捷胜、东涌3个镇,共有95个行政村(社区)199个自然村(社区)。

第三节 资源优势

一、土地资源

城区属沿海丘陵半岛地形,是隆起的剥蚀构造地区,地质大部分为海相沉积,土壤主要为洪积冲积土和赤红砂土,适宜水、旱耕作,适种范围广。1988年,城区土地总面积401.05平方千米,耕地面积保有量4447.4公顷,其中水田2830.9公顷、旱地1610.5公顷;林业用地面积18692公顷。1992年,析出遮浪、田墘两镇设汕尾市红海湾经济开发试验区后,城区土地面积为302.11平方千米,耕地面积保有量3733.4公顷,林业用地面积14646.7公顷。2017年,全区耕地总面积保有量为3218.18公顷,林业用地面积14604.8公顷,宜果面积1480公顷,宜养(殖)面积1327公顷。

二、海洋资源

城区濒临南海,海岸线长98千米,海域面积3.5万平方千米,其中渔场面积近2万平方千米,主要是尖担渔场、盖苏文渔场、外脚渔场和内脚渔场。沿海多湖港海湾和岛屿及滩涂。海湖主要有品清湖、东坑湖、石狗湖,其中品清湖是亚洲第二大潟湖,中国第一大潟湖;海港有汕尾港、马宫港、捷胜港;海湾有长沙湾、红海湾;海岛主要有龟龄岛、江牡岛、菜屿岛、金屿岛、石澳岛。共有海滩涂面积2446.7公顷，是养殖开发的优良场所。主要海产品有14类107科173种。鱼类主要有蓝圆鲹、金色小沙丁、鲐鱼、带鱼、银鲳、海鳗、大黄鱼、小黄鱼、断斑石鲈、长尾蛇龟鲻、马鲛、勒鱼、鲥鱼、海鲶、石斑等；虾类有长额仿对虾、鹰爪虾、中华管鞭虾、墨吉对虾、长毛对虾、宽勾对虾、龙虾等；藻类有紫菜、江蓠、石花菜等；贝壳类有鲍鱼、海胆、青蛤等。沿海海水含盐浓度年平均32.7‰，是广东生产海盐的基地之一。海洋波浪、沿岸风能也是可开发的能源资源。

三、其他资源

（一）矿产。城区境内探明的矿产有锡、钨、铜、锆英砂、硫铁矿、玻璃砂等。锡矿分布于金町村、东涌村、芦列坑村、大华半岛和西洋村等地；钨矿分布于芳荣山和新地村等地；铜矿分布于石厝村；锆英砂分布于捷胜镇等地；硫铁矿分布于马宫镇牛尾山；玻璃砂分布于市区、捷胜镇海岸沙滩，境内有或露或藏的大量花岗岩。金町、东涌、芦列坑等地的锡矿均属C2级储量，计有色金属储量2590.3吨，锡的品位均在1%~1.5%，数量多且集中。

（二）水。城区境内无大江河注入，境内河溪多发源于小山源近流短，流域面积10平方千米的溪流共12条，经湾、港、湖等入海；区域内建有中型水库1座、小（一）型水库12座，小（二）型水库44座，山塘32座，总蓄水量6521.9万立方米。此外，还有公平水库、赤沙水库的灌渠贯穿境内。市区建有新地自来水供水厂，2018年日供水18万吨。全区水资源（含地下水）总量3.67亿立方米，地下水资源丰富。全年平均降水量1929.6毫米。

（三）生物。粮食作物主要有水稻、番薯、小麦。经济作物主要有各类蔬菜、花卉，及花生、大豆、芝麻、南药、甘蔗、荔枝、龙眼、黄皮、柑、橘、橙、香蕉、青梅、油柑、杨桃、梨、芒果、李子、桃、枇杷等。木本植物有柁、松、白椎、红椎、椆树、木荷、木麻黄、台湾相思树、梓、柳、苦楝、油桐、橡树等。野生动物有穿山甲、白鹤、苏门羚、猴鹰、蟒蛇、山猪、豺狗、鸢苍鹰、雀鹰、松雀鹰、鹭、响尾鹃、游隼、鸦鹃、草鹗、鹧鸪、斑鸠、夜游鹤、海鹅、岸鹅、山鸡、水鸭、银蛇、广蛇、索蛇、大壁虎、青蛙等。

第四节 革命老区概况

城区革命老区是海陆丰革命根据地的重要组成部分，率先成立全国第一个镇级苏维埃政府，随着建立党组织、农会、农民自卫军等革命斗争组织，积极响应党和彭湃领导的海陆丰革命根据地的革命斗争要求，在土地革命战争时期、抗日战争和解放战争时期，城区党的地方组织及其武装队伍在城区人民的支持下，不怕牺牲，英勇战斗，顽强抗击国民党反动派的镇压和"清剿"、日本帝国主义的侵略和杀戮，为中国革命和民族解放事业的胜利，作出了巨大的牺牲和重大的贡献。

新中国成立后，党落实革命老区（简称老区）政策，按有关的政策规定，城区在三个时期对全区革命老区村进行全面评审和划定。1957年评划老区村37个，其中土地革命根据地老区村29个，抗日革命根据地老区村8个。1989年评划老区村116个，全部为土地革命根据地老区村。1992年评划老区村33个，其中土地革命根据地老区村30个，解放战争革命根据地老区村3个。三个时期共评划老区村186个，其中，凤山街道11个（第一居委、第二居委、第三居委、第四居委、第五居委、盐町头村、奎山村、上下村下寮美、林埠新墟、卫东、革新）；香洲街道17个（大村、新村、城内、西门、梧桐、西洋、灰窑、新区、新楼、莲塘、香洲头、霞洋、埔上墩、盐仕、大祯祥、小祯祥、后径）；新港街道20个（大华村、五福村、新寮村、石角村、银牌村、塭寮村、旗杆夹村、红卫、东风、新虾、新风、前进、东新、立新、海滨居委、新园居委、新港村、月眉村、李厝村、炮台村）；马宫街道14个（盐町村、长东村、长中村、长西村、新塘村、神田村、埔町村、埔美村、新兴村、浪清村、新姚、北山、南湖村、马宫村）；东涌镇43个（湖田、三联、桂青、半寨、东家冲、定家声、红厝山、石奎、大陂头、虎头兰、大园、崎坑、建茶、步美、贵子埔、大塘美、朱妈寮、石奎、郭厝寮、东涌、流口、青龙头、宝楼、新地、许厝乡、沙海、后澳、黄竹坑、花树、石厝、鲎山、大船路、町前、桥头埔、铜锣寨、长富、东赤、东吴、东古、东朱、品清、石洲、龙溪）；红草镇49个（岐东村、东北村、中南村、梅兴村、上坡村、吉坑村、坑尾村、春雅园、联兴村、南洋村、楼星村、新星村、梧厝村、钟厝村、新建村、埔边、石联、杉园、新村、头寮、大寮、水坡、青草、芳园、西门、新町、桥余、桥吴、仁盛、新厝、竹围、厦村、东宫、前片、后片、新片、径口、田中央、金凤池、东坑、亚洲、大乡、横堂、东寮、后寮、大份、竹山、南坑、海梧）；捷胜32个（大塘、垈头、格塘、马鞍山、南门外、石头、石厝、大淋、南门岗、双湖、新兴、佛兰、内坑、大富、大水沟、程厝、格坑、乌土、李厝村、东村、西村、南村、北村、大流、埔尾、沙坑、东坑、联安、牛肚、沙角尾、军船头、联星）。1995年底，城区老区村庄人口27.36万人，占全区总人口的91.5%，城区全域镇、街道都是革命老区。2018年经省、市审核，重新评定老区革命遗址60处。

城区革命老区坚持和贯彻党的路线、方针、政策。新中国成立后，基本完成社会主义改造，进入全面社会主义建设。尤其是改革开放之后，经过全区干部群众的艰苦奋斗，经济社会取得了长足的发展，成绩喜人。改革开放前，城区革命老区的经济结构比较单一，以渔业和农业经济为主，其中渔业是经济支柱，工业以半机械化传统手工业为主,经济总量不大。改革开放后,城区大胆尝试,探索发展致富之路。在党的十一届三中全会精神鼓舞下,汕尾信利电子厂、凤园饭店、东涌塑料玩具厂等一批外资企业进入汕尾,揭开了城区改革开放的序幕。在改革开放浪潮的推动下,城区革命老区在全国率先尝试渔业经济体制改革,其成效得到中央、省的充分肯定。随着改革开放的深入发展,城区革命老区不断解放思想,调整发展思路,优化产业结构,巩固第一产业,重点发展二、三产业,实施"工业兴区""外向带动""可持续发展"等新策略新举措,推动城区革命老区经济和社会各项事业加快发展,经济社会面貌发生了翻天覆地的变化。特别是党的十八大、十九大召开以来,城区革命老区经济社会更是迈入新时代,提速提质加快发展,开创发展新局面。与建区时的1988年相比,2018年,全区地区生产总值118.58亿元,增长32.54倍;财政收入5.84亿元,增长42.22倍;固定资产投资67.53亿元,增长33.07倍;社会消费品零售总额111.50亿元,增长34.52倍。在发展经济的同时,城区革命老区加快推动社会主义精神文明建设,教育、文化、科技等社会事业日新月异,取得了巨大的成绩。如今,城区革命老区人民不忘初心,砥砺前行,正向实现首善之城、人美之区和建设成为汕尾沿海经济带靓丽明珠的新目标奋进。

第二章
大革命时期和土地革命战争时期

第一节 革命火种　彭湃传播

20世纪民国之初，苦难深重的城区大地，与全国和海丰全县一样处于半封建半殖民地社会，人民生活在水深火热之中，阶级矛盾十分尖锐、阶级斗争异常激烈。

1921年7月，从日本留学回来的彭湃在海丰组织成立社会主义研究社，学习、研究、传播马克思主义和苏俄十月革命经验，探讨中国革命问题，并向工人、农民、学生演讲宣传马克思主义。彭湃自己则"下决心到农村去做实际运动"。经过一个多月艰苦深入的工作，1922年7月29日，彭湃组织成立赤山"六人农会"，10月25日又发展为赤山约农会，1923年1月1日，海丰县总农会成立，彭湃当选为总农会会长。在彭湃和他的战友的组织发动下，海陆丰农民运动已成燎原之势。

在彭湃的直接领导下，地处海丰东南沿海的城区地区的农会也迅速发展。1922年冬，李劳工和林务农找到彭湃，要求参加农会。此后，李劳工、林务农和彭湃共同战斗，成为亲密战友。

1923年初，李劳工和林务农回到捷胜秘密开展农民运动，精心筹备，事先吸收一些知识青年和青年农民组织成立了"励学会"，随后组织成立了捷胜大流村、水阁村两个农会，后合并成水阁农会。接着，马宫、红草、东涌、田墘、东洲等乡村也先后组织成立农会小组或农会，到1923底，仅红草境内西河乡就已发展到6个村230户。由于农会提出了"打倒土豪劣绅、打倒反动军阀""减租减息、分田分地"的口号,积极为农民排忧解难,故受到农民的真情拥护,实际上成了团结农民的领导核心。

1923年7月至8月间,城区遭受强台风袭击,房屋、牲畜、农作物等损失惨重。捷胜、马宫、红草、东涌、田墘、遮浪等地农会,响应海丰县总农会"凶年至多三成交租"的号召,动员和组织本区域的农民开展减租的斗争,史称"七五"农潮。后农会遭地主豪绅和军阀的镇压和查封,转入地下斗争,但农会仍在坚持斗争,继续发展。城区各地农会的成立和发展,成为海陆丰农民运动的一支重要力量,为后来城区农民运动的蓬勃发展打下了坚实的基础。

在农民运动发展过程中,城区社会主义青年团、工会等革命组织也得到了发展。1923年夏,彭湃派员在汕尾、马宫等地组织成立基层工会。1923年冬,李劳工还协助彭湃在汕头组织成立惠潮梅农会筹备处。1924年,李劳工和林务农随彭湃前往广州,李劳工加入中国共产党,并投考黄埔军校;林务农加入社会主义青年团。国民革命军第一次东征前后,城区籍的邝纪璜、梁秉刚、何照全、何丹成、黄连渊、梁良蓉、梁鼎昌、蔡俊、黄强、蔡敬群等青年也先后加入社会主义青年团,并分别到海丰农讲所和农民训练所学习。这些人后来均转为中国共产党员,成为建立本地区党组织的骨干力量。广东革命政府出师东征,彭湃派李劳工在广州招集海丰籍手推车工人组织东征先遣队,作为东征军向导;派张威、林务农等回海丰、陆丰组织农民武装,以策应东征军。在彭湃的带领下,城区籍的革命骨干迅速成长,在海陆丰农民运动中发挥了重要作用,作出了积极的贡献。

第二节 工农运动　蓬勃发展

1923年，海丰"七五"农潮之后，城区和整个海陆丰革命根据地一样，工农运动转向地下斗争。至1925年2月，中共广东区委常委周恩来参与领导东征军克复海丰县城，在周恩来的指导下，彭湃在海丰建立了中共海丰支部和农民自卫军，恢复社会主义青年团组织和农会的活动，把农会改为农民协会，并派员到各区进行基层农会的恢复工作，筹建党组织，发展党员，组织农民举行联欢活动，宣传革命道理。工农运动得到恢复并重新蓬勃发展起来。

1924年2月8日，彭湃、李劳工前往捷胜恢复农会并召开大会，各乡参加大会代表200余人，参加大会的农民2000多人，彭湃在大会上发表演说，会后还举行了示威游行。

1925年3月16日，海陆丰农民自卫军成立，李劳工任总队长，吴振民等为教官，其中海陆丰农民自卫军一排驻汕尾。9月，陈炯明余部刘志陆重占海陆丰。当时，刘志陆部已进入陆丰县境，李劳工正在组织陆丰自卫军抗敌。李劳工接到党的紧急通知后，连夜赶到海丰会合，准备赴广州。他立即带一位警卫赶回陆丰县城，然后绕山僻小道回海丰。由于天黑，过大德岭后误入田墘畲林埔村住宿，被田墘反动头子陈丙丁亲信捕获。次日，李劳工被押解往田墘。在行刑前，他坚贞不屈，对群众慷慨演说，痛陈无产阶级被压迫之苦，鼓励农民在他死后要继续奋斗。最后，他高呼口号"共产党万岁！"从容就义，时年仅24岁。

10月底，吴振民任海丰农民自卫军大队长，彭桂、黄强、林军杰任中队长，其中，林军杰派驻汕尾常备第二中队。城区的第五、七、八区农会各推选一批会员参加农民自卫军训练，后由部分年青农民回乡组织脱产和不脱产的农民自卫军预备队。这些农民武装力量，为后来的三次武装起义、创立和保卫海陆丰苏维埃政权奠定了武装基础。

1925年3月，林务农前往马宫，开展宣传工作，着手组织成立渔业工会。同时，汕尾党部召集凤合、祯祥、吉祥等理发店工人，商议成立理发工会事项，得到工人的热烈赞同。1925年3月27日，汕尾市政局长彭泽调往县署工作，由刘琴西接任汕尾市政局长。经过一个多月的筹备，于1925年4月15日，成立汕尾理发工会。汕尾市政局长刘琴西在会上致训词，林芳史、林务农、林衮华、成仁相继作演说。19日，马宫渔业工会在佛祖宫成立。参加会议的有数百名工人。1925年5月，海丰县成立总工会，各区行业工会和联合会相继成立，城区内工会迅速发展。在1923年5月至1927年9月期间，汕尾工会联合会负责人是林道文；汕尾盐业工会负责人是王略、罗国连（后）；汕尾染坊工会负责人是李应祥；捷胜工会会长是林醒群，副会长是刘宗法，秘书是吴勤。5月，第八区（红草、马宫）农民协会成立，并在青草圩召开成立大会，800余名农民参加大会。大会由海丰农民协会第八区特派员陈醒光主持，陈佐帮、彭小杰、吕濯之等人相继发表演说。大会选举陈醒光、陈佐帮等为第八区农民协会执行委员。大会陈述了农民协会的宗旨，号召农民团结一致，共同反抗官僚、地主、豪绅的压迫和剥削。此外，第五、七区也相继成立农民协会。五区农民协会负责人主要为彭小杰、谢毓之等；七区农民协会负责人主要为颜汉章、张家骥等。接着，妇女解放协会、新学生社、教职员联合社和总工会筹备处等群众组织也相继成立。

1925年5月1日，汕尾群众在凤山妈祖庙前举行纪念"五一"劳动节活动，参加活动的有汕尾各地学校师生、各乡农民协会、各行业工人共数千人，市政局长刘琴西主持大会，林芳史、林俊、林务农相继发表演说。大会结束后，举行游行示威，群情激昂，沿途高呼"打倒帝国主义""打倒军阀""工农万岁"等口号。1925年6月2日，汕尾市政局长刘琴西调任陆丰县县长。13日，汕尾、捷胜的群众又分别再次举行集会声援上海"五卅"运动，汕尾会场有7000多人、捷胜会场有5000多人参加，集会由大会主席报告"五卅"惨案的屠杀惨况。会后，举行游行示威，散发传单，各地学校还组织宣传队向群众发表演讲，高喊"打倒帝国主义"等口号。为加强对城区工农运动的组织和领导，城区党组织也随着成立。1925年4月，中共海丰支部发展为中共海陆丰特别支部后，城区各地也分别成立中共特别支部（后改称为部委），各自在辖区范围内发展新党员，筹建党组织，领导农民运动。1925年10月22日，国民革命军第二次东征克复海丰，彭湃根据中共广东区委指示，10月29日在海丰县城成立中共海陆丰地方委员会。翌年3月，在中共海陆丰地委的领导下，城区的党、团组织迅速发展，党员、团员人数迅速增加，并积极组织开展革命斗争。

1926年1月中旬，驻汕尾、马宫、田墘、捷胜等港口的农民自卫军受省港罢工委员会委托，对香港进行封锁。1926年5月4日，汕尾再次举行"五四"纪念会，赴会学生及群众600多人，会后举行游行，气氛热烈。同时，海丰中学组织30余名学生组成宣传队到汕尾开展宣传工作。福建省惠安县农民运动考察团到达汕尾考察，受到第五区农会和党部热烈欢迎。7日，第五区农会召集全体会员同各界群众举行"五四"纪念大会，参加的农会会员和群众有3000余人，会后举行游行，分发传单。

1926年8月，汕尾盐警强迫青坑圩鱼贩缴纳盐税，鱼贩抗争怒打盐警，并扭送农会。省政府财政部三申五令要县长严办鱼贩，但县长和盐场场长不敢处理。8月上旬，毛泽东主办的第六届农讲所学员318人，分成20多个小组，在萧楚女率领下分批赴海丰，到城区的青草等地考察。

正当海陆丰农民运动如火如荼开展之际，1927年4月12日，蒋介石撕下伪装叛变革命，在上海发动反革命政变。随后，国民党在各地"清共"，大肆屠杀共产党人和革命群众。4月20日，国民党广东特别委员会发出秘密电令，指示海丰县农民自卫军大队长吴振民在海陆丰组织"清党"。吴振民是未暴露的共产党员，他接到秘电后，当即将情况紧急报告中共海陆丰地委，中共海陆丰地委当机立断，决定举行武装起义给予回击。海丰、陆丰、紫金三县原定于4月30日深夜准备同时举行武装起义，后来由于形势紧迫，26日深夜，中共海陆丰地委在紫金提前举行武装起义；5月1日凌晨2时，又在海丰、陆丰统一行动，率先在全国打响农民武装反抗国民党右派的枪声。在党组织的领导下，海丰人民举行了第一次武装起义，夺取了政权，成立了海丰县临时政府。城区各区人民也投入了武装起义并夺取了政权，各区建立区自治委员会，行使政权职能。第五区负责人为彭小杰、梁鼎昌、王绍略、王守香；第七区负责人为刘友兰、梁绍昌、刘远、刘志云、杨鲁、何传苞、林施（又名林启英）；第八区负责人为沈茂之、陈醒光、林俊、杨小岳。

海陆丰人民第一次武装起义，沉重打击了国民党反动派的反革命嚣张气焰，极大地鼓舞了广大人民群众的革命斗志。城区各区人民积极投入反抗国民党右派的斗争，参加了第一次武装起义，壮大了海陆丰人民革命斗争的声势，为创建海陆丰革命根据地发挥了重要作用。

第三节 武装起义 攻占汕尾

海陆丰第一次武装起义，在国民党右派猖狂的反扑镇压下失败了。在党组织的领导下，城区各区农军退守农村，保存力量，待机再起。

1927年8月1日，南昌起义爆发。8月3日，中共中央决定在工农运动基础较好的地区发动秋收起义，发布了《关于湘鄂粤赣四省农民秋收暴动大纲》。8月7日，中共中央在汉口召开紧急会议，史称八七会议，会议结束了陈独秀右倾机会主义在中央的统治，通过了土地革命和武装反抗国民党反动派屠杀政策的总方针，并把发动农民举行秋收起义作为当时党的主要任务。会上，彭湃当选中共临时中央政治局委员。8月中旬，南昌起义军南下广东，准备重建广东革命根据地。一连串的消息传来，给正在开展抗租斗争的海陆丰农民极大鼓舞。

1927年9月初，为了接应南昌起义军进入广东，中共海陆丰地委和海陆丰暴动委员会决定举行第二次武装起义，并在海丰原有区乡农军的基础上，挑选精干组建了两个大队，称为工农讨逆军。9月10日，工农讨逆军在汕尾工会组织的配合下，武装攻占汕尾。在工农讨逆军的支持下，城区各区农会发动起义，农民协会接管政权，实行土地革命。9月15日，工农讨逆军攻占海丰县城，17日在县城成立海丰县临时革命政府。后来，在敌强我弱的形势下，临时革命政府主动撤出县城和汕尾，在农村坚持斗争，形成农村包围城市之势。

第四节 红色政权 率先成立

1927年10月下旬,海丰工农革命军在中国工农红军第二师配合下,举行第三次武装起义,攻克海丰县城及沿海重镇汕尾。第三次武装起义胜利后,彭湃和东江特委根据上级指示和当前革命形势,审时度势,作出在海丰、陆丰两个县城及汕尾(其时称为汕尾市,属县辖市)建立苏维埃政府的决定。

根据彭湃和党组织的指示,经过紧张筹备,汕尾率先召开工农兵代表大会。1927年11月9日,在汕尾二马路的东南旅社召开筹备会议,11月10日,汕尾市工农兵代表大会举行。到会代表150多人,其中工人代表占60%,农民代表(由附近农村选举产生)占30%,驻军士兵代表占10%。大会选举产生汕尾市苏维埃政府,主席彭小杰(后林务农),委员颜毓田、梁鼎昌、郑云湘(又名郑敦厚)、江中直、陈妈才、黄娘恩、苏镜波、黎琛、林昭贻、魏娘辽。当天,在汕尾晒网埔举行了盛大的庆祝大会。

汕尾市苏维埃政府的成立,宣告全国第一个镇级苏维埃红色政权诞生,她犹如一道闪电,冲破了国民党反动派的白色恐怖,划破了南粤海空,在海陆丰大地引起巨大的震动。在汕尾市苏维埃政府成立的大好形势推动下,11月13日至15日,陆丰县召开工农兵代表大会,彭湃出席,大会选举产生出陆丰县苏维埃政府;11月18日至21日,海丰县召开工农兵代表大会,大会选举产生海丰县苏维埃政府。城区沿海各区及各乡也召开工农兵代表大会,选举产生苏维埃政府。

　　汕尾市苏维埃政府成立后,在彭湃和上级党组织的领导下,做了大量工作,为海陆丰苏维埃政权的成立和巩固作出了巨大贡献。一是在财力、人力方面支持海陆丰苏维埃政府的成立。汕尾市苏维埃政府成立后,没收了两间当铺的金银器,价值大洋一万多元,保证了海丰县苏维埃政府的运作;派出约100名代表参加海丰县工农兵代表大会,约占全县代表的三分之一。二是打破封锁,搞活经济。为了打破国民党政府和帝国主义的经济封锁,搞活市场,增加财政收入,对内开征屠宰税、烟酒税和关税,对外组织民船搞活海上运输,保证物流通畅。还在香港购置轮船,开辟汕尾至香港、广州、澳门航线。汕尾市苏维埃政府还通过坎白盐场,与德盛隆、广隆茂等13家大盐商秘密签订合同,组织原盐运输出口,既增加了盐民收入,又增加了苏维埃政府财政收入。当时汕尾的经济收入,是海丰县苏维埃政府重要的财政来源。三是开发资源,支持海陆丰苏维埃政府的军事建设。组织动员汕尾福音医院和私人诊所的医生参加军队的救护工作,有些还参军,个别优秀的还被吸收入党。汕尾市苏维埃政府还征集原坎下城兵工厂流散在社会的机械设备,集中送往县苏维埃政府兵工厂。四是严肃妥善处理了一宗涉外事件。是年12月27日,香港意大利天主教堂主教思理觉,乘坐港英当局派出的军舰来至汕尾港外,要求苏维埃政府允许带走在汕尾传教的10名外籍传教士(7名男士3名女士)。汕尾市苏维埃政府根据彭湃的指示派兵严阵以待,有理有节有利进行处理,依照外交惯例,同意在汕尾的外籍传教士由思理觉带走,并针对思理觉在来函中不逊言论予以针锋相对的批驳,警告英国军舰今后"莫再擅越吾界,自由出入本港,否则吾将有相当对待"。正义威严,彰显了新生苏维埃政权的权威,维护了中华民族的尊严。

汕尾是沿海重镇，历来是兵家必争之地。汕尾市苏维埃政府成立后，抗击了多次国民党反动军队的进犯，但在重兵压境的情况下，汕尾市苏维埃政府至翌年 4 月下旬解散，但党员、团员仍秘密开展活动。

第五节 红军善战 建功矗城

中国工农红军第二师在海丰县第三次武装起义中，战功卓著。1927年11月18日至21日，海丰县第一次工农兵代表大会在红宫召开，其间，应大会代表的要求，决定派出英勇善战的红二师官兵前往捷胜，协助农军消灭盘踞在捷胜圩内的反动军队，解放捷胜城。

捷胜，古称"矗城"，位于汕尾港东部海边，是扼守海丰南部门户的重镇。此时的捷胜城，城内龟缩着从海城、汕尾等地败退的国民党保安、民团等几支军队，他们与当地反动势力相互勾结，仗着城墙坚固，武装弹药充足，据险顽抗，反动气焰十分嚣张。为攻克这座反动堡垒，是年11月上旬起，东江特委调海丰东南五区农军从汕尾前往围攻捷胜城，但未能攻克。于是再派海陆丰工农革命军团长林道文带梅陇、公平农军百余人前往助战。农军在距离捷胜城几里路的小村里设团部，分三路围攻捷胜城，各区农民有2000人自动前往助战。农军把捷胜城团团围住，但围了七八天，登城一两次，终未能攻下。捷胜城内民团、保安队见陷于绝境，于是拼命死守待援。由于久攻不克，林道文十分焦急，只得再次派人往海丰县城请求援兵，时值海丰县第一次工农兵代表大会开幕前夕。在次日开幕的大会上，通过了派出军队前往捷胜的提案，决定由董朗、黄雍带红二师四团的一个连前往助战。

当日下午，在欢送这一连官兵出发捷胜时，彭湃致词说：

"在海丰40万工农兵群众的代表800余人,在今天来开这个空前未有的盛会的时候,尚有一小部分逆党、地主民团、保安队存留在捷胜,实是我们之羞。今天大会请诸位同志去助战,务请各位同志于19日到捷胜总攻击,攻破捷胜城,杀尽城内一切反动派,20日回师县城继续参加工农兵代表大会。"词毕,全体高呼"向前进,登城杀尽敌人""19日入城,20日回师"等口号,"声冲街衢,情形异常激烈"。是日晚,部队到达汕尾,旋即连夜行军至捷胜,组织敢死队、冲锋队,准备好攻城长梯,次日攻城。19日早上6时,部队即与农军分三队攻城,由该连官兵攻北门,林道文带梅陇、公平、捷胜农军攻西门,黄雍指挥东南五区农军联合大队攻东门。经过两个小时的激战,红二师四团的连队首先登城,消灭城垛后面之守敌。西门农军也同时爬上城,捷胜城遂被攻下,守敌纷纷向海边逃窜,乘坐抢夺来的渔船逃走。这次战斗速战速决,当场毙敌、俘敌数百人,缴枪百余支。此役该连及农军共牺牲了一个连长及几个士兵。20日部队凯旋时,彭湃率参加海丰县第一次工农兵代表大会的代表和工人、农民近万人,在远离县城十里的谢道山迎接。董朗、黄雍、林道文见如此隆重欢迎,表示十分感谢。彭湃回答说:"第一个苏维埃政府,郊迎十里没什么!将来南京、北京解放,几百里、几千里也要欢迎的呢!"接着召开了祝捷大会和公葬攻捷牺牲的士兵。

第六节 浴血奋战　斗争不息

汕尾地区苏维埃政权的成立和存在，引起了国民党反动派的惊恐和仇恨，他们多次派出军队"进剿"，妄图扼杀新生的红色政权，镇压革命运动。

1928年3月，敌军在占据了海丰县城的第二日，国民党反动派三十一团第二营营长张应良率该部向汕尾进发，试图与先期到达汕尾港海面的敌舰取得联系。当天，郑志云和东江特委原准备在3月2日深夜12时，调驻扎可塘、青坑的红四师部队五个连及各路赤卫队围攻县城。不料2日上午，敌军第二营进发汕尾，另一部向陆丰县城方向开拔。鉴于此，东江特委断定，敌知红四师及赤卫队要围攻县城，故作调兵出击，设空城计。假如红四师及赤卫队去攻城，将反为其所包围，便决定改变原定计划，急调红四师及汕尾附近各区农民赤卫队，赶至距汕尾十余里的十三乡截敌。中午时分，张应良部在西门乡与红四师接战。激战12小时，双方相持不下。尔后，张应良督其部以机枪密集向红四师扫射，红四师不支，收兵往湖田洞方向退至五桂种山洞，与海丰沿海区赤卫队联络再图反攻。下午，敌张应良部进入汕尾。

在敌军向汕尾进攻时，东江特委委员、海丰县委召集人黄娘恩组织海丰东南各区农民赤卫队在半路阻击，因敌强我弱，未能成功。后黄娘恩又组织红军夜间袭扰汕尾敌军。次日早，红四师在黄娘恩率领的海丰东南各区农民赤卫队的配合下，第一次反攻汕尾。在此反攻中，"农民到者成千累万，甚至连农妇都到阵地助声势"。战斗从早上持续到中午1时，后来，由一支农民武装进入汕尾市区，进攻敌之营部所在地中兴旅店。在这前后，在海面游弋的敌军中山舰、广金舰、广庚舰、飞鹰舰等试图在白沙浮登陆。红四师派出一部和赤卫队赶到白沙浮，凭山架炮轰击。红军在中兴旅店一带一方面包围敌军，一方面发动政治攻势，劝张应良部士兵倒戈投降。就在张部士兵即将缴械之际，敌舰的海军陆战队突然登陆，支援张应良部，接济弹药，守敌乘势反攻。参加进攻的一路赤卫队抵挡不住，只得退出战斗。当敌军反扑时，黄娘恩亲率常备赤卫队殿后抵抗敌军，不幸在奎山村林氏祖祠门口中弹牺牲。黄娘恩，海丰县委召集人，为保卫海陆丰苏维埃政权洒尽最后一滴血。红四师将在海丰补充的士兵遣散，令其携枪回去，计未能及时去陆丰金厢集合的二连留在青坑一带，其余部队连夜撤退到陆丰金厢，从那里渡海到惠来兵营村与彭湃率领的红军会合。敌军占据汕尾时，表现异常恐慌，唯恐红军和农民夜袭，汕尾敌军不敢在市内住宿，晚上上船，白天再回市内。敌军有一次被红军和农民赤卫队袭扰后，恐慌起来，"以至于自己打自己，死伤十余人"。敌军的疯狂镇压，并没有吓退海丰广大革命群众，在东江特委和海丰县委的组织下，3月6日，赤卫队和农民群众分三路攻汕尾，不克。在距汕尾约一里的奎山，红四师二连利用有利地形，居高临下，向敌射击。当张应良部正欲集中兵力向二连冲锋时，各乡农民纷纷赶来助战，张应良被红军击中倒地（后伤重不治）。与此同时，新港茅仔山一带的农民赤卫队乘奎山激战之际，试图渡海袭击张应良部后方，被敌海军舰队发觉开炮封锁，终未能渡海。是役，红四师二连和农民赤卫队重创敌军。奎山之战后，红四师二连退入红草海头、青草圩一带的山岭。3月26日，国民党蔡腾辉的海陆丰守备队（时已被徐景唐收编为第五军补充团）进入海丰境内。是日，以一营兵力，附以机关枪连，分两路"围剿"红四师二连。红四师二连据报，即和附近各乡赤卫队一起分头抵抗，相持一小时后撤退至东径门山，伺机组织反攻。当日傍晚，蔡腾辉仍分两路追击红军，一路由蔡腾辉亲自带领，出长沙经新村、青草；另一路出长沙经浪涌入马鬃（现马宫）。入马鬃的这一路发觉红四师二连等在东径门山后，飞报蔡腾辉，相约次日夹攻东径门山。次日早，敌军出现在东径门山，红四师二连和农民赤卫队迅速抢占山峰，居高临下，进行抵抗。但因弹药不足，只得转移。待敌军第五军进驻海丰，加调十六师一团及十八师一团开往汕尾后，红四师二连的处境更加艰难。稍后，因为形势险恶，二连余部50余人，按上级指示撤往香港，但因路径不熟，又恐被捕，只好分散行动，最后只有该连负责人徐尚志、贺廷香两人与广东省委接上了联系，余均失散。两次反攻后，红四师大部分奉调上惠来会师。部队在转移途中，程子华①等一小批红军战士，被国民党部队穷追不舍，万分危急之际，得到田墘人民的掩护，才得以转危为安。当时，程子华等红军战士为躲避追赶，来到临近大海的田墘内湖乡新塘村，得到该村赤卫队员接应。赤卫队员在附近池兜村借到渔船，从海路把程子华等安全护送到陆丰碣石，避过一难。他们刚转移，国民党军队就赶到，纵火焚烧新塘村，当场枪杀四名赤卫队员。国民党反动派的疯狂镇压，使城区处于一片白色恐怖之中。敌军占领汕尾后，反动气焰十分嚣张，整天搜查围乡，猖狂抓捕共产党员革命群众，党组织遭到了严重破坏，大批英雄儿女壮烈牺牲。

七区团委书记杨铁如等一批人撤至新港村大华山大坑一带山

---

① 程子华（1905—1991），山西省运城市解州镇人，1925年参加革命，无产阶级革命家，曾任山西省委书记、全国政协副主席。

洞中。东南暴委主席陈子歧、委员杨铁如、陈充材准备接收驳壳枪队,当驳壳枪队由黄强带领至宝楼村沙港村一带时,遭敌人击散。黄强、彭铿、郑芸等撤退至宝楼村住进了余昭雄、余昭武家。夜晚时,为安全起见,队伍移住山洞,宝楼村农会会长余昭雄经常向他们提供粮食。1928年7月,彭铿在转战至东涌青龙山时被捕就义。

在国民党反动派残酷镇压下,革命斗争环境日益恶劣,至1934年,党组织暂停活动。但是,"野火烧不尽,春风吹又生"。饱受火与血考验的海陆丰革命人民没有屈服,他们在等待着共产党回来。1936年间,蓝训材从南洋回海丰后,在城区的青草圩以当店员为掩护开展工作,着手在老苏区和海丰、陆丰联络了20多名老共产党员,后成立了中共海陆丰支部。1937年12月,郑重受党组织派遣,从广州回到家乡汕尾,秘密发展共产党员,建立起中共汕尾支部。革命的火种又在汕尾大地燃烧起来。

第三章

全民族抗日战争时期

第一节 日寇入侵　青抗奋起

1937年7月，日本侵略者在卢沟桥发动蓄谋已久的全面侵华战争，中华民族面临亡国的严重危险。中国共产党号召全国人民团结一致，共御外侮。国共两党再度合作，并肩抗战。全国人民以极大的爱国热情投身到民族解放的洪流之中。海丰是革命老区，彭湃传播的革命思想，对当时海丰地区青年的教育和熏陶极为深远，因此，汕尾城区的热血青年参加抗日救国运动热情十分高涨，积极投入和参与，在海丰地区抗日运动中有着较大的影响。

大革命失败后，被迫离开海丰到广州读书的青年学生，受到进步思想的影响，经常谈论家乡的政治形势；家乡人民的苦难生活又反映到学生的思想中来。东北九一八、平津救亡运动波及广州，一二·九之后，抗日浪潮更加高涨。汕尾籍的青年学生郑重当时是广州的地下党员，在中共南方临时工作委员会和广州市委的领导下，郑重通过学联、抗先、艺协等组织，在各学校、行业工会、军校和军队中广泛开展宣传抗日民族统一战线的活动，与王文魁、黎连祥、杨启明、陈明、李仕奇等一批进步同学，怀着旺盛的革命热情，组织成立海丰留省学生同学会，出版进步刊物《向导》，宣传革命思想和抗日救亡主张。郑重和王文魁等人的进步思想和活动，为以后重建海丰党组织的工作和开展抗日群众运动，打下了良好的思想基础和预备了充分的干部力量。郑重对党忠诚向往，积极投身党的事业，受到了党组织的培养和接纳，1936年光荣加入中国共产党，并历任中共广州军委宣传干事等职。此外，城区籍在广州的一些进步青年也加入了中国共产党。

1937年4月，翁域、何世汉、何宗汉等城区进步青年，与海丰的王文魁、黄锦家、马克昂等进步青年在海城黄锦家的家成立了进步组织"海丰青年读书会"，并在汕尾、海城、可塘、捷胜等地相继也成立了读书会、体育会等青年组织。他们首先在进步青年中开展抗日救亡宣传，在读书会中，他们提出了重新找寻党组织的决定（海陆丰自土地革命失败后，曾有一段时间中断了党组织活动），并以此为核心，逐步发展抗日群众组织，开展海丰抗日群众运动。这个时期，海丰县国民党党部成立的御侮救亡会，实际上是操纵与控制各种抗日群众组织的组织，并没有真正开展抗日群众组织的工作，也没有同意读书会公开合法开展活动，因此，读书会只能采用秘密组织形式开展活动。但是，为达到以公开合法名义广泛发动和组织广大群众开展抗日救国运动的目的，王文魁、黄锦家找当时海丰御侮救亡会秘书长吕彦才交涉，继续争取能公开合法组织青年抗日群众，但没有结果，所以，海丰合法的青年抗日群众运动也没有得到组织开展。

1937年5月初，在潮汕活动的第四战区战地随军工作团的几位团员，带着《青年抗日同志会章程》，前来海丰御侮救亡会检查海丰青年抗日群众组织的情况，发现海丰还没有组织青年抗日群众组织，对此提出了批评，责成御侮救亡会要迅速在海丰发动成立青年抗日同志会，并留下一批《青年抗日同志会章程》作为组织指导资料。黄锦家得知这个消息，立即告知了翁域和王文魁，并寄信告知在广州的郑重（黄锦家和郑重是在海丰中学就读时的同学）。读书会成员决定立即利用这一有利条件，在全县发动成立海丰县青年抗日同志会，简称"青抗会"。他们随即以读书会为基础，分头在全县各区征集发起人，并决定5月中旬在黄锦家住处召开第一次发起人会议。经过认真组织，发起人会议如期召开，参加会议的有六个区成员，其中，城区的四区有何世汉、何宗汉、何志雄，五区有翁域、杨耿仪。这次会议确定几个问题：（一）组织定名为"海丰县青年抗日同志会"。（二）宗旨在于发动与组织全县各阶层支持抗日救国的青年，积极参加抗日救国工作，参加抗日救国宣传活动，直到把日本帝国主义赶出中国去。（三）组织发展的方向与方针是：在日寇侵略中国，企图亡中华民族之际，全国各阶层人民都深受其害，都要求抗日救国的时候，要根据海丰实际情况，从城镇到农村、工厂、学校、商店，凡要求抗日救国的广大青年，不分阶层、不分性别、不分信仰，都可吸收入会。（四）推选林农和黄锦家负责起草详细组织章程和申请报告，向国民党海丰县党部提出申请，要求批准。并要求大家在各区继续多征集发起人，特别是三区。

6月初，青抗会筹委会把章程和申请报告上送国民党海丰县党部时，当时国共两党还未发表共同抗日宣言，全国还未对日宣战。所以申请报告送上去之后，国民党县党部认为发起人中没有国民党员，今后他们不好控制，便借口"我国还未对日宣战"，不能用"抗日同志会"名称成立组织，不予批准，但对章程内容未提出其他异议。后来，筹委会马上在两方面设法解决问题：（一）对于发起人，找热心抗日的国民党员参加，后找到海城小学教员林世龙，他是比较要求进步，热心抗日救国的国民党员，又是三区梅陇人。到第二次申请时，发起人就增加了他。（二）把"抗日"改为"抗敌"，只一字之差，没原则问题。最后，原"海丰县青年抗日同志会"改名为"海丰县青年抗敌同志会"，仍简称"青抗会"。经过发动，发起人增至三十多人，并增加了国民党党员。

1937年7月7日，卢沟桥事变后，中日战争全面爆发，日军大举侵华。不久，日舰封锁南海战略要冲，不时在汕尾海面游弋。9月20日上午，12艘汕尾拖网渔船在碣石渔场附近金厢海面捕鱼，突遭日舰炮击，其中2艘渔船逃脱驶往香港，1艘受损驶回汕尾，9艘沉没，罹难100余人，史称"九条龙"事件。日军肆意虐杀汕尾平民，激起了城区人民和海丰人民的刻骨仇恨。10月4日（农历九月初一），中心附近风力12级以上的强台风在汕尾地区登陆，沿海遭受了风暴潮特大灾害，仅汕尾新港村被风暴潮淹死者就达600多人。在日舰炮击渔船和抗击台风灾难救援中，青抗会筹委会在发动群众做好救护工作中表现突出，在民众中赢得很好的声望。在这种条件下，1937年10月，国民党县党部被迫批准了海丰县青年抗敌同志会的成立。11月，青抗会筹委会召开第三次发起人会议，解决了几个问题：（一）1938年1月在海城成立县会。（二）明确县会是全县青抗会最高领导机关，实行民主集中制领导，不设会长，采用干事会形式。干事会里设常务干事会，设若干常务干事，主持日常工作。常务干事包括总务干事二人，负责与主持召开县会会议；组织干事二人；宣传干事二三人；文娱干事若干人；财务、联络干事若干人；等等。

1937年12月，在广州任中共广州市工作委员会宣传干事的郑重受省委指派，回海丰组织"广州海丰学生回乡服务团"，做地方人士统战工作，指导开展抗日宣传活动，发动、组织青年参加青抗会，培养积极分子，发展党员，重建党的组织。在郑重的主持下，海丰抗日统一战线工作和青抗会组织工作更加迅速高效地开展起来。

12月，五区（汕尾片）青抗会筹备会成立，筹备会委员有翁域、陈绍民、杨耿仪、陈汉耀、郑清和、林仕奇、黄伯嵩、林昭存、陈建立、李定泰、邹耀炯、卢胜（又名卢成语）等十多人。青草也成立青草分会，分会负责人有：黎安、缪振业、张剑英、彭光耀、杨捷英。五区（汕尾片）青抗会筹备会成立后，除继续出大字报外，还用油印机出版《每日电讯》，组织宣传队下乡宣传，演出街头剧和舞台剧等抗日活动。五区青抗会筹备会的成立对海丰青抗会的成立起到了积极的推动作用。

1938年1月初，在海城召开青抗会第一次县会成立会议。到会的有五六十人，推选了干事会干事，并推选王文魁、黄锦家、吴建廷、翁域、姚家土、马克昂、林世龙、林农、何世汉、吴世权、杨耿仪、何宗汉、何志雄等为常务干事，王文魁和林世龙为正副总务干事；翁域、姚家土为组织干事；黄锦家、林农为宣传干事；何世汉、何志雄为文娱干事；吴建廷、杨耿仪、何宗汉为财务、联络干事。会议决定按照青抗会的组织发展方向和方针精神，迅速发动全县各阶层抗日青年参加青抗会，组织青年参加政治学习，提高青年的政治觉悟，参加抗日救国工作，并决定出版会刊《呼声》。青抗会的成立和发展，发挥了青年组织的先锋作用，推动了全县抗日群众组织的发展，把海丰抗日群众运动推向高潮。会后，海丰各区陆续筹建成立区会（队），五区（汕尾片）在成立青抗会的工作中走在海丰全县前头。

1938年2月，五区（汕尾片）率先成立区青抗会，同时，青草成立五区分会；3月，四区（捷胜片）也成立区青抗会。在城区成立青抗会的带动下，同年春，海丰的六区（可塘片）、一区（海城片）、二区（公平片）、三区（梅陇片）的青抗会也陆续成立。青抗会采用区设区干事会，乡设乡干事会的组织形式；采用区队委会的设区队委会和队长，乡设乡队委会和队长。

五区青抗会的会址设在汕尾镇，主要活动地点为郑重的家沁园。陆续参加区干事会的有郑清和、翁域、陈汉耀、杨耿仪、邹耀炯、陈绍民、卢胜、林昭存、李定泰、彭光耀、徐克勋、陈建立、杨家齐、李耀权等。五区青抗会成立后，每月每周组织干事、会员参加政治时事学习，学习《论持久战》及统战政策等，提高会员的思想觉悟和工作积极性。五区青抗会经常过组织生活，早晨集合，跑步晨呼，激发市民抗日热情。成立基干队，分工定期到各乡协助乡青抗会开展工作，组织募捐慰劳前线战士，敌机空袭时组织救护抢救伤员，保护人民生命财产，深得各阶层人士的称赞。还组织宣传队，在圩镇及农村进行宣传演讲，演唱抗日歌曲，演出抗日话剧、街头剧等活动。

五区青抗会通过统战工作，与国民党海陆丰抗日救国统率委员会主任钟秀南、国民党汕尾驻军连长朱光哲等取得联系，用统率委员会的名义，在五区成立海丰抗日自卫中队，下设两个小队，由郑重任中队长，陈绍民为副中队长。这是抗日战争初期海丰第一支抗日自卫武装，担负防敌肃奸、维持治安任务。自卫中队的成立，给汕尾人民很大鼓舞，也得到汕尾人民的极大支持。五区青抗会还派出郑芸、以群、吴美珍，参加与协助东江回乡服务团的工作。

五区青抗会的影响不断扩大，带动了其他抗敌组织的成立。3月底，汕尾妇女抗敌同志会成立，负责人有郑芸、陈楚云、陈少芳、颜义贞、郑伊文（又名郑易生）。妇抗会积极配合青抗会开展抗日宣传活动，自带饭食下乡为群众注射防疫针等。

6月27日，6艘日舰侵入汕尾港，与日机同时向汕尾区域开炮轰炸，炸死渔民4人，伤多人，房屋被炸毁甚多；29日，7架日机低飞汕尾上空，轰炸新港村，炸死渔民4人；30日，12架日机继续轰炸新港村，投弹20多枚之后，100多名日军在新港登陆，奸淫掳掠，无所不为，杀害群众3人，烧毁民房40多间、渔船100多艘，抢去盐米、牲畜等物资一大批。当日军狂轰滥炸汕尾的时候，五区青抗会会员们头上顶着敌机扫射，冒险抢救受难同胞。群众脱险后，非常感激青抗会会员的英勇无畏，有的群众和青抗会同志结下了生死之交。针对日军暴行，五区青抗会发表《新港遭难记》，揭露日寇的罪行，号召人民群众团结起来抗日救亡。

7月7日，五区青抗会会员700多人，为纪念七七抗战周年，举行火炬游行，同时发起"一文钱"捐献活动。26日，郑重化名丁冬撰写《血写的海丰》，并在《救亡日报》刊出。文章指出："大声疾呼建立海丰民族统一战线，驱逐我们共同的敌人——日本帝国主义及其走狗"。27日，马宫渔民张海通1对渔船24人，在海上捕鱼生产，突遭日本军舰炮击，船上23人丧生，只1人幸免。其间，日舰经常深入汕尾港抢夺盐船，焚烧渔船，每次都是浓烟四起，十里可见，而当地官员早已逃窜，躲到安全僻静处打牌作乐，不管人民死活。唯独青抗会集队赶来，坚守岗位，巡逻放哨，监视敌情，保护人民财产。待日寇退后，迅速投入抢救行动，慰问难民，处理善后问题。他们和群众同仇敌忾，共同控诉日寇的罪行。青抗会会员英勇无畏的行为，使青抗会组织深深扎根于群众之中，真正成为人民的子弟会。

由于汕尾青抗会在群众中的影响越来越大，所以成了反动当局的眼中钉、肉中刺，但是顽固派一时不好直接对付他们，就千方百计中伤青抗会，利用一切可能的阴谋诡计坑害而取缔青抗会。8月7日，汕尾警察局一吴姓稽查员跑到青抗会求援，说居民争购进口米，导致税务局和居民发生冲突，要求青抗会出面协助劝说双方平息纠纷。青抗会干部陈汉耀、李定泰信以为真，立即前往现场做工作，没料到中了顽固派的圈套。税局竟然诬告陈汉耀、李定泰煽动群众，反对税收，殴打税收人员，把陈、李两人拘捕解县,虽经青抗会多次交涉仍不肯释放。13日,汕尾青抗会发动海城、汕尾等地群众举行"纪念上海军民抵抗日军周年"火炬游行,同时抗议拘捕陈汉耀、李定泰。

9月3日,9架日机轮番轰炸汕尾,炸毁民房多间,炸死炸伤居民数十人。汕尾青抗会会员冒险抢救遇难同胞入医院或脱离险区,同时,发动募捐慰问其遇难家属。4日,日舰和飞机炮击轰炸汕尾、马宫。之后,日舰在红海湾游弋,封锁沿海,炮击商船、渔船。18日,汕尾和海城青抗会联合在海城举行九一八事变七周年纪念活动,并举行火炬游行。同时,迫使国民党当局释放被无理拘捕的陈汉耀、李定泰两位青抗会会员。

五区青抗会得到了各地各阶层的拥护和响应,发展迅速,不断壮大。抗日力量活动范围从汕尾镇发展到奎山、盐町头、东涌、品清,及原八区南汾、青草、长沙、十三乡等广大农村,从城镇到农村、作坊、码头、学校、商店,五区青抗会迅速吸收农民、手工业者、搬运工人、知识青年、教师、贫民、店员、渔业工人等人员参加,到1939年,已共有会员800多人。

第四区青抗会会址设在捷胜,主要活动地点为东涌蔡烈家、捷胜何世汉家、赖氏家塾(中共地下组织"星星"社址)和许昌炽家。1938年3月间成立区干事会后,陆续参加区干事会的有何世汉(又名何竺)、蔡烈、何宗汉、李民、何志雄、赖志、刘汉章、梁良梯、何鼎元、许昌炽等。四区青抗会成立后,注意组织全体人员学习时事政治,学习《论持久战》理论,学习抗日统战政策等等,会员觉悟不断提高,积极性较高;组织文艺宣传队,在捷胜、田墘两地长期进行宣传。由于成员文化水平普遍较高,当中不乏艺术人才,经常写大标语、画漫画、出墙报进行宣传,还组织演出大型话剧《凤凰城》《雷雨》《爱国心》《放下你的鞭子》等抗日剧目,使群众深受教育,有的在观剧中感动得流泪,有的高呼口号,对推动当地抗日工作起到很好作用。四区青抗会的文艺宣传队也深入埔尾、青龙头、建茶、大塘尾等广大农村开展宣传工作和组织发展工作,很快在各乡建立乡会,在农村广泛开展抗日救国工作。到1939年,四区青抗会的会员已发展到800多人。农民约占80%,还有知识青年、教师、店员、城镇贫民、手工业工人等,是比较具有广泛性的。

由于汕尾青抗会在组织上、领导上方法得当,使汕尾青抗会队伍不断壮大,抗日救亡运动深入开展,使整个汕尾镇成为当时海丰抗日活动的中心。郑重曾在回忆录中指出:"青抗会的蓬勃发展,其中有一个原因,就是顽固派当局反共反人民逼出来的,而共产党提倡的抗日统一战线,则受到各阶层人民的热烈拥护。"在这期间,中国共产党发表"停止内战,一致抗日"的宣言,积极推动抗日民族统一战线政策,得到全国人民的一致拥护,蒋介石被迫接受共产党的主张,联共抗日。此后,在党的领导下,中共海陆丰地方组织随着抗日战争形势的发展而逐步恢复、健全起来,成为领导群众抗日的核心力量。

日军侵略攻占汕尾

第三章　全民族抗日战争时期

第二节

郑重受命　恢复党建

1936年至1937年间，中共南方临时工作委员会（简称"南委"）和中共广州市委都派员到海陆丰恢复第二次国内革命战争时期的老党员，同时发展新党员。1937年10月，中共南方工作委员会成立，由中共中央领导（12月后改由中共中央长江局领导），下辖广东省区域内的党组织和广西省工委。12月，广东省委派遣中共广州市工作委员会宣传干事郑重回汕尾沿海一带活动，筹建和恢复党组织。郑重回到汕尾后，对海丰的社会民生情况进行调查研究，写了《致子成兄信》（子成兄为中共南委代号），报告海丰现状、救亡工作、建立党的组织和工作情况。在汕尾，郑重吸收了抗日救亡活动的积极分子翁域、何世汉等人入党，并帮助他们建立中共汕尾支部，翁域任支部书记。在此期间，由蓝训材领导的中共海陆丰支部和王文魁领导的中共青可支部也分别建立。当时海陆丰党组织中三个支部都互不统属，三方面的党员互不了解。

中共汕尾支部建立后，立即开展几件重要的工作：（一）党的组织生活从一般的党员联系，到为实现党在抗日民族统一战线阶段的政治主张而斗争的有组织有领导的工作。（二）党的宣传组织工作用各种形式（壁报和口头宣传、戏剧宣传），从汕尾、捷胜到全县有计划、有组织地迅速开展。党支部统一领导广州回乡服务团和第四、第五区御侮救亡会的宣传工作，发动大批小学教师和民校夜校开展抗日救国宣传活动，团结广大群众。（三）开设国技馆，组织群众性武术训练，为组织义勇军和抗日游击队做准备工作。（四）建立商店，作为交通站，有计划地为成立县委做准备工作。

1938年2月，郑重通知翁域赴广州向中共南方工委军事部长尹林平汇报工作。翁域在广州中山公园见到了尹林平，听取尹林平关于群众运动八大原则及群众路线、统战工作等问题的指示，尹林平还布置了组织抗日救亡宣传工作和发展党组织等任务。翁域自广州回汕尾后，又发展了一批党员。是月，国民政府广东民众抗日自卫团海丰县统率会成立，钟秀南、林运鹏、钟超如、黄晴川、陈肇唐、吴定远、杨柳湖、陈指东、赖远程为委员。

1938年4月18日，中共南方工委干部扩大会议在广州召开。会议根据中共中央、长江局的指示，撤销中共南方工委，选举产生中共广东省委员会。1938年8月，郑重受广东省委指派，返回海丰。郑重与蓝训材接上关系后，听取了蓝训材关于党的组织情况的介绍；从翁域汇报的党的发展情况，了解到汕尾支部已有20多名党员。把海城、汕尾、青可（青坑、可塘）三个支部合并，成立中共海陆丰工作领导小组，书记郑重，组织委员蓝训材，宣传委员王文魁，成员翁域、吴建腾、姚家土、刘腾光。中共海陆丰工作领导小组主要任务是：（一）统一党的领导，审查党员，建立组织，为扩大党的队伍做准备；（二）开展抗日救亡运动，准备武装斗争；（三）开展抗日民族统一战线工作。

1938年10月，在郑重汕尾的沁园，海陆丰两县党员代表20多人，参加了中共海陆丰第一次党员代表大会。大会分析了海陆丰的政治形势，传达了省委的指示，确定了今后的任务：（一）建立区、乡党的基层组织，扩大党的队伍；（二）发动群众，掀起群众性抗日救亡运动；（三）建立武装，准备开展敌后斗争；

(四）积极开展民族统一战线工作。大会选举了郑重、林兴、蓝训材、王文魁、翁域、刘耀光为委员，姚山（姚家土）为候补委员，组成中共海陆丰工作委员会。郑重任工委书记，林兴为组织委员，蓝训材为宣传委员，王文魁为青年委员，翁域为妇女委员。驻地汕尾镇。

同月，根据广东省政府"各地组织民众自卫团抗日"的命令，中共海陆丰工委筹集枪支，并通过从香港回海丰任县自卫团指挥的钟秀南的批准，在汕尾建立海丰民众自卫团独立第五中队。中队长郑重，副中队长陈绍民。下辖两个小队，第一小队长林昭存，副小队长陈子美；第二小队长彭光耀。独立第五中队成立后，进行军事训练，学习毛泽东的《论持久战》。

11月，中共海陆丰工委在汕尾沁园秘密举办训练班，分别培训青抗会和党的基层骨干。训练班结束后，各区开始建立党的区委会。

中共海城（一区）区委书记陈光耀与旅港回乡服务团的吴棣伍、吴禄、周大洲取得联系后，征得郑重和钟秀南的同意，成立海丰民众自卫团独立小队。青抗会骨干陈宏、柯克洲、周权、陈紫民等发动青年教师、进步学生几十人参加独立小队。由吴棣伍、吴禄、周大洲、莫秋心主持政治学习，国民党军人李放任队长负责军事训练。

为了便利于工作，在中共海陆丰工作委员会的直接领导下，成立了中共陆丰县工作委员会。为了坚持独立自主的抗日群众运动，决定成立妇抗会，以五区（汕尾片）青抗会为中心，带动海丰各区青抗会的工作发展，打破顽固派当局的限制政策，使海陆丰两县的青年群众运动迅速蓬勃地发展起来。从此，海陆丰的抗日救亡运动进入了新的时期。

这一时期的特点是：党所领导的以青抗会为核心的抗日救亡

运动,通过知识分子的带动作用,迅速地由城镇发展到农村,青抗会也大量吸收农民为会员,同时妇抗会也在这个时期成立起来并得以发展。蓬蓬勃勃的群众性抗日救亡运动,为发展党的组织提供了极为有利的条件,县工委派吴若冰担任训练班主任,在海丰各区举办青训班和党训班,学习主要内容有《论持久战》《党的基本知识》《党章》等,大力培训抗日骨干分子和党的基层干部。

通过恢复党建,发展党组织,党员队伍得到迅速壮大。"星星之火,可以燎原"。1938年是抗日初期党组织大发展的时期,城区的党员由原来50多人发展到将近600人,城区各区都建立了区委,大乡普遍有党支部,到1939年底党员已达700多人。

第三节 侨胞回乡 抗日救亡

七七事变后,香港海陆丰中心支部根据党的抗战方针,在中共香港市工委的领导下,积极组织爱国同胞回乡开展抗日救亡活动。

从1938年初到1939年10月,在香港、南洋爱国社团的支持下,先后有多批香港同胞和南洋侨胞组团回乡,回乡人员中有多人参加过海陆丰大革命运动,经历过血与火的考验,革命热情高涨。时值海陆丰党组织得到恢复和发展,中共海陆丰工作委员会在汕尾镇成立,后又在汕尾镇成立中共海陆丰中心县委,党领导的青抗会也蓬勃发展,为港胞、侨胞回乡宣传发动群众开展抗日救亡活动,创造了良好的社会环境和政治基础。

第一批回乡的是1938年3月成立的"海陆丰旅港青年回乡救亡工作团",人员有40多人,之前在香港进行了40天的学习和培训。该团人员身着统一制作的黄色中山装制服,佩戴证章,携带大批早已准备好的标语、漫画等宣传品以及各种药品、衣物等,经深圳、淡水乘车回海丰。工作团持主张抗战的香港海陆丰旅港同乡会会长钟秀南给海丰县抗日统率委员会的介绍信,直接与海陆丰国民党当局交涉,开展和参加抗日救亡活动。这批回乡的人员,大多数是参加过著名的海陆丰苏维埃运动的同志。其中:团长吴禄,又叫吴延禄,其时改名吴牛特,鲘门人,苏维埃时期曾任陆丰童子团总队长;副团长朱荣又名朱雪辉,河口人,先后担任陆丰县农会特派员、金碣区委书记、中共陆惠县委常委；团员林兴，即林礼输，青坑人，是海丰县第一次工农兵代表大会主席团成员；吴光荣，海城人，是红军四十九团军需处经理；黄超如，梅陇人，1932年前后曾任海陆紫县委书记和陆惠县委书记；庄岳，海城人，先后在海丰一区和普宁云落、紫金县委工作。这些同志回乡参加救亡工作，是冒着生命危险的，因为他们大都是国民党省政府1928年8月和1934年3月两次悬红通缉的对象。他们回来参加抗日救亡活动，海陆丰国民党当局碍于国共合作的局面，工作团又是爱国华侨自发、自费组织并经省政府批准的合法团体，表面不得不表示接受，但暗中却加以监视、阻挠。同批回海陆丰的还有黄平（海城人）、吴殿昌（联安人）、吴宗荣（海城人）、曾达如（梅陇人）、李伟成（鮜门人）、黄盛（汕尾人）、林文佳（青坑人）、吴庆云（联安人）、刘德（梅陇人）、莫秋心（梅陇人）、王国雄（陆丰人）、林瑞（陆丰人）和王远（马宫人）等同志。

第二批回乡的是1938年12月以吴若冰（又名吴伯仲）为团长，吴棣伍、周大洲（又名周浩）为副团长的东江华侨回乡服务团30多人。他们抵达海丰后，被国民党当局限制在海城、汕尾两地活动，和已遭压制的海陆丰旅港青年回乡救亡工作团会合，以东江华侨回乡服务团第二团的名义共同开展活动。

1939年1月10日，海丰民众自卫团独立小队和东江华侨回乡服务团第二团组成海丰游击指挥部属下的战时工作队，并开赴汕尾及市郊农村宣传。20日，国民党海丰县党部下令解散战时工作队。

1939年2月，中共海陆丰工委鉴于国民党当局对共产党员和抗日爱国民主人士的政治迫害，决定以退为进，转移革命力量，保护革命骨干，并主动解散海丰民众自卫团独立第五中队。同月，海陆丰工委派服务团的吴棣伍、周大洲前往惠来葵潭与原十九路军将领翁辉廷商谈在葵潭举办三民中学，得到翁辉廷的同意。不久，三民中学开学，设专修班与初中班，学员60余人。郭坚为该校支部书记、政训主任，吴棣伍任校长，卓学佐任教导主任，周大洲任训育主任，他们都兼任教员。专职教员有周光眉和吴禄夫妇。教学内容仿照陕北公学设置的课程。这所学校是培养革命知识青年的熔炉。海陆丰工委还选派党员周权、陈镇忠、陈紫民等进海丰中学读书，开展学生运动，发展党组织，并出版《义击》的刊物。后在他们的活动下，涌现了一批进步组织，如蓝青、林海的"星星社"，王芝兰、陈宇的"轰轰社"，陈高、马放的"洪流社"，黄方荣、刘启文的"前锋社"相继成立，并利用壁报的形式，在校内外掀起了抗日救亡运动的热潮。

第三批回乡的是1939年3月在香港九龙成立的东江流动歌剧团，全团17人。程跃群为团长，陈一民为指导员，团员有李优好、汪涛、杜宝琪、余尧、李复好、梁风、周章、卢光、卢淑群等。团员都是自愿报名参加的年轻人，年龄最大的二十四岁，最小的只有十六岁。他们有的是在校的学生，有的是工人、店员，为了抗日救国的共同目标，大家放弃了原来的职业和学业。如，李优好，父亲让她去美国读书深造，并且已买好船票。但她背着家庭，将去美国的船票退了，直到剧团出发之前才留字条告知父母。汪涛也是到达坪山才写信告知父母的。不少香港同胞自愿给剧团捐赠了幕帘和演出用具，地下党领导下的华南药房赠给剧团一批药品和进步书籍。

当时国民党顽固派实行消极抗战，积极反共的方针，对回乡服务团和歌剧团的工作诸多干涉限制。日军军舰经常在沿海一带游弋，敌机经常在上空盘旋，给回乡服务团和歌剧团演出带来了很大威胁。但是，这些都没有吓倒回乡服务团和歌剧团，反而激起团员们更大的义愤,他们冒着危险,坚持工作和演出。

在地处沿海的汕尾和捷胜,当歌剧团演到日本鬼子凶恶残暴的场面时,台下传来了阵阵抽泣声和咒骂声,这些场面激发了群众抗日救国的情绪。歌剧团活动时,为避免敌机的轰炸和炮击,演出一般在晚上八九点钟以后进行,一直演到深夜一二点钟。一天晚上,歌剧团正在捷胜演出,日本飞机突然飞到剧场上空,团员立即采取紧急措施,告诉观众不要惊慌,保持安静,熄灭所有灯火。群众配合得很好,人山人海的观众果然一下子安静下来。日机在上空盘旋了几圈,没有发现目标便飞走了,歌剧团又继续演出。

东江流动歌剧团在海丰县城公演《雷雨》的同时,还进行了各种宣传活动。如演出《飞将军》《越狱》《死里求生》《月亮上升》《码头工人》等小剧;同时分派部分团员辅导县城小学排练街头剧等。1939年5月,歌剧团与李汉超的未名剧社联合在海城红场演出《雷雨》时,遭日机轰炸。国民党当局对群众的生命财产全然不顾,逃之夭夭。因此,歌剧团指导员陈一民写文章在香港《东惠》中发表,愤怒抨击反动政府卖国、腐败的行径。

第四批回乡的是1939年8月以方定、黄炜燃(又名黄义芳)为正、副队长的东江华侨服务团吉隆坡队。海陆丰中心县委以青抗会的名义指派许昌炽、吴美珍协助该队活动。一个多月后,国民党海丰县党部禁止该队活动。

各个回乡服务团和歌剧团一起,在中共海陆丰工委(后为中心县委)和各区镇党组织的指导下,做了大量的抗日救亡工作,唤起了民众的爱国之心和抗战的决心。他们主要做了几方面的工作:

(一)宣传抗日,发动群众。采取张贴标语、漫画,出版壁报和组织街头演讲等形式,向群众宣传抗日救亡的紧迫性,树立

"国家兴亡，匹夫有责"的观念。如有的标语是这样写的"飞机嗡嗡，大炮隆隆，敌人要打咱海丰，惊无用，跑更戆。大家团结起来打冲锋！"还有采用歌剧、话剧、歌曲等形式。如演出《赶走日本鬼子》《放下你的鞭子》等节目。经过广泛的宣传活动，使群众提高了抗战认识。

（二）协助建立抗战团体和武装队伍。1938年初，海丰国民党部虽挂有"抗日统率委员会"的招牌，但徒有其名，没有做什么工作。服务团回乡后，共产党派吴禄、吴棣伍、周大洲参加统率委员会的工作。吴禄还具体负责组织一支武装小队的训练。服务团协助动员青年入伍，各区建立了情报网、交通站的工作，在各地设立"递步哨"，一有情报，便一站一站传递。在服务团的协助下，各种抗日团体相继建立起来。如海丰县青年抗敌同志会，1938年正式成立。服务团派人到各区，协助组建各区青抗会，还协助地方建立"青年读书会""抗日救亡小组""妇女抗敌同志会"等群众团体。群众救亡活动甚为活跃。

（三）赈济灾民，救护伤病员。1938年9月至10月间，日军飞机、军舰对海陆丰地区进行轰炸炮击，日寇海军陆战队在汕尾新港登陆，放火、杀人、抢劫，当时海陆丰正同时闹米荒与霍乱症。面对受难人民，国民党顽固派闻风而逃，有的还乘机敲诈勒索，发国难财。回乡服务团和青抗会等救亡团体，不怕牺牲，冒着生命危险投入抢救伤病员和赈济难民工作。1939年春，海陆丰又流行天花，群众缺医少药。服务团携带大批痘苗，到各地免费为群众种痘，于短时间内，阻止各地天花蔓延。还从香港带回一批药品，分配给患病群众。

（四）协助恢复和建立党的组织。服务团中一些党员回乡后，与党组织接上关系，利用回乡抗战的合法身份和较好的群众基础，积极联系老同志，培养发展积极分子入党，协助海陆丰党组织做了许多工作。林兴、吴若冰先后担任县工委、县委的领导工作。黄盛、林文佳后来担任区委书记职务。

由于海丰县国民党部一再干涉，东江流动歌剧团接到香港办事处的通知，准备放弃向陆丰等地进发的计划，到惠州集中。但形势比意料的还要坏，1939年7月，海丰的反动当局获悉香港《东惠》陈一民文章的内容后，恼羞成怒，密令逮捕东江流动歌剧团指导员陈一民，幸亏地下党及时将情况通知剧团，歌剧团遂于当天晚上悄悄离开海丰，向惠州撤退。

1939年7月至10月间，各个回乡服务团相继被迫停止活动，为保存力量，党组织决定，留下吴禄、林兴、黄盛、林文佳和吴庆云等党员骨干，继续坚持其他形式的抗战救亡工作，其他人员撤到惠州，有的回香港。

第四节 中心县委 坚强堡垒

1939年2月,中共东江特委在紫金县古竹召开扩大会议。郑重代表海陆丰工委出席,并当选为特委委员。这次大会决定中共海陆丰工委改为中共海陆丰中心县委员会,驻地汕尾。

郑重返回海丰后,于同年3月,在汕尾沁园召开海陆丰党的第二次代表大会。会上,传达了中共东江特委的指示,总结了之前的工作经验,选举产生中共海陆丰中心县委,郑重当选为中心县委书记,组织委员林兴,宣传委员王文魁,青年委员杨耿仪,委员刘腾光兼任陆丰县委书记。原海陆丰工委宣传委员蓝训材外调,之后王文魁、姚山相继任组织委员。

中心县委成立之后,切实加强党的建设,坚持用革命理论武装党员干部。从1938年至1940年,海陆丰中心县委(包括原海陆丰工委)在汕尾沁园先后举办了4期党员干部培训班,学习党关于建立抗日民族统一战线的理论、毛泽东的著作等,提高党员干部的政治思想理论水平,强化政治素质,使之能在以后的革命斗争锻炼中成长为党及军队的骨干和可用之材。同时,中心县委通过陆丰龙山中学校长的统战关系陆续派了林耀族等共产党员去当教员,在开展党的工作的同时,输送了一批进步青年进入该校读书,如庄岐洲、江水、王芝兰、蔡高等,龙山中学成为培养海陆丰党的干部的学校。又选派青抗会的积极分子,到葵潭三民中学学习,三民中学采取延安抗大的办校形式,为海陆丰培养了不少党的干部,如郑方斯、庄岐洲等。但1939年5月,惠来县政府借口学校设备简陋,强令葵潭三民中学停办。

这一时期,在武装斗争方面,中共海陆丰工委(1939年3月后为中共海陆丰中心县委)所在地汕尾,通过人民抗日统率委员会司令钟秀南的统战关系,成立海丰民众自卫团独立第五中队(1939年2月后解散),以掩护县委机关和训练武装骨干;又在各地农村普遍组织了担架队、救护队、自卫队,掌握了"守菁寮""拳头馆"等群众团体,为武装斗争做准备。

在中心县委领导下,海陆丰各地党组织放手发动群众,壮大革命力量,城区的党组织和抗日活动异常活跃。在汕尾以沁园为据点,在农村以盐屿尾、南汾为据点,深入发动群众,武装群众,兴办实事,修筑道路,兴水利,举办培训班,按"个别串连,慎重发展,稳打稳扎,保证质量"的原则,培养党员和入党对象,积极发展党员,壮大党的组织,使党的各级组织成为领导群众抗日的坚强战斗堡垒。

海丰国民党顽固派假抗日真反共,他们害怕群众抗日救亡运动,千方百计破坏人民抗日团体。1939年在国民党第一次反共高潮波及广东时,海丰以钟鼎铭为首的顽固派便扬言青抗会受共产党的利用及其他各种借口要解散青抗会等抗日团体。

汕尾是青抗会力量雄厚的地方,公开召开群众大会,郑重在关爷宫戏台以《挂羊头卖狗肉》为题发表演讲,揭露顽固派制造反动逆流的图谋。国民党书记长郑崇忻闻讯赶赴关爷宫,要求发言,不让郑重演讲。郑重问现场群众,是听郑重的还是听郑崇忻的。现场群众大喊:"郑崇忻滚开,郑崇忻滚下来!"由于到会群众的支持,郑崇忻等恐慌要退出会场,但被群众围堵,无路可走,郑重出面劝说群众让开一条路"为长官送行"。当时各个主要圩镇都举行集会示威,揭露国民党顽固派假抗日真反共的阴谋。是时，汕尾和四区的青抗会会员已发展到 1000 多人，形成救亡运动的一支强大力量。

中共海陆丰中心县委驻地在汕尾期间，在中心县委领导下，汕尾成为海陆丰抗日救亡活动的策源地和中心。中心县委正确贯彻党关于抗日民族统一战线的路线、方针、政策，坚定地贯彻执行上级党组织的指示，推动抗日救亡斗争的深入开展，成为领导海陆丰人民开展抗日斗争的战斗堡垒。

中共海陆丰中心县委旧址——沁园

第五节 抗日武装　兵藏汕尾

东江抗日游击队，是由一批海外归侨及港澳爱国青年，和东（莞）宝（安）惠（阳）的子弟兵联合起来的抗日武装。他们分别是曾生组织的惠宝人民抗日游击总队和王作尧组织的东宝惠边人民抗日游击大队。其时日寇登陆大亚湾，国民党军队狼狈逃窜，日军所到之处杀人放火、奸淫掳掠，致使同胞们流离失所、家破人亡。东江抗日游击队挑起了东江人民抗日救亡的重担，在东宝惠沿海地区和广九铁路沿线抗击日寇，开展游击战争，立下了赫赫战功，但是国民党顽固派妄图把他们消灭。

1940年初，国民党第二次反共高潮到来，顽固派迫不及待地妄图一举歼灭东江人民的抗日力量。顽固派纠集了一八六师凌育旺团、保安第八团，以及东江地区的罗坤、李坤、梁桂平、袁华照等4个支队和地方大队，号称4个师的兵力，向坪山、乌石岩两支人民武装进攻。

2月，海陆丰中心县委为对付国民党掀起的反共高潮，指示杨耿仪等在汕尾中巷口开设同兴堂盐店，经营运盐业务，为海陆丰中心县委提供活动经费，还先后指示一些党员打入汕尾国民党机关、团体、学校任职。

2月10日，国民党东江当局提出调曾生、王作尧部队到惠州西湖的孤岛百花洲集训，以达到全部缴械的目的。曾、王部队在中共东江特委领导下，提高警惕，克服内部个别干部对国民党的幻想，派周伯明到惠州谈判，以前线敌情紧张为由，坚持就地集训，粉碎了顽固派消灭人民武装的企图。2月15日，郑重与曾生在大安峒会面，商讨曾、王两部东移海陆丰的事宜。

3月1日，东江军事委员会和曾、王两部的领导人梁广、梁鸿钧、曾生、王作尧、何与成等在坪山竹园村召开紧急军事会议，研究如何对付国民党顽固派的围攻，决定并部署曾、王两部东移海陆丰。这个时期海丰国民党当局强行解散县青抗会。3月初，广东国民党当局纠集3000余人，发动对曾、王两部的围攻。8日晚，国民党顽固派军队从龙岗、坑梓、淡水三个方向进逼坪山。9日晚，新编大队由梁广、梁鸿钧、曾生等率领，经石井、田心向东突围。与此同时，国民党顽固派军队进驻观澜、梅塘，形成对乌石岩、龙华包围的态势。11日晚，第二大队在王作尧、何与成率领下，从乌石岩出发，经观澜向淡水方向突围。曾、王两部在向海陆丰东移途中遭国民党顽固派军队截击，军事上完全陷于被动，几遭挫折，人员从800多人减至100多人，处境十分困难。东江抗日游击队东移海丰，是对海丰党组织一个严峻的考验。海丰党组织在发动群众支援和掩护曾、王部队中起了很大的作用。大安峒、埔仔峒、高潭、可塘、鲘门、汕尾等地的党员和抗日群众都为部队做了大量工作。曾、王两支部队进入海陆丰境内以后，当时形势十分紧张，顽固派追击部队，封锁要道，到处搜家劫舍，紧紧追踪。曾、王两支队伍虽然受到很大损失，但保存了骨干。海陆丰中心县委立即动员全部力量，发动和依靠广大群众帮助部队转移、隐蔽、补充给养、护理伤员、建立情报站、侦察敌情、带路，使敌人找不到抗日武装的去处。同时展开声势浩大的政治攻势，动员上层爱国人士和群众团体，向国民党顽固派抗议，谴责顽固派制造内战，残杀抗日同胞的罪行，要求国民党政府立即停止"围剿"曾、王抗日游击队，惩办内战罪犯，使国民党顽固派军队陷入人民抗日的大海之中，这再一次证明了海陆丰有红军根据地的光荣革命传统！

当时，地下交通员林春兰记录了海陆丰地下交通站护送曾、王游击队来往情况。1940年4月2日晚，海陆丰中心县委派王文魁叫林春兰到可塘，在他家原先当铺的位置接三位失散的女游击队员，到赤坑尊窑村范顺昌家中隐蔽。因为形势险恶，范顺昌不敢接收。就连夜带至船坞村许成燕家中隐蔽一夜。第二晚带到赤坑三六九村七大嫂家隐蔽，十天后送她们安全归队。4月10日，东江游击队到公平九龙峒隐蔽。11日晚，地下党刘夏帆、王文灵、林春兰到九龙峒迎接东江游击队。4月12日，游击队一百余人，由刘夏帆、王文灵、林春兰带到可塘白町村前溪边，由区委曾和世、曾纪湖等四人乘两条木船来接游击队过溪。因船太小不能全部过溪，先过溪的由林春兰带路到赤坑三六九村安全隐蔽，其余的先在可塘新厝仔学校隐蔽。次日因被县伪兵发现，游击队即撤离学校，登上东家口山，将县伪兵击退后撤回山区活动。4月13日，游击队武装一百多人在城区的东涌铜锣寨隐蔽，由唐大和负责。4月14日晚，游击队武装在东涌埔尾村活动隐蔽，由杨蓬负责。4月15日，林春兰、杨蓬带游击队到东涌北山村隐蔽，由罗木道负责。4月16日晚，游击队到东涌魏厝村隐蔽。4月18日，游击队在汕尾对面妈仔山矿窑隐蔽。4月22日晚，游击队回山区活动，由林春兰、杨蓬、陈锦贵带至赤坑三六九村。4月23日晚，林春兰、王文瑞、王文灵等带游击队到公平九龙峒，由曾妈任负责。4月24晚，林春兰、曾妈任带游击队到黄羌活动，由宋超负责。4月25日，东江游击队在麻竹一带活动，被国民党顽固派军队罗坤部袭击，游击队英勇突围，将国民党顽固派军队击退，国民党顽固派军队未追踪到游击队踪迹。4月26晚，游击队主力转移到高潭中峒，黄委南接替林春兰当地下交通员。5月1

日，卢伟良有一封信带给中心县委和部队领导，林春兰连夜回到汕尾，向中心县委书记郑重汇报，安全完成了任务。

林春兰的记录说明，海陆丰的党组织和人民，在国民党顽固派军队猖狂追杀东江抗日游击队时期，全力配合游击队担负起极其艰巨的任务。一条无形的战线，从公平山区到汕尾沿海，从丛林峻岭到大海之滨，有很多人冒着生命危险，日日夜夜为保存曾、王这两支抗日游击队的主力而斗争。他们不声不响地把国民党顽固派军队的后方变为前线，使敌人守备森严、熙熙攘攘的城镇成为游击队休整、补给的后方。当时，国民党顽固派军队的指挥部几乎和游击队的指挥部同时在公平或汕尾。汕尾党组织在中心县委的领导下，发动群众，全力以赴掩护曾、王部队。曾生有一段时间就住在汕尾郑重的家里，郑重一家动用所有资源，全力掩护曾、王部队。一天晚上，汕尾关帝庙戏台演大戏，当国民党顽固派在戏台上宣布曾生游击队已被歼灭的时候，曾生却在群众的掩护下站在戏台下看戏。这是对顽固派发动内战不得民心的讽刺。虽然曾生部队在东移海丰途中遭到国民党顽固派军队的袭击，受到了一定的损失，到达海丰后斗争又很残酷，但在人民的掩护下，这支人民武装的骨干力量最后还是保存了下来。5月上旬，东移部队通过海陆丰中心县委，与驻香港的八路军办事处取得联系后，办事处拨来一笔经费。曾生秘密到汕尾的银行领款，并同中心县委书记郑重研究部署如何开展活动等问题。经郑重的安排，曾生和王作尧在汕尾会面，交流两个大队东移突围失去联系后的情况，总结经验教训，共商今后大计。

游击队在党组织和群众掩护下巧妙地隐蔽活动，使国民党顽固派军队找不到目标。顽固派第四战区游击指挥部于5月下旬宣布曾、王"匪部"均被"歼灭"，于是陆续撤兵。

6月初，中心县委和曾、王部队接到廖承志从香港转来的党

海陆丰青抗会抗日救亡革命活动遗址——汕尾关帝庙戏台（何夏逢摄）

中央书记处"五八"指示：（一）目前全国均是拖的局面，现不易整个投降分裂，也不易好转。国民党当局在保持抗日面目，同时进行反共准备投降，地方性的突变随时可能。在此局势下我们必须大胆坚持敌后抗日游击战，同时不怕摩擦，才能生存发展。（二）曾、王两部仍应回到东、宝、惠地区，在日本侵略军与国民党之间，在政治与人民优良条件下，大胆坚持抗日与不怕打摩擦战，曾、王两部决不可在我后方停留，不向敌人进攻，向我后方行动的政策，在政治上绝对是错误的，在军事上也必归失败。国民党会把我军当土匪"剿灭"，很少发展可能。东去潮梅，人地生疏，顽固派仍可以以扰其抗日后方为借口打我军，并将牵动当地灰色武装的暴露。

按照党中央"五八"指示，曾生等在郑重家开完会后，作出回师东宝惠抗日前线的决定。曾生部队安全撤离时留下一批枪支弹药和干部，为海丰建立武装队伍打好基础。

第三章 全民族抗日战争时期

曾、王部队东移以后，部队虽然损失巨大，只剩下骨干100多人，但是他们没有被消灭，主要领导成员和骨干经过这次严峻的考验，在军事上、政治上更加成熟了。他们就是后来重建东江抗日根据地的英雄；就是香港沦陷后，挺进香港营救中国文化界著名人士脱险归来的勇士；就是坚持独立自主，打开华南敌后抗日游击战争局面，声名显赫的东江纵队；就是顾全大局，按照国共两党"双十协定"，北撤山东，在国民党背信弃义全面内战的情况下，发展成为两广纵队的解放大军；就是经过南征北战之后，响应毛主席消灭反动派解放全中国的号召，配合南下大军回师解放广东的英雄子弟兵！历史如此富有戏剧性。谁能想到：革命力量竟然在反革命势力的摧残下茁壮成长。

革命老区村铜锣寨（何夏逢摄）

为应对政治形势的变化，反对国民党的投降路线，中心县委在汕尾郑重家楼上举办党员训练班，接连举办了几期，集中各区党组织的负责干部和原各区青抗会骨干分子进行学习，然后转入长期的隐蔽活动。党号召知识分子到基层和农村去，与工农群众相结合，在广大的农村地区开展群众运动。6月，东江特委决定把已暴露的中心县委领导郑重等人调离外地工作，由谢创、李果接任。

第六节 红楼泣血 壮士悲歌

1940年下半年以后,由于国民党消极抗战,积极反共,抗战正处于低潮期。原海陆丰中心县委领导成员郑重等因身份暴露先后调走,由东江特委派谢创任中心县委书记,李果为组织委员。县委机关虽已转移,但领导成员仍时常到本地区指导工作。日寇侵占海丰期间,中心县委加强对抗日武装的领导,在敌占区建立游击小组和锄奸团,通过统战关系建立战地工作队,宣传发动群众,抗击日寇和惩办汉奸走狗。

1940年夏开始,海丰大旱,田园龟裂,灾情严重,发生大饥荒,饿殍遍野。继而霍乱、天花流行,医药缺乏,疫情迅速扩大传染病情剧速,汕尾沿海地区死亡人数较多,马宫长沙乡最为严重。7月27日上午8时,日军町田部的大久保、林田、西野、新宅、春日(都是队长的姓)等部队,在汕尾和马宫登陆。12月25日,日军为截断盟国对中国抗日的援助,派南方舰队封锁中国南海海域,宣称包括海丰在内的南海沿海地区为作战区。

1941年1月24日,日军1000多人,分3路在红海湾登陆攻打汕尾,国民党驻军不抵抗,汕尾沦陷。是月,根据中共前东江特委指示,重新成立中共海陆丰中心县委。

3月21日,日军登陆马宫,炮击各乡村。在马宫港烧毁渔船36艘。在长沙乡枪杀群众4人,伤多人;袭击国民党驻海城镇部队,致伤亡20多人。22日,日军驻香港领事宣称:"皇军即将占领海陆丰。"24日凌晨，日军登陆汕尾港，接着进犯海城、公平、梅陇等地，后又龟缩在汕尾、十三乡（埔边、竹围、三河、南雅）、马宫、青草、长沙等地，至12月1日离去。此次日军侵占汕尾252天，其目的在于切断汕尾港与香港的运输线。

3月下旬，原国民党部队陈铁带领汕尾盐警队七八十人退驻六区金锡村，五区委书记黄盛通过该盐警队文书与陈铁联系后，把该盐警队带往下围。陈铁到下围后不愿与共产党合作，当天把队伍带往捷胜、遮浪，与当地小股海匪会合，据点在捷胜龟龄岛。县委派林务农等人去劝他们合作抗日，仍没有成功。是月，王远（马宫籍）从香港随抗日青年团回家乡组织抗日游击队。

4月14日，日军撤出海城，分驻汕尾、竹围、宝楼等地。海陆丰中心县委指示各区委发动群众，以开设"练总馆""拳头馆"等形式，征集枪支，成立秘密的游击小组和锄奸团伺机袭扰日军，打击汉奸。第四区捷胜组织的民众锄奸团，处决了汉奸何教三，粉碎了日军企图在捷胜成立维持会的阴谋。是月，汕尾、青草等地的12名挑盐群众被日本兵抓往径口圩，强迫他们开坑活埋自己。

5月4日，驻五、六区交界的日军100余人，袭击驻鹿境乡的保安团未遂，遂枪杀池口村村民24人，抓走100多人。是月，青龙头、流高村一带70多人聚集为匪。海陆丰中心县委指示第六区委曾和世派党员曾广仲打进匪帮内，以便掌握这支武装。数天后，众匪选举曾广仲为中队长，在当地收取盐税，后为陈铁获悉，陈铁即率领匪徒前往争地盘，曾广仲率队应战，击退海匪，并毙其1人。事后，曾广仲将情况报告区委转中心县委，中心县委指示该队解散。

9月19日，国民党第四战区六十五军一五八师四七二团在团长吴植虞指挥下和中共地下工作者曾广仲、李寅（李寅当时是青年学生、海丰县战时工作队队员）等人的配合下，由吴植虞部一营长朱金铭率300名勇士从陆丰出发，徒步经大德山，于当天上午抵达田墘。这是一支训练有素，纪律严明的国共合作的抗日队伍，官兵肩上均嵌有"合作"两字的标志，被群众称为"合作军"。当时，为了中华民族的利益，为了赢得抗日战争的胜利，国共两党摒弃前嫌，结成了广泛的抗日民族统一战线，合作军就是在此情况下产生的。这支军队的战士多数是从南洋回国抗战的青年学生，所以纪律在国民党军队中是较好的。合作军队伍稍作整顿后，突袭盘踞在捷胜龟龄岛的海匪，击毙与日寇狼狈为奸的匪首陈铁和匪徒多人。

20日，一营长朱金铭率队直奔遮浪半岛，追剿陈铁部残匪，以迅雷不及掩耳之势狠狠打击了盘踞在田寮村、墩头村等处海域的海匪，歼匪20多名，有力地打击了海匪日军勾结掳掠残杀百姓的嚣张气焰。

20日下午4时左右，合作军一营胜利返回田墘。起初全营准备露宿后策埔，后因下雨而分别移住圩内红楼、盐务所、区公所三处。据传朱金铭所骑的战马进入寨门时，引颈嘶叫，久久不肯进入，后在马夫的鞭策下，才跨过寨门来到红楼。不料，合作军住宿红楼的情况被海匪和汉奸获悉，报告了驻扎在汕尾的日军。当夜，日军迅速调集兵力，由汉奸引路，快速向田墘进发。

21日凌晨3时，日军抵达田墘，将在寨门头和厕所旁的哨兵杀害，包围了红楼，用机枪封锁大门，继而发起进攻。正在睡梦中的战士被枪声惊醒，仓促应战。几乎同时，驻扎在盐务所的合作军听见枪声，在未明情况之下，向红楼方向赶来，与把守在巷头的日军相遇，双方进行了巷战。另一处居住在区公所的合作军，迅速撤离区公所，占据被称作"陈公石"的高地，在山顶莲花宫架设机关枪，遏制日军火力，掩护被围困的合作军官兵撤退。激战几小时后,由于日军装备精良,合作军猝不及防,伤亡惨重,营长朱金铭等81名官兵阵亡,27名战士被俘。

日军离开田墘后,民众自动组织起来,在黄树毂、游子干的牵头下,有钱出钱有力出力,冒着被日军逮捕和枪杀的危险,清理战场,抢救伤员,将重伤员转移到捷胜"育黎药房"救治。蔡一阳(原汕尾新兴街遇缘堂医生,1915年前后到田墘行医)出资购买棺材、草席、石灰,并同时投入了抢救伤员的工作;陈鑫祥(解放后在田墘卫生院工作直至退休)等多名群众出力将81具合作军尸体连同朱金铭的战马埋葬在田墘郊外秤钩地,并修筑了墓茔,举行了公祭。

田墘红楼——抗日合作军英勇战斗、血洒战场的旧址(何夏逢摄)

21日,27名被俘的合作军,手掌全部被日军用刺刀扎穿,用铁丝挨个穿过各人手掌,押送至汕尾,囚禁在码头街日军仓库。当日深夜,合作军采取"搭人梯"、"吊灯笼"等办法逃脱16名。22日,未能逃脱的11名合作军战士(多数受重伤),被日军押到海边沙滩,即现新港卫生院旁边砍头杀害。就义前,他们扶掖而行，正气凛然，高呼"爱国爱民"口号。

25日，驻汕尾日军进犯海城，海城附近的国民党驻军与日军作战。26日下午，日军撤回汕尾。至此，在日军入侵城区的8个多月中，汕尾、马宫、青草、长沙、品清等地被炸毁、砸拆民房1500多间，其中被烧毁400多间，日军掠夺物资大批，残杀群众几百人，奸淫凌虐，无恶不作。

11名抗日合作军战士就义后的第三年，即1944年，由当时汕尾警察局局长梁创仲和保安大队长林鹤松发动群众捐款，在壮士遇难之处修筑了"壮烈殉难诸将士之墓"。

第七节 香港营救 精英脱险

1941年12月,海丰县国民党当局在全县大肆搜捕共产党。汕尾的林昭存、邹耀炯、李定泰,四区的何宗汉,六区的林植等人相继被捕,一部分人被押解到韶关。12月7日,日军偷袭珍珠港,太平洋战争爆发。8日,日军进攻香港。25日港英总督杨慕琦向日军投降,香港沦陷。由于情势险恶,12月中旬,周恩来电示八路军驻香港办事处廖承志,要求尽一切办法营救在香港的进步文化界人士和民主人士,并将他们转移到大后方安全地带。

广东党组织和广东抗日游击队经过三个月的紧张工作,克服了许多困难,也牺牲了一些同志(如捷胜籍旅港的地下党员赖缨祥等),在香港日军的严密控制下,营救出进步文化界人士和民主人士近800人,并护送他们安全抵达大后方。在此期间,海陆丰中心县委积极执行中共中央南方局的指示,参与营救活动,作出了较大贡献。

在香港的爱国民主人士何香凝及儿媳妇经普椿,文化名人柳亚子及女儿柳无垢,由八路军驻香港办事处的地下党员谢一超(汕尾人)负责组织营救,营救工作得到了城区籍在港爱国人士的全力帮助。1942年1月11日,谢一超护送柳亚子及其女儿柳无垢从香港中环永胜街(亦称"鸭蛋街")到长洲,江水(时任东江游击队港九独立大队短枪队中队长)护送何香凝及其儿媳妇经普椿从九龙坳到长洲。他们在长洲会合后,由谢一超负责组织护送回海丰。其时，城区红草新村商人在香港中环永胜街开设有兴店、杨胜昌、杨祥益、德华兴等商号，他们以护送家属回家乡为掩护提供无私帮助，由这些商号的家属雇请两艘渔船（舵船），由杨祥益商号老板杨绍良、有兴店的杨汉明一同协助护送"黄老板"（柳亚子对外公开身份）等几个"客户"（何香凝等人）和家属一起从水路回海丰。他们在海上漂了八天八夜，躲过了风浪打击、海盗船跟踪等风险，1月19日安全抵达城区马宫南湖，然后再到红草新村。海陆丰中心县委书记谢创和前东江特委代表蓝训材前往接洽和安排。柳亚子（以"黄老板"身份）等住进杨胜昌大院，何香凝住在杨成兴家。因恐特务盯梢，久住不妥，于农历十二月下旬，由谢一超护送至联安下许村。在红草新村临走前，柳亚子为杨家大院书写对联"绣户香风暖，春庭晓景长"以作留念；何香凝画一幅"梅"送给屋主杨成兴。

2月上旬，何香凝为感谢杨成兴的盛情，写条子给杨成兴到海丰银行借款，被国民党当局获悉。保安二团团长邓启龙得知何香凝是国民党中央委员，又是国民党元老廖仲恺的夫人，提出由他派人把她们婆媳接到海城并加以保护。何香凝婆媳到达海城后，何香凝住在邓公馆干园（即现在海城朱厝祖祠），经普椿住在春利旅店（现海丰红城酒楼），由谢一超（以何香凝义子的身份）负责她们婆媳之间的联系。何香凝时刻不忘抗日救亡，到海丰后，在红场演讲宣传抗日救亡的道理，鼓舞民众，并深入附近的小汾村号召农民起来抗日。她不懈地做抗日的宣传工作，引起海丰国民党当局的极度不安，因此，国民党当局匆忙把她们送走了。临行时，何香凝画了一幅威震群峦的虎和一幅凌霜怒放的菊花，送给袁复和谢一超，暗喻地下党威武不屈、抗战到底的英雄气概。

3月中旬，海陆丰中心县委书记谢创与蓝训材商定，由海城地下党南路支部负责人郑耀组织，一区委和二区委协助，护送柳亚子、柳无垢父女至九龙峒，后转移到坑口村蔡婶之家，由二区委刘群和公南乡公所的张仲、钟娘永（地下党员，公开身份是国民党乡长）负责照应和保护。29日，蓝训材、谢一超、袁复（曾名袁嘉猷、袁丕猷）护送柳亚子父女从九龙峒出发往兴宁。公南乡公所张仲、钟娘永派几名所丁沿途保护。

　　柳亚子、何香凝一行安全抵达大后方，与参加护送的谢一超、蓝训材、袁复、连贯等地下党同志作别时，对艰苦旅程的患难之交深致感谢，柳亚子作诗《别谢一超、蓝训材、袁嘉猷、连贯》以赠：复壁殷勤藏老拙，柳车辛苦送长征。须髯如戟头颅贱，涉水登山愧友生。

第三章　全民族抗日战争时期

第八节

抗战胜利　港城受降

1942年5—6月，国民党顽固派在华南制造了"南委、粤北省委事件"。这是继"皖南事变"之后在华南地区制造的又一起严重反共事件。事件发生后，给华南地区共产党的组织发展以及合作抗战工作带来十分不利的影响。中国共产党及其领导的武装力量是全面抗战的重要组成部分。"南委、粤北省委事件"之后，南方党组织仍以抗战大局为重，继续高举团结抗战的大旗，建立了东江纵队、琼崖纵队、珠江纵队、粤中抗日解放军等党领导的敌后抗日武装力量，抗击着华南60%以上的日军，牵制了日军大部力量，成为华南抗战的中流砥柱。但由于"南委"及其部分下属组织遭到破坏，党在国统区的组织活动被迫暂停，党员活动受限，党的统战、妇运、青运、民运、军事等各项工作受到压制，这无疑给国共合作、共同抗战带来十分不利的影响。

从全局上看，国民党顽固派制造这起反共事件，"同室操戈，相煎何急"。华南地区整体抗战力量受到一定程度的削弱，日本侵略者渔翁得利。正如"皖南事变"发生后，周恩来在重庆怒斥国民党顽固派当局："你们的行为，使亲者痛，仇者快，你们做了日寇想做而做不到的事！"

同年9月间，按上级指示，海陆丰党组织曾停止组织活动，汕尾沿海一带少数党员转移到内地或香港，大多数就地隐蔽坚持斗争。县设立联络员，各区指定联络员，严格实行单线联系。

1943年春，干旱4个月，严重饥荒，多数地区春节后即绝粮，奸商乘机囤积居奇，早晚时价悬殊，大米每升由3元涨到144元，10斤鲜鲳鱼才换到1斤大米。又因日军封锁沿海（汕尾港等），外无洋米进口，饥民每日以野菜、番薯叶、杂菇、芦箖髓、苔藓、海藻充饥；至早谷登场，又霍乱流行，海滩、街头、路边到处是死尸。汕尾新港渔民钟姓全家80人，被饿死77人；郭招家53人饿死50人；钟孙仔一家14人饿死13人。原新港渔民有6820多人，饥荒后仅存2150多人，死亡人数多达4670多人，其中有30多家绝户。为缓解荒情，钟秀南到韶关以旧关系向省府当局呼吁，得到省主席李汉魂的支持，拨给海丰大米4000担，又向江西省政府委员蒋经国要求用汕尾盐换取江西大米，得蒋经国同意。中共海丰县委副特派员刘夏帆，以商人身份到内地组织米谷，贩运至沿海平粜。

11月恢复党的组织活动，县改为特派员制。四、五区设联络员，后恢复区委。由于上半年发生大旱饥荒，全县特别是四、五区等沿海地区灾情严重，原党的组织机构虽基本保留下来，但党员人数减少。四、五区地方党组织经过对党员进行重新审查、登记、整顿后，遵照上级指示，开展声势浩大的反击国民党第三次反共逆流的宣传攻势。

1944年，日军在汕尾实行"三光"政策，到处掠夺财物，放火烧杀，死者无数；其中在天地爷庙前的海滩（今二马路189号后面），仅1天就活埋渔民30多人，是年被奸污的渔民妇女100多人。

6月，中共海丰县委副特派员刘夏帆巡视田墘、捷胜等地后返回可塘时，被国民党第六区公所逮捕，送县监禁，后解往翁源国民党第七战区复审后，至次年6月日军入侵韶关时才释放，后参加珠纵北江支队,至1945年12月经党组织同意返回海丰大安峒东纵六支队。

10月,中共海陆丰中心县委特派员李果指示第五区委书记张剑英,发动地下党员,配合打入国民党青草田赋处的周权散仓,抢运粮食到游击区,支援部队。

1945年1月24日,日本南支派遣军一〇四师团朱藤中将率部从惠阳侵入海城。次日,分兵占领汕尾、可塘,并进占陆丰县城。国民党海丰县政府早已撤到黄羌山区,军队不战而退。

2月上旬,现城区各乡镇相继成立救乡队伍,许多青年在"抗日救乡,人人有责"的口号感召下,踊跃参加救乡队。下旬,东江纵队第六支队(简称东纵六支)在海丰赤石大安峒成立,支队长叶基,政委曾源(后东江特委副书记郑重兼任政委),政治部主任黄秉(后为郭坚、王文魁),参谋室主任吴明(后为黄显群)。东纵六支下辖的独立第四大队在汕尾沿海一带打击日伪军。

4月上旬,根据中共广东省临委和东江军政委员会关于抗日根据地党政军一元化领导的指示,重新成立中共海陆丰中心县委,四、五区委体制不变,郑重兼任中心县委书记,李果任组织委员,王文魁任宣传委员,叶基任武装委员。会议决定扩大抗日根据地,建立县、区、乡民主政权,开展减租减息运动,扩大和巩固抗日民族统一战线。月底,东纵六支独立四大队和四区、六区救乡队联合,消灭企图进驻东涌村的盐警1个排,缴获长枪7支,驳壳枪1支。

5月中旬,第四区在田墘召开人民代表大会,成立抗日民主政府。区长许昌炽,副区长何熊光,参议长罗烈忠,副参议长陈庆广,区农会会长李民。许昌炽兼救乡大队大队长。下旬,驻四区宝楼的伪军中有5名士兵携带武器向东纵六支独立四大队投诚,他们是在广州被日军抓去强迫当兵的中国青年。是月,成立第五区汕尾武装大队和敌后武工队，武装大队大队长陈绍民，副大队长彭光耀，政委黄盛，政治室教导员张剑英；敌后武工队队长卢胜，指导员郑立。东纵六支在五区青草设立代号为"天秤"的情报站，站长陈进（后为张作战、陈生平），交通员郑祖平、陈鸿如；汕尾情报站代号"天后"，站长李耀权（后为陈子美），交通员陈魁。

6月14日，驻龟龄岛日伪海军第四大队第十中队110人，到赤坑京溪埔向第二救乡武装大队缴械投诚。是月，日伪海军200多人配合日军袭击第四区抗日民主政府。四区救乡大队反击，掩护区政府人员撤退到六区，救乡队一队员在战斗中牺牲。

7月，驻龟龄岛日伪海军第五大队3个中队205人到屿仔村持枪抢劫，为东纵六支吴海大队包围，被迫投降。

8月15日，日本天皇裕仁宣布无条件投降。东纵六支队和抗日民主政府积极准备接受日军投降。汕尾各界群众聚集于凤山祖庙前广场燃放鞭炮，庆祝抗日胜利。

1945年8月19日，海陆丰中心县委和东纵六支根据广东区党委的批示，部署收缴日伪军武器。中共海陆丰中心县委书记兼东纵六支政委郑重带领第五大队和独立四大队开赴汕尾、捷胜接收日伪军武器。

在八年抗战中，海丰地方党组织坚持抗日民族统一战线的方针、政策，团结进步力量，依靠广大人民群众，同国民党顽固派进行针锋相对的斗争。四、五区曾两度被日军侵占，党组织发动群众，组织青年抗敌同志会等抗日民众团体，领导沦陷区人民英勇抗击日本侵略者。接应东移海陆丰的曾生、王作尧抗日游击队；护送著名爱国民主人士何香凝、柳亚子等安全转移到大后方。1945年建立敌后县、区、乡抗日民主政府，成立救乡武装大队，动员群众参军参战，开展减租减息，有力地打击了日伪政权的殖民统治，取得了抗日战争的最后胜利。

第四章

解放战争时期

第一节 隐蔽斗争 待机再起

抗日战争胜利后,国民党政府实行新县制,汕尾等沿海地区除汕尾保留区公所外,其余均撤区建乡。至1947年,党领导的武装斗争深入发展,以原海丰县第四区、第五区合称为海南区,直至全县解放。

1945年8月日本宣布投降后,中国人民还没有真正过上和平生活。1945年9月,海陆丰中心县委撤销,海丰陆丰分设县委,王文任海丰县委书记。1946年6月,以蒋介石为代表的国民党悍然撕毁国共两党签订的"双十协定",大举进攻解放区,发动全面内战。抗战时期躲在黄羌山区的海丰县国民政府,调派部队抢占汕尾等沿海乡镇。广东国民政府派出一五四师和一八六师,袭击抗日根据地,占据海丰,疯狂捕杀共产党员和革命群众。在白色恐怖笼罩下,许多已公开身份的共产党员转移香港或外地,党组织转入地下活动。县委成员分散到山区、平原、沿海,坚持斗争,组织联系十分艰难,县委成员之间仅能靠政治交通员来传递信息。汕尾沿海地区党组织信息的上传下达由县委政治交通员林德负责。由于汕尾沿海地区群众基础较好,1946年2月以后,县委主要领导在汕尾等东南沿海一带开展活动。

1946年夏,东江纵队北撤前夕,江南地委海陆丰特派员李果在田墘传达上级指示,宣布包括海丰县委书记王文在内的一批海陆丰地方干部参加北撤,并决定王文、郑达忠先往香港接受广东区委的新任务。广东区委要求地方党员准备十年斗争，隐蔽精干，长期潜伏，积蓄力量，等待时机；反对急性，不搞大的斗争，防止暴露；在有理、有利、有节原则下，稳扎稳打，进行合法斗争。县委改为特派员制。王文、郑达忠从香港返回后，王文取道汕头参加北撤，郑达忠任海丰县特派员。

东江纵队北撤后，海丰县党组织进入了艰苦的隐蔽斗争阶段，开展地下武装斗争，准备长期潜伏，积蓄力量，等待时机。1947年2月，海丰县开始恢复武装斗争，成立海陆丰人民自卫队，队长蓝训材，副队长吴江（庄岐洲化名），副官室负责人缪振业。随后，刘志远奉广东区委之命来会合，成立中共海陆丰县委，书记刘志远，副书记蓝训材。不久，汕尾沿海片（时称海南区）也相继开展武装活动，县委派组织委员王健，配合海南区开展党的组织活动，建立了汕尾地下党支部，支部书记杨家齐，副书记肖冰。同时在流高、建茶村（现属东涌镇）和田墘北山村，恢复和建立党小组，组织党员开展秘密活动。为有利保密，地下党组织在汕尾市区的称"四平街"，在农村的称"三家村"。主要任务是深入发动青年参军，组织武工队、民运队、民兵后备队，配合人民自卫队打击敌人，袭击国民党乡公所和警察局。在中共海陆丰县委领导下，汕尾沿海片党组织严守纪律，坚持斗争，积蓄力量，为配合今后的解放战争大反攻做了大量工作，发挥了积极作用。

第二节 人民武装　威震敌胆

解放战争时期，海南区（即汕尾、马宫、红草、东涌、捷胜、田墘、遮浪等沿海地区）的人民武装力量得到恢复和发展，并且积极开展游击战，威震敌胆。

1947年1月，海陆丰人民自卫队短枪队命名为天雷队，队长江国新（后为余会、林学、曾流），政治服务员林宣汉（后为余会、林学）。

4月，天雷队在芦列坑（今凤山街道辖区）被国民党保安团包围，队员沉着应战，毙敌中队长1名、伤敌兵2名，安全突围。此后，天雷队突袭田墘保安团，活捉副官和特务长各1名，缴土左轮枪1支。

6月13日，天雷队在海汕公路竹围路段击毙国民党民政科长廖世仁，缴左轮手枪1支。17日，驻田墘的海匪"民主联军"进攻国民党军队。缴获轻机枪2挺、长枪20多支。23日，天雷队夜袭青草镇公所，缴获长枪4支，电话机1部。是月，海陆丰边界集合一支50人枪的长发党队伍，自称"海陆丰人民救乡前进队"，还有王国权带领的凌炳权部残余海匪，自称"民主联军"，驻在田墘、捷胜一带。此外，第四、五区还有一些散匪活动。对这些组织，海陆丰人民自卫队执行统战政策，与他们有所联系，引导他们打击国民党反动势力。

1948年1月，海陆丰县委为把解放战争由山区向平原和沿海推进，派黄平和陈琼到海南区开展工作，主要任务是组织武装队伍，开展武装斗争，建立流动的武装税站组建民兵，开展民运工作，建立乡镇人民政权。东江纵队北撤后，海南区已经没有解放军的常驻部队，区委一级组织也没有，党员都转入地下活动，由县委先后派联络员林德、王健、余叶等同志联系进行秘密活动。当时敌人在该地区的驻点和兵力，有盐场系统的游缉大队和盐警大队，分驻汕尾奎山、流口、东涌、青龙头、埔尾和田墘白沙湖等产盐区；汕尾警察署及下辖的马宫、新港、捷胜各警察所；田墘陈耀华联防队。敌人兵力合计1000人左右。此外，还有大股海匪盘踞。

黄平和陈琼事先与该地区的地下党负责人林德、王健取得联系，他们根据沿海地区特点和敌军情况，决定依靠地下党，发动青年参军，逐步发展武装力量。先成立海鹰武工队，陈琼任队长（后为吕奇、林铁石），黄平为指导员。海鹰队成立时队员有林佛妹等7人，后上级增派了军事骨干赖发、陈史南等参加，队伍在战斗中逐渐发展壮大，这也是海南区恢复武装斗争后独立组建的第一支武装队伍。

1948年1月底，海鹰队和天雷队在埔边马宫路口伏击载有敌军从海城开往汕尾的客车，旗开得胜，毙伤敌军各1名，缴获日式步枪2支，子弹108发。

2月初，天雷队在东涌乡的铜锣寨俘虏冒充人民自卫队行骗的一小股土匪。收缴长枪18支。责令其悔过自新，发给路费，将其解散。

2月6日，国民党军警分五路包围红草南汾村，搜捕蓝训材、江国新、黄平、陈琼、缪振业等。在这场反包围的战斗中，天雷队牺牲了1位炊事员，南汾村共产党员叶钖平牺牲。

是月，王钊和陈继明回田墘组织"白皮红心"的海丰县第九联防队。当时，王钊是汕头警备区司令部新兵连教官，陈继明是司令部机要科科长，思想比较进步，经我党做思想工作策反，二人乐意接受这一任务。1948年2月，王钊持国民党青年军第三纵队司令徐冠英的推荐书往惠州见专员黄铮，由黄铮介绍给国民党海丰县县长黄干英。经黄干英批准，海丰县第九联防队终于在田墘挂牌成立，内部编制设联防办事处，王钊任主任，设武装联防中队，陈继明任中队长，队员40多人，常驻地为捷胜。联防队的任务是保护沿海地区的革命活动，打击龟龄岛海匪，保护沿海人民安全生产。组建过程中，中共海陆丰中心县委派林德任联防队庶务长，秘密职务是党代表，负责抓联防队政治工作。后中共华南分局派新四军营级干部郑天平任联防队中队副队长，秘密任务是抓联防队的政治军事工作。联防队成立之初，国民党县政府要联防队枪枝子弹、军饷等自理。王钊的母亲变卖自己的盐町作军费，购买了10多支步枪、两支手枪及一批子弹、粮食。为解决联防队长期的军费、枪枝、弹药、军粮，沿海地下党3个支部，塔山支部书记李火、捷胜支部书记赖高（又名赖鹤龄）、建茶支部书记曾达明和海鹰队队长陈琼一同研究决定，采用假袭击真报告的策略，向国民党县长黄干英报告龟龄岛海匪袭击联防队，联防队虽然武器不足，灵活机智，海匪终被打败退回龟龄岛，要求国民党县政府增拨枪枝弹药。两次假袭击，获得国民党县政府增拨步枪40支和一批子弹。捷胜商会开会号召全圩商家支援联防队，仅两天时间，筹集大米3000多斤，军费可用三个月。

在"白皮红心"的第九联防队的掩护下，4月起，天雷队和海鹰队不断进攻敌人。在地下党员赖高的协助下，化装成赶集的农民，突袭捷胜警察所，缴获长枪14支、左轮手枪1支。得胜后，天雷队转移到建茶村，晚餐后继续开往沙港，途中获悉海匪在吉屿村招兵集枪，立即赶至吉屿，截获海匪长枪12支、子弹一批。事后天雷队又东袭陆丰庄厝围，缴获长枪5支。

是月，海鹰队接地下党员杨蓬报告，驻埔尾村的盐警队到后山坑洗澡，没有携带武器，海鹰队立即奔袭盐警队驻地，缴获长枪6支、左轮手枪1支。事后，驻青龙山盐警队包围建茶村和埔尾村，地下党员曾达明之妻陈锦屏被抓。敌人对陈锦屏严刑拷打，但她守口如瓶，始终不泄露党和武装队伍的情况。后经地下党通知王钊同国民党有关人员周旋，几天后，伤痕累累的陈锦屏才得以获释。她坚强不屈的革命精神，给所有同志生动具体的教育和鼓舞。

6月初，海匪凌炳权残部吴炯烙（又名吴奇）抵遮浪一带招集喽啰，为害商旅。在东纵六支队领导人蓝训材以及部下彭蔚之、钟娘永的劝说下，"第一届国民大会"代表、海陆惠紫龙源六县"戡乱"总司令钟超武同意起义。但在是月18日，钟超武在汕尾市区内被广东省长薛岳密令盐场查缉大队以"投共"罪名捕杀。23日，海鹰队在地下党负责人谢玉书协助下，突袭新港警察所，全俘该所巡官、警察及分公所的职员共7人，缴获长枪6支，左轮手枪1支。被俘人员经教育后释放。

7月1日，海陆丰人民自卫队对内改称为人民解放军广东江南支队第五团，团长蓝训材，政委刘志远，副团长庄岐洲。下辖钢铁第一、二中队，天雷队及西熊队，东北大队和蛟龙等连队及各民运区武装队伍。对外仍称海陆丰人民自卫队。其机构设参谋室，由刘奕、王平、黄礼声组成；副官室，由缪振业、张作战、曾文等组成。

是月，县委根据海南区斗争形势的发展，决定建立总支和人民自卫委员会，增派林昭存、黎智常两人参加领导工作。根据指示分工：黄平任总支书记，负责军队工作；林昭存任组织委员、人民自卫委员会主任，抓民运和建政；黎智常任宣传委员，行政上负责财经工作。至年底，又增补陈琼任总支保卫委员。

8月8日（农历七月初四），庄岐洲率海陆丰人民自卫队的钢铁第一、二中队和天雷队奔袭青坑联防队。经数小时的战斗，钢铁中队掩护天雷队冲至前沿阵地后，敌扔手榴弹，天雷队队长江国新为掩护副班长谢坤（又名谢槐），壮烈牺牲。时近黄昏，海陆丰人民自卫队主动撤退。为纪念江国新这位英勇、战功卓著的指挥员及在军事上的考虑，暂不公开江国新牺牲的消息，同时，县委派余会任天雷队队长，对外仍声称江国新所部。

是月，时逢恶性通货膨胀，米价直线上升，汕尾群众为阻止不法商人哄抬粮价、以及把粮食卖给国民党部队作军粮，爆发抢米风潮。20日，群众自发结队抢米店，先抢三马路的刘大隆、麻皮街的柯大兴，接着抢联丰、胜兴等米店。军警赶来弹压，群众则分散到各街巷，军警束手无策。翌日当局以警察所、联防队的名义贴出布告，"规定米价每升为280元，此后如再抢米者枪杀"。28日，台风，连日大雨，低洼地带均成泽国。海丰县死亡67人，农作物、房屋受灾严重。

9月，王健在汕尾市区内建立共产党的外围青年组织新民主主义青年团（简称"新青团"）。

10月初，马宫区公所奉国民党令，为拉壮丁欺骗马宫青壮年32人往汕尾挑大米，先被扣押，后乘船押解台湾，途中壮丁与押解兵抗争，壮丁2人丧生，余者幸得逃生。是月22日，在上级党组织部署下，海鹰队和天雷队配合驻捷胜的王钊联防队胜利起义。田捷联防队队长王钊，副队长陈继明，联名发表《起义告官兵书》、《告海陆同胞书》，率部到大安峒受中共整编，受到热烈欢迎。起义队伍整编为江南独立第四大队，大队长王钊、副大队长陈继明，副官林德。

海南区人民自卫委员会主任林昭存获悉驻东涌盐警班长黄权

对长官不满，对他教育后，黄权答应联络一些警兵为内应配合海鹰、天雷等队伍。12月16日，黄权乘队长往汕尾市区办事之机，夜率警员27人起义。携轻机1挺、长枪32支投奔海陆丰人民自卫队。20日，刘夏帆率天雷队、海鹰队及其他武工队联合作战，里应外合夜袭驻东涌的盐警队驻地，击毙顽抗的盐警队队长，缴机枪2挺，长枪66支，驳壳2支。黄权又招集联防队员和盐警30人，于22日与海陆丰人民自卫队会合。

海南区（汕尾沿海片）武装队伍在军事上采取以游击战消灭小股敌人为主的策略和战术，大部分战事靠智取、奇袭，胜仗多、伤亡少，每战必有群众支持，且优待俘虏，所以，敌军闻风丧胆，往往不战而降，极大地动摇了国民党反动派在当地的统治，鼓舞了人民的斗志。

第三节 民运建政　开拓税源

随着解放军军事节节胜利，海丰地区国民党反动武装全部龟缩在汕尾，整个海南区除汕尾外，已基本联成一片。1948年1月，海南区根据县委部署，成立海南区民运队（1948年1月至1949年10月），队长李民（为后林昭存）、副队长黄竹，负责发动群众，开展减租减息、反"三征"（征兵、征税、征粮）、支前等工作，支援武装斗争。各乡镇也相继成立民运队、民运组，队（组）长分别是：田捷遮流队曾宝枢、东品队卢志鸿、青马队梁峰（后为何若、何强）、捷胜组周雨、田墘组曾仙乐（后为黄粤）、湖内组姚义任、遮浪组黄楚忠、东洲组朱作光（后为王泾刚）、狐狸崆组安家育、龙溪组刘志坚、大塘尾组许多年、埔美组杨蓬（后为蔡妈旋）。当时，30多位民运队员开展建政工作，他们通过宣传解放战争的大好形势和党的方针政策，召开村民大会，选举村长，建立民兵队，组织妇女会、筹建乡镇人民政权。

7月12日，海南区人民自卫委员会成立，林昭存任主任，负责民运建政工作，发动群众建立政权。随着武装斗争的开展，民运工作逐渐向全区发展，有的民运队员还担任区、乡领导职务。至1949年10月，全区有民运队员50多人。

1949年1月，成立海南区工作委员会，行使政府职权。2月，海丰县人民政府成立。海南区工作委员会下辖组织有：青马镇人民政府（1948年11月—1949年10月），镇长陈琼，副镇长陈耀珍；东品乡人民政府（1949年1月—1949年10月），乡长黄海明（后为卢志鸿），副乡长叶会盛；流安乡人民政府（1949年4月—1949年10月），乡长曾达明（后为唐元）；捷胜镇人民政府（1949年7月—1949年10月），镇长梁峰，副镇长谢玉书、蔡作亮；遮东乡工作委员会（1949年8月—1949年10月），主任刘兵，副主任黄楚忠。各乡镇都有警卫排，各地警卫排排长分别为：青马林佛妹、东品巫成、流安王立家、捷胜何九炯，每个警卫排配备步枪10支左右。遮东工作委员会设武装工作组，组长邹笋，副组长黎明。各乡镇还设民政、财粮、文书等干部。

1949年8月，中国人民解放军已经跨过长江，直指南粤，海丰解放指日可待。海丰县委为加强对沿海地区的领导，决定成立田（墘）、捷（胜）、遮（浪）、流（安）工作委员会，行使政府职能。

从1948年开始，为了筹措地下党和游击队活动经费，海南区根据县委指示，设立税站，征收部分商家及过往船舶货物小额税费，上缴县税务总站。海南区最先建立青草税站，后改称海潮税站，再扩展成立东品、沙海、竹围、海流、汕尾等有武装的固定税站或流动税站，各站站长由梁鸿、林佛妹、秦古、黄素、施文、黄曲、梁润、陈春、陈志权等人先后担任，还有30多位工作人员。县也在海南区建立税收支站，由林城、林铁石等负责。

海南区的税收收入成为海陆丰经济收入的一大财源。同时，税站还广泛深入发动群众交公粮、捐款，连敌军盘踞的汕尾市区商人，也向税站纳税捐资、替解放军购买军用品，盐税也多数缴交给税站。当时海南区的经济收入达到海陆丰解放区和游击区总收入的六成，有力地支援了人民解放战争。

第四节 "海灯"长明 青年先锋

解放战争时期，中共海丰县委重视团结进步青年，培养和发展进步青年这支有生力量，各区均有进步青年组织。这些热血青年，在党的光辉指引下，英雄辈出，为民族的解放事业无私奉献。在海丰地下党的外围组织中，捷胜的"海边基本指导组"表现尤为突出，堪称青年先锋。

1948年初秋，中共捷胜地下党组织根据海丰县委指示，对开展统战工作做了安排。党组织负责人赖高指示原读书会成员何白、何业、何植东、陈新华以及由地下党组织新提名的知识青年梁登岳、梁信明、周汉成等七人，在捷胜城内西门第六街何植东家的深院内，秘密成立捷胜青年的进步组织，名为："海边基本指导组"，简称"海基导组"，代号"海灯"。"海基导组"作为地下党组织的外围组织，以团结教育青年一代为党的有力助手为主要任务；面向各阶层青年群众宣传党的路线、方针、政策，宣传革命道理、革命形势和青年一代的前途远景。在地下党组织的领导下，组织和带领各阶层青年群众投入统一战线，为党的解放事业而奋斗。

"海基导组"以七人为核心，不设组长，定期学习和研究工作。捷胜地下党组织情报站站长李政，直接与"海基导组"接头，沟通讯息。其分工如下：何植东负责发展小学片，陈新华负责发展大流和埔尾片，梁登岳负责发展广泰茶楼和北门街片，周汉成负责发展大塘、宝头兼石头片，梁信明负责内勤，何白、何业负责辅导工作，发展组员方式采取单线联系。经常进行秘密接触，循序渐进地开展思想教育和指导学习进步书刊，以提高他们的思想觉悟，并逐步交付任务进行考验，择其表现好的吸收为"海基导组"成员。其组织活动，在白色恐怖期间采取秘密活动，夜里写贴标语、布告，散发宣传资料、传单，了解敌情，传送情报；创办进步刊物《洪流》，加强宣传教育工作，培养进步青年加入"海基导组"；发动完全小学高年部学生掀起学潮，反对体罚学生、反对禁止学生学习民主歌曲等，并发动农民向地主富农要求实行"二五"减租。

"海基导组"成立后，不但组织进步青年开展学习，提高政治思想觉悟，而且主动协助地下党开展工作，让其在复杂的对敌斗争中锻炼成长。

其时，捷胜地下情报站站长李政在捷胜中街以摆摊刨制木屐售卖为掩护，开展地下情报工作。是年11月中旬，被新驻防的国民党马德新联防队部以参加地下党嫌疑，抓入拘禁。地下党组织接悉，立即采取措施，通知地下人员隐蔽，另外布置李政家属利用送饭时间，打探李政被讯问情况，以定对策。地下人员何念新（又名何伟）到联络点把以上情况告诉"海基导组"成员陈新华，并要求陈新华与另一成员何植东准备暂时避开，问陈新华作如何打算。陈新华说："你们是从事农业的，避开了也没有什么影响。然而我与何植东是在学校任教的，如果避开，班里课堂无人负责，老师和学生便会议论起来，那时对营救李政会产生不利的影响。我认为，我们不能走。"于是，陈新华、何植东坚持留下来，照常讲课。在了解到联防队没有具体证据证明李政是地下党的情况下，地下党组织立即谋划营救李政的办法。其时，捷胜完全小学校长黄祖宏（国民党中统成员）与驻地联防处主任兼大队长马德新是表兄弟,关系密切。地下党组织即对症下药,通过陈新华、何植东利用与黄祖宏是校长与教员的关系,买礼物托黄祖宏替李政的家人向马德新讲情。陈新华、何植东称与李政是邻居(三人都是第五街人),对其情况颇为了解,李政为人忠厚老实,家境贫困,一向从事小手工业为生,在街头制作木屐出售,却突然被联防队拘禁,真是"没造化"。现听说黄校长与马主任交情甚笃,因受李政老母托付,邻谊之情,难以推却,所以特来请校长助一臂之力,为地方民众一解忧难。黄祖宏虽答应替李政向马德新陈情,可是几经催促,时至月底,仍未见放人。一次,陈新华与何植东在东门蔡祖祠门口碰到黄祖宏,黄祖宏以威吓的口气说:"刚才我从马德新处出来,马德新说李政有参加共产党,连外围替其说情的也是有参加共产党的。"陈新华、何植东没有被黄祖宏吓到,两人神态自若地又再向其保证李政确无参加共产党。"海基导组"根据情况分析,联防队当局既找不到具体证据,又不肯放人,而且还施加恐吓之词,无疑是要观察陈新华和何植东的表现,来寻找证据,然后一网打尽。但是,陈新华、何植东两人不露破绽,依旧照常任教,使当局无隙可乘。众所周知,国民党官吏是非常贪财的,为了事情不再被拖延,李政家属另外通过金钱疏通才释放了李政。

1949年7月1日,捷胜解放,成立镇人民政府。"海基导组"在建政之初,配合民运工作队大力宣传建政和发动民夫支援前线;此后还创办夜校,普及文化,输送青年参加青年公学,培育人才,充实干部队伍,培养锻炼了一批"海基导组"组员,发展他们成为中国新民主主义青年团团员。1949年7月1日,与镇人民政府成立同时,捷胜镇成立第一个青年团支部,支部书记何植东(后为陈新华)、副支部书记梁信明,组织委员陈新华、宣传委员周汉成。

在时局动荡时期,"海基导组"也经常协助防范海匪袭扰。1949年8月22日上午,盘踞在龟龄岛的海匪吴炯烙(又名吴奇)部入侵捷胜。地下党通知,地下人员、"海基导组"领导成员和部分可能已暴露的组员,分头撤到笏仔村,边隐蔽边观察海匪动态,居住在农村的组员则就地隐蔽。陈新华、何鼎元、梁信明、周汉成、何业于当天上午先后到笏仔村隐蔽,李政则在附近村一面流动隐蔽一面收集情况。入侵海匪安营扎寨后,在捷胜大肆,搜索革命人员,勒索革命家属,抢夺物资,烧屋掠人;对商家富户派粮派款,不从者一律施以拷打、箍头颅等酷刑,搞得全城无处安宁,形势越来越紧张。地下党鉴此情况,将人员由笏仔村转移到大富村隐蔽。第二天夜间,海匪吴炯烙便带队前往大富村进行搜索,好在隐蔽人员夜里分散于田野中睡觉,才幸免于难。可是海匪还不甘心,又继续到附近的关刀石山垅再行搜索,结果又是扑空回去。地下党认为形势日趋严峻,地下人员不能在此久留,便通知翌日晚上转移到湖内乡隐蔽,地下人员一行10人于当晚从小路到宝楼村稍事休息后,再走山路到湖内乡,与七区公所以及乡镇行政人员会合,在那里边隐蔽边活动。

动荡的时局随着全国解放战争的胜利而告终。在海陆丰全境解放以后,捷胜镇政府恢复正常工作秩序。"海基导组"重新开始公开活动,继续协助镇政府维护治安秩序、查缉走私耕牛贩运香港、勘查地富瞒田隐产、合理摊派公粮负担等,做了大量工作。

上级党委对"海基导组"十分重视,"海基导组"一经成立,海南区党委(管辖范围即现在的城区和红海湾)联络员余叶即来巡回指导工作,海丰县委组织部部长江水、副部长陈甡等,也经常前来检查指导工作。至1949年7月,改由萧冰巡回指导"海基导组"工作。

自1948年初秋成立至1949年12月下旬一年多时间,"海基导组"成员已发展到 120 多名。1949 年 12 月下旬，捷胜镇成立青年联合会，海丰县委组织部副部长陈甦指示"海基导组"全体成员转入捷胜镇青年联合会为会员。捷胜镇青年联合会有了这些进步青年，作为凝聚力更强，因而更加蓬勃发展。

"海基导组"成员，有工人、农民、店员、教师、学生，尤以农民占多数，也有妇女。"海基导组"相继培养了 20 多名符合入团条件的组员参加了中国新民主主义青年团（后改称共青团）。解放战争年代，"海基导组"在地下党的领导下，继承和发扬革命光荣传统，带领捷胜镇青年为党的解放事业辛勤地作出了无私的贡献。"海基导组"就是当时海陆丰蓬勃发展的进步青年组织的一个典型。

第五节 和平解放 汕尾新生

1949年1月1日，中国人民解放军粤赣湘边纵队（简称"边纵"）在惠阳县安墩成立，海陆丰所有人民武装改编为边纵东江第一支队第五团（海丰人民武装）和第六团（陆丰人民武装）。第五团团长黄友、政委蓝训材、政治处主任刘夏帆。

2月，海南区青龙队成立，配备长枪，队长王峰，指导员黄平（兼）。当月，青龙队和海鹰队联合夜袭马宫警察所，该所警察闻风隐藏枪支躲避，青龙队和海鹰队缴获所藏长枪14支。

2月1日，在赤石千秋塘召开海丰县人民代表大会，宣布海丰县民主政府成立，蓝训材任县长。接着，相继建立和健全各区的政府机构及党的组织机构。

3月16日，国民党海丰县县长黄干英调离，戴可雄接任海丰县县长。22日，边纵东江第一支队第五团保卫股股长陈正民与何玲、王保往第四区工作，在东涌石洲与盐警相遇，战斗中全部牺牲。是月，广东国民党当局派游缉大队（后改称查缉大队）进驻汕尾，该大队配有1个机枪中队和1个通讯排，负有保护盐场和军事作战双重任务，归属汕尾盐场统一指挥，该大队与另一盐警大队共计1000多人，战斗力较强，是当地的主要武装力量。

1948年，国民政府发行的法币发行额竟达到660万亿元以上，等于抗日战争前的47万倍，物价上涨3492万倍，法币彻底崩溃。由于通货膨胀严重，1948年8月，国民政府开始发行金圆券。

但是金圆券却以更快的速度膨胀，不足半年，金圆券已经形同废纸，民间自动重新启用银元及黄金等硬通货。国民政府迫于无奈，在重庆、广州一带发行银圆券，规定金圆券5亿可向中央银行兑换银圆券1元。可是民众已经受够了法币、金圆券的摧残，各地纷纷拒用银圆券。鉴于这种状况，1949年3月，中共海丰县民主政府筹备印制临时流通券。临时流通券的面额有5元、2元和1元三种，辅币有2角和1角两种，与港币等值。临时流通券印刷地点在现城区红草镇新村，6月开始发行。共计发行临时流通券172979张，总值106297元。投放市场后，深受民众和商人的欢迎。临时流通券的通行无阻，充分说明了共产党和民主政府深受人民群众的拥护和爱戴。而国民党政府早已民心尽丧，威信全无，离彻底失败已经为期不远。

1949年4月，海鹰队在石岗寮，袭击田墘陈耀华联防队，缴获长枪7支。经这次打击，该联防队惊恐万分，害怕被消灭，故放弃田墘，逃驻汕尾。此后，共产党相继建立乡镇政权，在地方政权和民运队发动群众的配合下，多次攻击驻田墘陈耀华联防队，打得他龟缩不敢出头。

5月30日，驻汕尾的陈耀华联防队，窜至流安村，抢粮征税拉壮丁。青龙队正面进攻，海鹰队侧面配合，东品乡警卫队和民兵扼守石洲岭，截断敌陆上退路并阻击汕尾来援之敌。战斗在町前村盐田打响，双方抢占盐堆等有利地形。枪声激烈，群众闻讯，纷纷持木棍、尖串、菜刀参战，铜锣声、号角声、呐喊声和枪声震天动地。联防队心惊胆战，边打边向石洲退去。人民武装追至石洲村前，与负隅顽抗的敌军近战，战士周必（党员）、黄良（团员）冲锋在前，不幸先后中弹牺牲。战士和群众更为愤怒，穷追猛打，攻击敌据以顽抗的小山头。战斗中排长黄莽牺牲，另一排长郭木和抓起手中的手榴弹掷向敌人，炸开后，战士乘势冲上前，把敌人压至海边。这次战斗，共毙敌 14 名，缴获七九枪 28 支，日式步枪 14 支，驳壳枪 2 支，掷弹筒 1 个。长期在田墘、捷胜一带肆虐的反动武装陈耀华联防队，至此一蹶不振。

5 月中旬，经两广盐务局秘书李世安介绍，汕尾海陆丰盐场公署场长侯绍颜和盐警大队大队长李振海往香港，秘密会见中共南方局驻香港地下党代表何鼎华，商谈在适当时机率领两个警队起义等事宜。6 月中旬，何鼎华又从香港抵达汕尾，通过汕尾地下党负责人杨家齐，联系上侯绍颜再次商讨起义事项。6 月 15 日，边纵发起对汕尾外围据点奎山的进攻，经过激战包围汕尾后，尹林平派员送信要侯绍颜、李振海接受起义。侯绍颜接信后，一方面调整警队领导成员人事安排，扫清障碍，控制警队；一方面通过地下党向边纵通报国民党部队增援汕尾的情报，并待机起义。其间，因国民党部队两次增援汕尾而搁置推迟起义。

7 月 1 日，捷胜解放，建立捷胜镇人民政府，归属海丰县第七区。7 月 11 日，粤赣湘边纵队东江第一支队主力在东一支第五团配合下，围攻海丰县城，县长戴可雄投诚，缴获枪械 1000 余支。

8 月 12 日，张诚接任国民党海丰县县长。17 日，国民党钟铁肩残部自陆丰崎山渡窜汕尾途中经沙港时，受沙港行政村和青坑工委警卫排阻击。

9 月中旬，庄岐洲来到海丰，在公平的麻竹同蓝训材交接工作后，东一支第五团驻在公平的外围，朱连房营驻在月地村，对海丰县城形成兵临城下之势。国民党海丰县县长张诚日夜惊慌，于 10 月 10 日凌晨逃往汕尾、马宫一带。10 日早，第五团搜索班从月地村向海城方向搜索前进，将到陂头园村，群众对搜索班说：海城敌人昨夜逃走了。搜索班一方面向营部报告，一方面向陂头园村前进。证实后，营长朱连房率部队进入海城。当天下午团部和县人民政府从公平外围起程进驻海城。海城解放了。进城后，庄岐洲任海丰县军事管制委员会主任，副主任刘夏帆、黄友，主持接管工作和维持社会秩序。

10月10日海城解放后，汕尾这个沿海重镇成为待解放的重点目标。当时，沿海地区大部分乡镇已为解放军所控制，解放军对汕尾早已完成合围。一方面组织兵力围攻汕尾，形成兵临城下；一方面开展政治攻势，要求汕尾盐场公署场长侯绍颜、盐警大队长李振海两人做驻汕尾守军主力汕尾盐场两大警队主要人员的思想工作，动员他们弃暗投明，投诚起义，转向人民的怀抱。

10月11日，汕尾盐场公署场长侯绍颜，游缉大队大队长柏新宇，盐警大队大队长李振海、副大队长周茂达委托海丰梅峰中学（后改为梅陇中学）校长程树勋到海城找第五团，称受委托来谈判盐场和两个警队起义参加人民解放军事宜。中共海丰县委和第五团决定以庄岐洲为代表，同程树勋谈判，最后达成协议。要求起义部队捉拿反动县长张诚立功，保护汕尾镇人民生命财产安全，保存原建制，起义人员原职原薪，由第五团统一领导指挥，并派政工人员到起义部队加强政治领导。经过几次交谈，在全国、广东和海陆丰的大好形势下，海陆丰盐场、游辑队、盐警队，接受条件，商定17日宣告起义。

17日下午3时，侯绍颜、李振海、柏新宇、周茂达等贴出布告，宣布汕尾盐场、游缉大队、盐警大队起义。汕尾和平解放。19日，庄岐洲带队到汕尾接管，侯绍颜、李振海、柏新宇等到盐町头公路迎接，并押张诚送交第五团。汕尾镇群众欢天喜地地列队站在汕尾镇路口两旁热烈欢迎。解放军进驻汕尾后，宣布成立汕尾军管会，庄岐洲任主任，副主任刘夏帆、黄友。军管会成立大会召开后，海丰县长刘夏帆、汕尾军管会主任庄岐洲与侯绍颜、

第四章　解放战争时期

1949年10月17日汕尾和平解放。翌日，汕尾各界群众到奎山乡前海汕公路迎接解放军进驻汕尾

汕尾军管会成员与起义部队有关领导合影，左起为：李振海、侯绍颜、程树勋、庄岐洲、刘夏帆、黄友、柏新宇

李振海、柏新宇等合影留念。下午，庄岐洲通过盐场无线电台，同惠州蓝造司令员通话，汇报汕尾和平解放，并汇报沿海的田墘、捷胜、遮浪及龟龄岛分别仍为海匪钟铁肩残部和吴炯烙占领。蓝造答复，将派参谋来汕尾商讨进一步围歼海匪事项，要求第五团先派人侦察敌情。

汕尾和平解放，使汕尾免于生灵涂炭，无兵燹之祸，汕尾人民异口同声地赞扬盐场起义和第五团为汕尾和平解放立下功绩。连日，汕尾机关团体都纷纷向盐场送锦旗。军管会在旗上题词"为国为民，万众同钦"。汕尾和平解放，是党统战工作和强大的思想政治工作的重大胜利。

第六节 乘胜前进 剑指龟龄

汕尾盐场游缉大队、盐警大队起义后,经整编列入解放军粤赣湘边纵队东江第一支队第五团,分别编为第一营、第二营。一营营长柏新宇、二营营长李振海。

1949年11月初,东江军分区派遣一位参谋来汕尾,传达蓝造司令员的指示,要求加紧对海匪的敌情侦察。紧接着东江军分区独立营来到海丰,第五团决定派起义的游缉大队、盐警大队即第一营、第二营参加围歼海匪的战斗。蓝造司令员亲自前来指挥整个围歼海匪战斗,先攻打捷胜、田墘,遮浪三处海匪,歼灭大部分海匪,一小部分残敌逃到龟龄岛,企图长期占据海岛。

剿匪队伍乘胜向陆丰碣石进军,当时海匪驻碣石和乌泥港,企图负隅顽抗。剿匪队伍保持强大攻势,同时由地下工作者捷胜人赖茂松(又名赖庆)等同志展开策反,海匪头目梁忠率一小队投诚,致使海匪内部分化瓦解,军心涣散。在这种形势下,新收编的第一营、第二营在独立营配合下,11月24日围歼了盘据在碣石和乌泥港的海匪。

12月中旬又渡海作战,从捷胜和汕尾分乘机轮、木帆船,渡海攻击海匪最后巢穴龟龄岛。

龟龄岛虽在捷胜3公里海外,但岛周围有礁石,只有一面能登岛。剿匪队伍以强大火力压住岛上敌人阵地,一部分先冲上岛,占领滩头阵地,向敌追击,后面部队继续登岛,集中兵力把海匪围住。经一天鏖战,最后全歼海匪,活捉匪首吴炯烙。至此,多年为患百姓,政治上反复无常的龟龄岛海匪彻底肃清。

龟龄岛海匪被彻底肃清,宣告海陆丰两县从陆地到沿海、港口、海岛全面解放。海陆丰人民坚持三年多的解放战争,取得了完全胜利。

汕尾龟龄岛

第五章

建设发展时期

第一节 建立巩固新政权

1949年10月17日，汕尾和平解放，19日，成立汕尾军事管制委员会。军管会马上接管海丰县国民政府存放在汕尾的档案资料和武器装备，整顿和安置起义的汕尾盐场公署盐警大队、游缉大队军警，稳定了刚刚和平解放的汕尾局势。汕尾和平解放后，面对治安混乱，社会复杂，百业待兴的形势，中共海丰县委、海丰县人民政府为巩固革命老区来之不易的胜利成果，迅速部署汕尾及沿海乡镇的人民政权建设，城区进入建政时期。

一、新政组建，执政为民

1950年4月，中共汕尾区委员会、汕尾区行政委员会成立，黎智祥任区委书记兼主任。同年8月成立汕尾镇，中共汕尾区委员会改称中共汕尾镇委员会，汕尾区行政委员会改称汕尾镇人民政府，黎智祥改任镇委书记兼镇长。1951年3月起至1956年4月止，镇委书记先后由黄汉文、高固、杨萱、钟延安、梁万福接任，镇长先后由黄汉文、杨廷和、梁万福、陈宇、范永贵、余双福、金凤冠兼任或接任。1958年10月，汕尾镇与香洲乡合并，成立汕尾人民公社。1961年5月，恢复汕尾区建制，汕尾人民公社划分为汕尾镇公社、汕尾渔业公社、香洲公社、芳荣公社，均隶属于汕尾区管辖。1963年1月，各公社合并，恢复汕尾人民公社。1964年10月，汕尾人民公社析出香洲公社，汕尾人民公社改称汕尾镇。1983年9月香洲公社又并入汕尾镇，直至1988年汕尾建市设区。

1950年4月，汕尾实行民主政治，选举产生党政军、工人、农民、渔民、盐民、工商联、教师、学生、医界、华侨、港胞等各界代表。出席海丰县各界代表会议，参与县委、县政府有关巩固胜利成果、稳定社会治安，进行和平建设、改善人民生活，以及生产防荒、防匪肃敌、社会救济、夏收夏征、整风整编、夏征秋耕、减租减息、调整工商业、抗美援朝、防钻防袭、减租反霸、发展冬耕、兴修水利、镇压反革命、进行土地改革，组织城乡互助、整顿组织、增产捐献、抗旱度荒、扩大耕地、整理地方财政、开展增产节约等方面工作部署的讨论，建言献策。实行民主政治，增进了人民群众爱党爱国的热情。

1951年10月16日，中共海丰县委、县人民政府号召全县人民积极支援抗美援朝，动员各界人民开展捐款献物活动。汕尾镇工商界孙光义、黄汉儒带头响应，发动汕尾72家商号捐款133600元，认购"彭湃"号飞机抗美援朝。其义举得到中央人民广播电台的报道赞扬。汕尾镇1931名工人也采取义卖方式，发动献物价值15000元，体现了汕尾人民支持抗美援朝、保家卫国的爱国热情和坚定信念。

1951年，汕尾开展土地改革，改变旧社会农村不合理的土地制度，提高了贫苦农民的经济地位。农民成立了"贫农协会"，渔民成立了"渔工会社"，从此农民、渔民翻身当了主人，获得平等与尊严，生活有了保障，生产积极性极大提高，促进了农渔业发展。在城镇开展民主改革，铲除封建剥削，工人阶级成为领导力量。从1949年底至1953年，汕尾建立国营金融保险业、电信邮政、商业、外贸出口、供销合作等机构。国营机构逐步下伸各区乡镇，促进对外贸易和城乡交流，繁荣了城乡经济，到1953

年，汕尾经济逐步恢复并有所发展。1953年6月，中共中央提出过渡时期的总路线和总任务，汕尾农村和渔村从互助组、初级合作社到高级合作社的逐步建立与发展，推动了垦荒扩种、兴修水利和积肥，开发渔塭发展渔业生产热潮，使农业、渔业产量逐步提高。在经济领域，国营、集体经济成分已处于主导和主体地位。汕尾的造船厂、酒厂、烟丝厂、竹器厂、织网厂、鱼钓厂、渔农具厂、五金厂、金属制品厂、油印工艺日用厂、缝纫社等工厂，不仅生产迅速发展，而且循序渐进地开展对私营工商业的"利用、限制、改造"。如1956年汕尾私营药材店广济堂、万生堂等20家药材商店合并，成立汕尾民康国药商店。1956年全面完成全行业的公私合营。1958年公私合营企业并入国营企业，统一经营，转变为社会主义全民所有制企业。经过"一五"时期的发展，各项经济指标都有较大增长。

1951年至1958年汕尾镇下辖盐町头、奎山、香洲、后径、西门、新港、芳荣等乡村建立了党的支部组织，贫农协会、民兵、共青团、妇女组织，实行党支部书记、乡长、村长负责制。汕尾镇内设立居民委员会党支部、共青团、民兵、妇女组织，实行党支部书记、居委会主任负责制。民兵组织方面，各基层单位建立民兵组织，参照中国人民解放军军事建制，设立班、排、连、营，一般都由男女青年组成，隶属乡镇级人民武装部和乡、村政权直接领导。上级人民武装部经常组织民兵集中学习、军事训练。广大民兵在维护社会治安、站岗巡逻、接送公文、防特防偷、消防救灾、抓获看管特务和破坏分子，以及守卫海防保卫新政权中发挥了重要作用。同时，民兵又是各行业生产能手，是社会主义建设的一支重要力量。

教育方面。解放前，由于战乱不断，贫穷的农民、渔民子女无钱读书是个普遍现象。解放后，在中国共产党的领导下，人民政府重视教育事业，及时开展扫盲活动，举办了夜校认字班，使文盲人群有机会学习识字，基本上能学会常用文字，能够积极投身社会主义建设。汕尾把原坎白中学与作嘉学校合并为海丰第二初级中学，1957年改名为汕尾中学，还建立了文亭小学、渔民小学等一批小学。教育事业的快速发展，无论农村城镇、家庭贫富，哪个阶层的孩子都能接受文化教育，并且所有学校对贫困学生实行减、免学费和奖学金制度，经济困难的学生能得到关爱。有的学生通过自己努力读书，考取了大专院校学习深造，从而掌握了文化知识，改变了命运，也改变了家庭的面貌，充分体现了共产党领导的社会主义制度优越性。

卫生医疗方面。1951年汕尾镇人民政府接管了汕尾福音医院（教会医院），组建汕尾人民医院。在原有基础上进行医疗规模化建设，尽量满足民众需求。人民政府的医疗机构开始集中接收麻风病人免费治疗，并提供食宿。同时，政府高度重视血丝虫病防治，落实防治措施，治理水源污染，彻底防止麻风、血丝虫病的发生。根据人口增长的需要，建立镇（乡、公社）卫生院，人口较多的乡村建立卫生所（站），方便人民群众求医问药。开展农村、城镇人口卫生普查、宣传医疗卫生知识，实行免费种豆打防疫针，防止天花病发生，保障人民身体健康。对于经济困难的患者，住院治疗的费用实行减、免措施和政府民政部门救助方式。体现了共产党全心全意为人民服务的宗旨，使广大人民群众感受到共产党领导的社会主义制度的优越性。

社会救助方面。农村、渔村建立"五保户"制度，各级政府实行救助措施，对于孤寡老人、孤儿、残疾人等给予优待，配备口粮、物资，保障他们的基本生活条件。特别是革命烈士贫困子女，革命伤残退伍军人，由政府民政部门登记造册管理，实行重点长期救助，发挥了社会主义社会福利事业的优越性。

二、高配机构，服务发展

汕尾地理位置独特，是天然良港，物产丰富，是粤东的渔业、盐业重镇，也是粤东重要进出口口岸和海防城镇。新中国成立之后，为巩固新生人民政权，迅速恢复和发展经济，在各级人民政府的重视和支持下，汕尾驻地机构迅速组建。1950年起，国家在汕尾设驻海关、商检站、口岸办、检疫站、海洋气象站、海上交通航标站等国家机构，以及外贸、水产、造船等企业公司，兴办高级学校。为加强海防，在汕尾驻扎解放军陆军部队、空军地勤雷达站、海军舰艇和供应站、公安边防部队等。

1950年起，各级政府在汕尾设立和组建的机关单位主要有：

（一）广东省立高级水产技术学校。1949年10月17日，汕尾和平解放，汕尾军事管制委员会派何鼎元为代表，进驻接管原国民政府遗留下来的广东省立汕尾高级水产职业学校。当时，学校有教职员工20人，留校学生30人，校舍、教材、仪器、资料基本保存完好。1950年春，海丰县召开人民代表大会，会议通过了复办水产学校建议，建议经海丰县人民政府报告东江专署和广东省文教厅，经省文教厅批准，学校更名为"广东省立高级水产技术学校"，任命海丰县人民政府县长刘夏帆兼任校长，吴勉为副校长，何鼎元为教导主任。县政府划定原坎白中学、渔民小学部分校舍和汕尾水产公司部分厂房给水产学校，并拨款新建四间教室和运动场地，维修校舍课室。学校恢复渔捞科、养殖科，增设轮机科、制造（加工）科，共4个科11个班级，学制为两年，中等专科。另在渔捞、轮机2个专业中加招一年制、三年制、五年制学员。1952年，学校教职员工增加到60人，在校学生460人，学校成立校务委员会，由何鼎元任主任，负责学校行政、教学管理工作。1953年7月，中南农林局、高教局根据国家水产总局的决定联合发文通知,"广东省立高级水产技术学校"更名为"广东省水产学校",校址仍在汕尾。原就读海南海口农校和广西钦州农校水产科一年级学生47人,并入广东省水产学校学习。1954年5月,广东省水产局任命孔令淦为省水产学校副校长、代理校长。1952年至1955年,水产学校在汕尾办学期间,累计30个班(中级班29个,初级班1个),在学人数共916人(中级877人,初级39人),中级专业毕业生319人。广东省水产学校,为本地沿海地区和邻近省市的捕捞、航海、养殖、港口建设等行业培养了一大批人才,为国家水产事业作出了贡献,在汕尾留下了一段光辉的水产、航海教育史。1955年春,广东省水产学校从汕尾镇迁到江门市北街。1959年春,再迁到中山县唐家湾(现属珠海市)。1963年,更名为湛江水产专科学校。1966年,"文革"爆发,学校撤销。1979年复办,升格为农业部直属的湛江水产学院(现为广东海洋大学)。

(二)汕尾海关。1950年3月,汕头海关撤销海门、甲子、神泉三个分关后,派出干部和武装人员抵达汕尾,设立支关。1951年5月1日,《中华人民共和国暂行海关法》颁布,汕头海关将在汕尾设立支关的情况上报海关总署,并经中央核准,于1951年5月19日正式成立汕尾支关,隶属汕头海关领导。1953年,政务院决定海关总署划归外贸部领导,外贸总局与海关总署合并,各口岸外贸局及分支机构与海关合并,统称海关。3月1日,汕尾支关与广州外贸局汕尾办事处合并,称中华人民共和国汕尾支关,仍属汕头海关领导。6月5日,汕尾支关改称汕尾分关。1954年,粤东行署外贸处成立,汕尾分关相应成立了外贸领导小组。1955年9月,国务院通知:"各地海关受外贸部和所在地省、直辖市和自治区人民委员会双重领导。"从1956年3月27日起,汕尾分关受汕头海关和海丰县人民政府双重领导。1969年

11月，汕尾国境卫生检疫站、动植物检疫站与汕尾分关合署办公，行政上受汕尾分关的领导，业务上接受原各自上级的指导。1972年11月，上述两个单位恢复原来的隶属关系。1980年2月，国务院决定改革海关管理体制，全国海关管理权收归中央，恢复海关总署，直属国务院，各地海关隶属海关总署，并受所在地省、市、自治区人民政府的监督指导。1984年5月18日，海关总署批复同意汕尾分关升格为处级单位，对外改称汕尾海关，仍属汕头海关领导。

（三）汕尾进出口公司。1949年5月，在陆丰县河田镇成立新陆贸易公司，是年10月迁址海丰县汕尾，并改称为南方贸易公司东江分公司汕尾办事处。1950年5月又改称为海丰县贸易公司，并先后在海丰、陆丰、汕尾、公平设站开展外贸业务。1954年10月，中国粮油食品进出口总公司广州分公司派出工作组抵汕尾镇筹建汕尾食品进出口支公司。1955年3月7日，经华南财委批准，成立汕尾食品进出口支公司，接管海丰县贸易公司有关外贸业务，兼营土产出口业务，隶属粤东行署，公司设址汕尾镇二马路96—98号，并着手筹建仓库，建蒜头仓、海产仓、蛋品仓、家禽仓、生猪仓等简易棚仓。1956年7月，成立公私合营的汕尾建生公司（后改为汕尾果菜出口支公司）。1959年1月，海丰县划归汕头管辖，汕尾食品进出口支公司改由汕头外贸局领导。同时，汕头外贸局在汕尾设办事处，行使行政管理职能。口岸外贸企业则有汕尾食品进出口支公司、汕尾果菜出口支公司、汕尾五矿办事处三个企业，一套人马三块招牌，对外独立经营，独立核算。1963年1月，改挂汕尾食品进出口支公司和汕尾土矿产进出口支公司两个牌子，内部分为食品、土产、矿产三个核算单位，分别与省公司对口经营。1966年12月，两个公司合并为汕尾进出口公司。1968年7月1日，成立汕头地区汕尾进出口公司革命委员会。1977年，省食品出口总公司在汕尾投建一个外贸冷冻厂，归属汕尾食品进出口公司革委会，属独立核算单位。1979年取消革委会，重新改为汕头地区汕尾进出口公司。1983年9月因海丰县归属惠阳地区遂改为惠阳地区汕尾进出口公司，并开拓粮油出口业务，全公司有干部职工520多人。1987年2月，惠阳地区经贸委将汕尾进出口公司一分为三：汕尾食品进出口支公司290多人、汕尾土产进出口支公司130多人、汕尾粮油进出口支公司86人。

（四）海丰县盐务局。1949年10月17日，海丰县盐场公署（驻地汕尾）游缉大队、盐警大队全体警务人员宣布和平起义，汕尾军事管制委员会全面接管海陆丰盐场公署。1950年11月，海陆丰盐场公署改为两广盐务管理局海陆丰管理处，1951年4月改为东江盐场管理处海丰分处，1953年7月改为粤东盐场管理处海丰分处，1956年改为惠阳盐务管理处海丰分处，1959年3月改为海丰盐场管理处，同年11月改为海丰县制盐工业局，1963年2月改为海丰县盐务局。属于地方国营企业，属下有香洲、东涌、青龙山、白沙湖、沙海、大湖、马宫等7个国营盐场和19个集体盐场。直至1988年汕尾建市设区，海丰县盐务局改为汕尾市盐务局市区分局。

（五）汕尾港务管理局。1950年设立汕尾港务站。1951年3月29日，国家交通部广州区港务局汕头分局在汕尾设立港务办事处。1954年6月1日，办事处由广东省交通厅内河航运管理局潮梅办事处接管，设立汕尾航运管理站。1955年6月，管理站收归省直管，改称珠江航运管理局汕尾港务管理所。1959年8月，管理所划归汕头专署航运局。1962年，国家公布首批十八个对外开放的沿海港口，汕尾港为其中之一。1964年4月，改称广东省航运厅汕头航运局汕尾港务所。1980年1月28日，升格为汕尾港务管理局，仍归属汕头航运局管辖。1984年1月1日，汕尾港务管理局划归惠阳航运局。1988年汕尾建市，4月13日，汕尾市人民政府接管后，批准成立汕尾市港务管理局，为副处级单位。1996年4月2日，汕尾市编制委员会批准港务管理局为市人民政府的直属部门、正处级事业单位，实行企业管理。管理新港区5000吨级和老港区1000吨级的2个码头，共5个泊位。汕尾凭借得天独厚的港口优势及"以港立市、港城共兴"的建设方针，高度重视港口口岸建设，汕尾港已初步形成一个一、二类口岸齐全，布局合理的对外开放口岸新格局。

（六）广东省渔船修造二厂。1963年初，海丰县地方国营造船厂和汕尾华侨机械修配厂合并组成广东省渔船修造二厂，划归广东省水产厅管辖，为省水产厅的直属企业。厂址设在汕尾镇小岛（屿仔村），占地面积3.9万平方米，其中生产用地1.3万平方米，分船体车间、机械（包括金钢、铸锻、安装、机修）车间和船排组。初时有职工137人，最多时达到363人。船厂建厂初期，一边建设，一边用简易厂房、工棚生产。其时造船都在露天作业，主要修造本港渔船，利用原造船社100吨船排，提供船舶上排服务。后来逐步发展到拥有船体（包括锯木、桩灰）、铸锻（包括木模）、金工、钳修（包括轮机）、电器、船排等多个生产车间，以及发电机房、金属材料与器材、木材等独立仓库，有长32米、宽12米、高9米的造船台4座，滑道式船排3座（200吨级1座，300吨级2座）。可以承担设计建造300吨位木质机动船舶和长度40米以下的钢质渔船、30米以下玻璃钢渔船。1965年下半年，渔船厂接受省水产厅下达的任务，为海南出口公司设计建造6艘木质机动水产品运输船。该类型船舶总型长25.30米、宽5.30米、深2.46米，平均吃水1.97米，排水量153.68吨，单机单桨推进，主机为上海柴油机厂出品的6135型柴油机，功率120马力

（88.3千瓦）。经过一年时间的建造，1966年下半年完成任务。1968年上半年，接受汕尾镇红卫大队订单，建造两艘135马力木质双拖渔船，同年完成交付使用。1970年7月，首台船用柴油机样机试制成功，得到省水产厅、汕头专区和海丰县革命委员会的通报表扬。1971年3月，省水产厅再次下达试制6E150C型二冲程船用柴油机任务，计划替换160系列柴油机。广东省渔船修造二厂组织技术人员和车间班组长、技术骨干，对图纸和工艺文件进行研究和技术攻关。首台样机于1971年9月底试制成功，同年10月中旬提供海丰县青年水库使用。1970年初，广东省渔船修造二厂开始建造水泥船，并先后为汕尾镇和惠阳澳头、增城、东莞等地建造水泥机动捕捞渔船10多艘。1984年，渔船厂在原100吨级船排的基础上，进行技术改造，建成300吨级船排。1986年3月，渔船厂首次成功建造2艘玻璃钢延绳钓渔船，供赴贝劳共和国海区远洋剌钓生产。同年成立玻璃钢车间，开展玻璃钢工艺品生产。

（七）海丰县水产供销公司。1950年冬，广东省水产企业公司在汕尾镇设立了鱼市场和渔业供销社，对当地水产品交易实行管理，并开始了水产品的购销业务和组织渔需物资供应。1951年，省水产企业公司在汕尾镇设立了水产办事处。办事处为东江水产分公司的派出单位，其业务范围主要是对口海丰、陆丰沿海渔港渔需物资供应。新港、捷胜、马宫等地渔民自发集资，组成渔民供销合作社，经营部分渔业生产资料和生活资料。国营供销企业和渔民供销合作社的建立，彻底打破了渔栏主操控渔需物资供应的局面。1950年初，渔需物资供应不足，渔业生产比较困难。国家为帮助渔民尽快恢复生产，对渔需物资供应采取免税和补贴的优惠政策。1953年，华南财委批准免税从国外进口坤甸木、胶丝、鱼炮、煤油、鱼钓、大光灯及灯纱、不锈钢丝、钢丝绳等紧缺物资，低价供应渔民购买。同年，东江和潮汕两个水产分公司合并为粤东水产分公司，汕尾办事处隶属于粤东水产分公司，方便了渔需物资调配。1954年，海丰县成立了渔业供销合作社，也开展渔业生产资料的采购和供应业务。1956年4月，粤东水产分公司撤销，海丰和陆丰分别成立县水产供销公司，海丰县水产供销公司设在汕尾。1959年底，渔业供销合作社划归水产供销公司，渔业生产资料由国营水产供销公司经营。1979年，渔业进入全面调整时期，政府对水产品实行派购与议购相结合的政策，渔需物资也采取"渔物挂钩"的供应办法，供应部门与生产单位签订购销合同，按完成交售任务的比例供应柴油、木材等渔需物资。1981年，渔需物资供应改变了以前按渔船马力平均分配柴油的办法，实行柴油指标40%按马力计分，50%按水产品计划收购量预分，10%按水产品计划上调预分，未完成任务者按比例扣减。在执行派购的前提下，政府与渔民实行鱼油换购。1983年，水产品作为三类商品，取消派购任务，水产市场放开，产销见面，随行就市，改变了过去由国营水产供销公司独家经营的局面。从此，渔需品市场出现了一批联合体和专业户经营的渔需品门市、摊点，形成了国营、集体、个人全面经营的局面，为渔业生产提供了更好的服务。海丰县水产供销公司及下设54个购销单位（其中供销站、组18个），共有职工962人；有仓库2.7742万平方米，收购场5175平方米，加工厂（场）23座1.0601万平方米，晒场1.2945万平方米；有运输船2艘（载重19吨，功率1324瓦），运输汽车9辆（载重32吨）；有简易油库、储油罐16座（个），储油量4880吨；有冰厂2座，日制冰量22吨，每次储冰能力65吨，冷藏320吨，速冻15吨，配套齐全。1984年1月，全省水产供销企业全部下放到县，县水产供销公司内部实行承包责任制，对外横向联合经营，积极参与市场竞争，寻找自身出路和存在空间。1987 年，海丰县水产供销公司有干部职工共 1131 人，继续维持经营，稳定市场秩序，保障渔需物资供应，满足渔业生产需要。

（八）海丰县水上公社。1950 年 6 月，陈思展、陈镇、郑界和等人发起组建的民船互助组（或称联运站），除汕尾盐船、水船、渡船、驳艇船等，还有海丰、陆丰、惠阳沿海各港及本县内河的各类个体或合股经营水上运输的船舶，总运力 280 艘 2350 吨，从业人员 672 人，其中沿海 15 艘 350 吨，内河木帆船和自划船 265 艘 2000 吨，从事水上客货运输。1952 年 2 月，汕尾太平码头渡船船主组建第一民船运输合作社，拥有第一艘 82 马力的机动船。次年 2 月成立汕尾民船协会及海员工会，组织沿海水上运输。1955 年 1 月 1 日，原汕尾港盐船船主成立第二民船运输合作社。次年陆续成立第三、第四民船运输合作社及遮浪、田墘、马宫、梅陇、鲘门、海城、渡头、公平等民船运输合作社。至此，全县共有 11 个运输合作社。其中沿海运力 32 艘 690 吨，内河 255 艘（其中机动船 1 艘）1774 吨，年货运量 23.5 万吨，周转量 551.6 万吨公里，均为新中国成立初的 5 倍。1956 年 7 月，全县民船运输合作社转为海丰县民船联社，业务由汕尾港务管理所指导，行政归汕尾镇领导，港务管理所转让"前进"、"先锋"、"建驳" 3 艘 45 马力 57 吨机动船给联社经营，先后开通了广州、汕头、香港等航线，其中一社"汕海三号"船、二社"三十七号"船、三社"三新"船共 102 吨，定航香港。1958 年 2 月，联社更名为海丰县水上公社（驻地汕尾镇），下辖 12 个船队、1 个装卸队和 1 个修造厂，拥有沿海运力 15 艘 852 吨，内河运力 285 艘 2019 吨，其中机动船 4 艘 106 吨 189 马力，驳船 3 艘 88 吨。1983 年 1 月 18 日，海丰县水上公社更名为海丰县水运公司。至 1987 年底，总运力有沿海 20 艘 1070 吨，内河 23 艘 112 吨，其中机动船 14 艘 777

吨 2459 马力，驳船 6 艘 333 吨。

（九）海丰县药材公司。1956 年设立海丰县药材公司（驻地汕尾镇麻皮街），收购渔民捕捞的海马、海龙、贝壳类等，主要经营药材、药品供应销售。药材公司在海丰县革命老区镇的高潭（当时属海丰县）、公平、赤石、梅陇设立收购站，专门收购当地野生茅根、土茯苓等药材，同时发动当地生产大队、农户种植沙姜、沙参等药材，公司提供资金、种子，并指导农民种植、加工，由公司进行收购，为当地生产队集体、部分农民增加收入来源，解决农民家庭日常开支，为革命老区发展生产，开展多种经营，增加收入发挥了国营公司的积极作用。1963 年，药材公司迁往海丰县城。

海丰县还在汕尾设立了石油公司、煤建公司，负责全县的石油、原煤的运转、储存、供应。此外，海丰县各财贸公司在汕尾设立了糖专、百货、纺织、饮服、五化交、土产、日杂、生产资料、果菜、储运、物资、木材、粮食等营业机构。在海丰县委、县政府的领导下，汕尾还充分引导发动，组建分散的装卸工人、建筑工人、手工业者走联合发展生产的道路。500 多名装卸工人组织起来，成立汕尾搬运站。300 多名建筑工人组建了海丰县第二建筑公司和汕尾镇建筑公司。1000 多名手工业者组织起来成立了 20 多个集体企业，后有 10 多个集体企业转为县二轻企业，10 多个集体企业转为镇办企业。

新中国成立之后，汕尾镇打破镇级建制的制约，在各级政府的支持下，迅速组建的各类机构，不但设置高配，而且种类齐全，为汕尾口岸经济的发展打下了坚实的基础，在发展沿海经济，推动全县经济发展中发挥了重大的作用。

三、清匪反霸，巩固政权

汕尾和平解放后，新生的人民政权立即建政安民，稳定治安。但是，流窜在田墘、捷胜、遮浪以及陆丰碣石一带的海匪，与国民党钟铁肩残部的散兵游勇混合在一起，继续骚扰治安，为害百姓，威胁着新生的人民政权。海匪不除，海疆难安。为肃清匪患，中国人民解放军东江军区立即作出部署，以新收编的盐场起义警队为主力，打响了剿灭海匪的战役。解放军指战员英勇作战，以迅雷不及掩耳之势，在1949年11月中旬剿灭了田墘、捷胜、遮浪以及陆丰碣石一带的海匪。12月中旬，又乘胜前进，渡海作战，一举消灭龟龄岛海匪，活捉匪首吴奇。至此，多年在海丰东南沿海作恶为患，反复无常，为害百姓的龟龄岛海匪被彻底肃清，打赢了汕尾和平解放后巩固新生人民政权的第一仗。

1951年2月21日，针对各地暗藏反革命分子、土匪、恶霸、特务、反动党团骨干、反动会道门头子等各方面敌人活动频繁，疯狂袭击、暗杀、爆炸、投毒，企图动摇、颠覆新生的革命政权的情况，中央人民政府颁布了《中华人民共和国惩治反革命条例》。同月，汕尾及沿海乡镇相应制订了工作计划，成立领导小组机构。同时，发布通告，指令所有旧军、政、警、宪人员及国民党、三青团骨干分子到所在乡镇政府报告登记。1951年5月，各地结合农村土地改革运动和厂场民主改革运动，发动贫苦居民、农民和盐工，揭露地主、盐漏主（漏：此处作计量单位。晒盐时流水过程的几块盐田组成一漏）、恶霸、官僚等封建黑恶势力，并给予严厉的打击。其中，仅汕尾盐区在运动中就斗争盐霸43人，不法漏主18人，收缴手枪3支，各式子弹872发，手榴弹3枚，刀剑利器一批，没收现金4.9亿元（解放初期首版人民币）。至1953年底，被揭露出来的一批反革命分子分别受到了应有的惩治，除小部分处以死刑或死缓外，多数判处有期徒刑和管制。在汕尾被缉捕的原国民党政府海丰县县长、中统特务张诚等被处以极刑。1957年，又在汕尾破获以林世平、赖荣熏为首的反革命集团案，破获以张东南为首的"中国少年第一反共团"反革命组织案。潜伏在汕尾及沿海乡镇的土匪、恶霸、反革命分子及封建残余势力被铲除，清匪反霸运动取得了重大胜利。

四、反特登陆，严阵以待

国民党当局败逃台湾以后，蒋介石反攻大陆之心不死，不断派遣特务，潜入大陆或偷渡登陆，进行反革命袭扰和破坏活动。

1950年至1952年，公安机关先后在汕尾破获了多宗特务案件。其中有以肖春仙为首组织的"国民党中央保密局海陆丰支部汕尾站"的案件；有国民党特务机关派遣特务梁金水潜回汕尾、红草等地投毒的案件；有特务陈大安、吴东录、林子实（女）携带10亿元假南方券入境和携带假人民币20万元入境，破坏金融秩序的案件。

城区沿海各地时刻保持警惕，响应毛泽东关于"大办民兵师"的号召，不断加强民兵队伍建设，筑牢海防阵地，取得了辉煌的成绩，涌现了许多先进人物。1960年5月在北京召开全国民兵群英会，捷胜镇武装部长廖水万，作为当时海丰县的四个民兵代表之一，光荣参加了会议。会议前，在中南海怀仁堂受到了毛泽东的亲切接见并合影留念。在人民大会堂，毛泽东亲自授予廖水万一支全新半自动步枪（该枪已上交区武装部）。1961年，马宫深渔大队女民兵杨少珍被评为"全国民兵先进工作者"，受到国务院表彰。扎实的民兵队伍建设，强化了反敌特偷登陆的海防长城。1962年，台湾国民党当局相继派遣9股武装特务，分别在广东、福建等地沿海登陆，其中一股武装特务在汕尾城区沿海登陆。9月27日，台湾国民党当局派遣陈正光、刘慕贤、阮嘉贤、刘新民、陈凤辉、戴坤、翁烈民、周立俊等14名特务，组成广东省反共救国独立第二纵队，携带武器、弹药、电台、橡皮舟等乘坐一艘机帆船从台湾高雄起航，驶进汕尾海域东部遮浪半岛炮台山以南20海里处，换乘较为隐蔽的橡皮舟，待至28日凌晨4时许，趁着夜色悄悄地驶入遮浪炮台山西侧的青鸟岛，胁迫岛上4名还在打鱼的渔民用两条小船运载他们在炮台山登陆。上岸后又换上事先准备伪装的解放军军装，分成3小股分散潜入陆上。但是，他们没有想到，等待他们的是一张严阵以待的天罗地网。特务登陆后，遮浪群众首先发现了橡皮舟，当地党委、政府和武装部门立即出动1800多名干部和民兵设卡、搜山，驻军派出5个排的战士沿途搜索，检查来往车辆和行人，清查户口，控制交通要道，形成了一张围捕敌特的天罗地网。经过连续数天的围捕，至10月3日清晨，偷渡登陆汕尾城区沿海的14名台湾国民党武装特务，先后在海丰县城、道山渡口饭店、田墘东洲坑虎地山山洞等地，被军民一一擒获，并缴获手枪12支、卡宾枪8支、冲锋枪2支、各种子弹1784发、电台1部、橡皮舟1只及其他物资一批。汕尾军民联合作战，及时粉碎了台湾国民党反动派破坏新生人民政权的阴谋，有力打击了蒋介石反攻大陆的嚣张气焰。

第二节 恢复发展经济

新中国成立后,在毛泽东关于人民民主专政思想的引导下,在中国共产党制定的具体政策的指导下,经过新中国成立初期三年的努力,从中央、国家机关到地方各级政权全部建立,并逐渐得到完善,有力地保证了新中国各项社会改革任务和恢复国民经济任务的胜利完成,为有计划的经济建设和社会主义改造创造了条件。地处粤东沿海的城区各乡镇,老区人民在各级党委和政府的领导下,经历了从互助组、合作社,到人民公社的各个阶段,这里的乡村、集镇、港口,集体化的道路越走越宽广。翻身的渔民、农民、盐工和城镇居民等,在共产党的正确领导下,劳动积极性高涨,努力发展生产,很快就呈现出"经济发展、渔盐美丽、港口兴旺、渔歌悠扬"的景象。

一、互助合作,渔业增产

新中国成立后,城区沿海乡镇的渔民在中国共产党和各级人民政府的领导下,进行了"清匪反霸、退租退押"的民主改革运动,全面组织渔民恢复生产。

1951年,结合全国城乡开展的镇压反革命和土地改革运动,汕尾镇压了极少数罪大恶极的渔霸、渔父和渔栏主,推翻了封建剥削制度,取缔了渔栏主的专卖垄断,建立了渔业工会、渔民协会、渔民供销合作社等属于渔民自己的基层组织和经济体,组织渔民恢复、发展渔业生产。由于渔业工会是解放初期渔工们在中国共产党领导下建立的基层组织，渔民们都踊跃参加了当时的新港渔业工会、马宫渔业工会和汕尾渔业工会筹备会等渔民自治组织，在很短的时间内，渔业工会会员人数就达到500多人。渔业工会负责帮助渔工与雇主协调分红和报酬等问题，保障渔工权益，改善雇佣关系。不久，渔民协会也应运而生，新港渔民协会、马宫渔民协会、南汾渔民协会、捷胜渔协分会等渔民协会相继成立，共有会员数千人。渔民协会团结、组织广大渔民响应国家号召，积极参加经济建设，发挥了基层群众组织的积极作用。渔民们还以合作社为载体，实行合作经营，发展生产。新港乡芳荣村，动员了2000多名渔民参股，筹集资金3645元，成立了渔民消费合作社；捷胜镇动员700多名渔民参股，投资680元，成立了渔民供销合作社；马宫镇动员了500多名渔民参股，投资1770元，成立了渔民消费合作社。1952年，渔民们又自愿联合起来，成立了30个渔业互助组，有300多名渔民带着44艘渔船（其中鸦船28艘、虾船16艘）参加了渔业互助组，大家各尽所能，协作生产，合理分配。当时，互助组的分配形式是：在渔获所得中提留20%偿还集资款，20%作为船只维修和添置生产工具的公积金，剩余60%按技术水平的高低评定劳动底分，然后按底分进行分配。到1953年底，城区各乡镇的渔民自发组织而建立起来的渔业互助组达到200多个，他们根据生产的需要，进行临时性的协作生产和资金互助。汕尾、新港、马宫等乡镇的渔民们还积极响应中共中央关于在大中城市开展"五反"斗争的相关指示，结合沿海地区的实际，重点肃清沿海的国民党潜伏的特务人员、反革命分子及封建残余势力，维护海上治安和稳定生产秩序，深入开展民主改革运动。经过了三年的民主改革运动，调整了旧的雇佣关系，生产力和生产关系相适应，生产发展迅速。城区沿海乡镇的海洋捕捞渔船，1949 年有 1782 艘，1953 年已经有 1903 艘，增加了 121 艘，增长 6.8%；渔业总产量 1949 年是 1.4681 万吨，1953 年是 2.0962 万吨，增加了 6281 吨，增长 42.8%。

沿海地区的乡镇，民主改革运动与农村的土地改革运动同步进行。1952 年，一些适合养殖的鱼埕全部收归国有，当地政府成立国营海产公司先行经营，不久退还乡政府组织专业队伍经营。部分属于蚝町、盐田，收归乡政府所有，而属于民营部分则分给蚝民和盐民。鱼塘的数量较少，一般归所在地的乡和村所有，落实专业人员经营。在养虾方面，专业人员不断推广鱼埕中低产虾池高产养殖技术，在当地养殖对虾取得成功，产量稳定提高。红草晨州村养殖晨州蚝，蚝民们就地取材，以石头、蚝壳、砖瓦、水泥柱为附着物，养殖近江牡蛎和褶牡蛎，当地统称"晨州蚝"。红草、马宫两个公社，地处长沙湾畔，海水养殖面积大，技术好，产量高，闻名粤东地区。红草公社亚洲村渔工冯槌，长期从事海水养殖，经验丰富。1963—1964 年，他与汕头地区水产处海丰籍干部刘建群一起，参加中国赴越南民主共和国专家组，外援指导海水养殖工作，成绩显著，受到越南民主共和国胡志明主席、范文同总理的接见，被授予"金质勋章"，还获得中国水产部门的奖励。

1954 年，广东省开始在全省五个渔区试点建立渔业合作社，渔业合作化在城区渔乡迅速展开。5 月，汕尾镇张珠、张十八、郭苏等人率先将三对拖船的渔民联合起来，成立了汕尾拖船第一生产合作社。在试点社的带动下，渔乡渔民都自发提升渔业互助组，建立渔业合作社，积极参加个体渔业经济的社会主义改造。1955 年底，渔业合作化建设如火如荼，已经进入高潮期。渔民普遍要求尽快实现渔业合作化，结果不到半年时间，渔业生产合作社从原来的 30 多个增加到 50 多个，渔民入社户数从原来占总渔户数的40%，增加到90%以上。渔民们响应中共中央和国务院的号召，积极贯彻落实国家第一个五年计划，为实现国民经济的快速增长，多快好省地建设社会主义的目标而努力。这一时期，广大渔民出海生产积极性高涨，促进了渔业生产迅速恢复和发展。1956年，因少数地区刮起了一股"三闹风波"的歪风，广东个别地区的小部分渔民也受到波及，出现跟风闹退社、闹散社、闹分社。针对这种情况，中共广东省委、省人民政府及时召开全省渔业合作化工作会议和全省第一次渔民代表大会。根据省"两会"精神，当地党委、政府认真整顿渔业合作社，重新确立渔业合作社的管理体制和分配原则，并且重申：（1）贯彻自愿互利原则，重申入社自愿，退社自由；（2）建立和健全合作社经营管理制度，推行包产、包工、包成本的"三包"责任制，贯彻按劳分配原则，建立底分活评制度；（3）调整积累和分配比例，提取公积金比例不超过5%至10%，社员分配比例分别为大船不低于45%，中船不低于50%，小船不低于60%；（4）半渔半农地区，渔农分开办社。通过整顿，及时纠正了偏差，从而稳定渔业合作社组织，推动了渔业生产的快速发展。1957年，沿海乡镇实行以渔船大小等级划分，分别建立渔业合作社，具体划分为：大、中等渔船一般10艘左右组成一个渔业合作社；浅海渔船一般20～30艘组成一个渔业合作社；敲𫚈作业渔船则以艚为单位，一般30～40艚组成一个渔业合作社。很快，各地的渔业生产合作社迅速恢复起来，入社渔民达到当时渔民总数的90.3%。建立了渔业合作社以后，生产资金和技术力量相对集中，有利于渔业生产的设备更新和技术改造。渔业合作社还实行包工、包产、包成本、超产奖励的"三包一奖"联产承包责任制，进一步调动了渔民出海生产的积极性。1957年，渔民的生产渔船达到3304艘，比1952年增加了1369艘；海洋捕捞总产量2.738万吨，比1952年增长64.5%；

渔业总产量与1949年相比增长了94%，年均递增6.3个百分点。

1958年，全国开始成立人民公社，号召"大跃进"。当时，城区沿海地区以乡镇为单位，相继成立了人民公社，实行渔农合并、渔农统一核算和分配，取消按劳分配制度，推行生活供给制和固定工资制。到1962年，"大跃进""共产风""浮夸风"和"瞎指挥"，已经影响了整个海洋渔业生产，渔民生产情绪一度低落，渔业产量连年下降，群众生活陷入困境。中共广东省委意识到问题的严重性，向全省各级地方政府发出《关于发展渔业生产若干政策问题的规定》（简称"渔业二十条"）和《关于积极恢复和发展渔业生产的几项措施》等文件，要求各地开展整风整社，解决"大跃进"时期遗留的问题。沿海乡镇首先进行体制调整，把渔区和农村的人民公社分开，单独成立渔业人民公社，执行"以渔为主，多种经营"的生产方针，坚持渔业人民公社、大队、生产队三级所有，以渔业大队为基本核算单位，大队、生产队、作业组分级实行生产"三包"责任制。收益分配也进行了调整，实行工分计酬制，并适当调整了积累与消费的比例，确立了生产资料归集体所有，恢复了按劳分配制度。在建立生产"三包"责任制和实行工分计酬制的同时，还采取了一系列扶持渔业生产的经济措施：一是调整水产品购销政策。首次对水产品实行派购，规定深海作业购八留二，浅海作业购六留四，自留部分的水产品由集体自行处理，允许到农贸市场交易出售。二是调整渔需物资供应政策。国家对部分木材、桐油、帆布等列为政策性亏损补贴物资，船用柴油则按农用优待价供应，尽量降低渔业生产成本。三是信用贷款实行减免欠贷支持。1965年，银行共减免了各渔业社、渔业队在1963年3月以前的历年渔贷欠款200多万元，减轻了渔民的负担。四是采取其他特殊政策。渔业社、渔业队在完成上级下达的生产任务后，产量超出部分，允许到香港市场出售，以换取渔需品。五是保障渔民生活物资的供给。规定供应出海劳动力每人每月的口粮（大米）重量为：深海渔民22.5千克，中海渔民20千克，浅海渔民19千克。同时，对渔民生活所需的副食品、日用品等，如猪肉、糖、酒、香烟和棉布之类，都作为特需供应品，予以照顾供应。政府一系列扶持政策的出台，调动了渔民的生产积极性，扭转了渔业生产下滑的状况。1963年以后，渔业产量逐年提高，到1965年，城区沿海渔业总产量达到2.4023万吨，恢复到1958年前的产量；海洋捕捞渔船增加到3132艘，其中机船增加到42艘。水产养殖的鱼、蟹、对虾、牡蛎、鲍鱼、贻贝等活鲜，补充市场需求。渔业生产迅速恢复，渔业发展进入一个全新阶段。

二、革弊兴利，盐业丰收

汕尾刚解放时，城区沿海乡镇的盐田业权仍然是私人所有，其中80%由盐漏主控制，盐工和盐漏主的收益分配为"二八分成"。其经营方式主要有自晒、轮晒、雇工耙晒和批晒四种。解放初期，由于盐业生产保留私人经营的方式，一些人存在着等待观望的思想，消极怠工，对盐田不改造、不保养，严重影响了盐的产量和质量，阻碍了盐业的发展。

1950年，当地政府的盐管部门召开了首届盐务会议，提出以"漏"定员耙晒，试行合漏分益制度，逐步解决轮晒盐田阻碍盐业发展的问题。

1951年，全国开展了声势浩大的清匪反霸，退租退押的"八字运动"，广大盐工响应中共中央、国务院的号召，开展盐田所有制改革和管理体制改革。盐田业权的《土地证》集中管理，废除不合理的雇佣关系，建立劳资协商分成制，改进生产经营方式，盐民之间晒盐生产互助，技术和器具共享，基本形成了合漏互助晒盐的合作生产管理体制。

1952年,广大农村进行了土地改革。1953年,城区的香洲、东涌、青龙山、马宫、沙海等盐场也遵循自愿互利、典型示范、国家帮助的原则,配合土地改革,做好盐田没收、征收和补贴等工作。其中没收盐田415漏,征收251漏,补贴430漏,共1096漏。并将这1096漏盐田所有权收归国有,使用权分给盐民。1954年,各盐场认真贯彻过渡时期总路线,经过组织临时互助组和常年互助组、一户一人自愿带盐田入股共同经营合作组、盐田评产入股联营组的三个阶段,盐场从互助组过渡到合作社,盐田从个人使用权改变为集体使用权,顺利完成了盐业的社会主义改造。青龙山盐场成立的"谢端社"(以发起人姓名为合作社名)是盐场第一个盐业合作社。在"谢端社"的带动下,一年的时间,盐业合作社增加到20个。1956年,盐场全面实现了盐业合作化建设。1958年,全国农村相继成立了人民公社,盐场也分别按以下四种不同的体制下放到所在地的人民公社:(1)以盐场为单位,独立核算,自负盈亏,盐工家属下放到当地农业大队;(2)以盐场为单位,独立核算,盐工家属不下放,专门从事盐业和盐副产品的生产;(3)将盐场下放到所在地的农业大队,另以盐务所为单位成立管理区,与农业大队没有隶属关系,收入部分除上交人民公社、自留生产基金、支付报酬和补助伙食外,剩余部分统一调拨各农业大队;(4)组成渔、盐、农混合大队。分配制度则根据各场不同情况,调整上交公社、基建投资、生产费用、报酬福利等分配比例。但是,由于公社化对农村基层组织内部实行平均主义的供给制、食堂大锅饭和对生产队的劳动力、财物无偿调配,即"一平二调",打击了盐工的生产积极性,消极怠工的现象显现出来。一是渔、盐、农三业收入差距大。盐业产出快,农业则反之,渔业因受制于资源和天气,收入不稳定,因此,影响了盐工积极性的发挥;二是部分盐业管理区的干部交流到农业大队任职,削弱了盐业生产的监管力度,导致部分盐工消极怠工;三是盐民下放农业大队以后,盐民与盐区管理所的从属关系发生改变,盐工中偷盐漏税的问题与日俱增;四是安排盐工参加农业劳动,盐田缺乏劳动力管理,一遇刮台风、下暴雨等恶劣天气,盐的损失更大,甚至完全失收。1959年,为了解决上述的问题,经上级批准,盐场从农村人民公社体制中摆脱出来,改为国营盐场。从此,盐工全身心投入盐业革弊兴利工作。

制盐生产（何夏逢摄）

在增产提质方面,盐场主要抓住设施设备改造,采取扩建、合漏、晒改、整修、创新五方面措施。一是扩建盐田。通过逐年开展废旧盐田的改造和扩建新盐田,盐田面积比解放初期增加了320公顷,超过了三分之一。二是合漏制卤。首先改进制卤方法,将以前的露天水涵改为有盖暗涵,提倡"日不晒干町,夜不露空池"的管理,采取深水晒盐、二级池拨卤和松散结晶的制盐操作方法。其次合漏操作制盐,节省一批劳动力。合漏以后,一漏盐田需要的生产人员控制在一名盐工，这样可以节省20%的劳动力。三是晒沙改晒水。旧时晒盐采取晒沙方式，盐工劳动强度大，盐的产量低、质量差。通过晒沙改晒水，减少了一半的劳动力，还可以节省95%的工具费用。四是整修堤围。为抵御沿海台风、内涝等自然灾害的破坏，确保增产增收，盐场反复进行盐田堤围的整修加固。整修后的堤围高度2.3米、宽度5米，内层为土坯，外层砌筑花岗岩石，确保能抵御12级以下的台风。五是技术创新。盐工们集思广益，土法上马，自主创新，技术改造，先后设计了风力车、脚踏风动两用风车、单筒麻索带水提升风车、铅链带水直升风车、风动双筒水泵风车和皮带式风车等。同时，还根据当地气候特点，推广适合制盐的操作方法，即排淡纳盐、常磙常修、定深定度、分级拨卤和净（卤水净，结晶池清洁）、深（深卤结晶）、长（延长结晶时间）、选（选好盐种）、动（高温动卤）、低（低温拨卤、低温松盐低温耙盐）的"四句六字"晒盐法。通过技术改造，提高制盐效率和产品质量。

在增加收入方面，盐场则采取公收、集坨、查私、内销、出口、纳税等工作措施。一是实行公收。在产盐区，历史上有额收、官收和公收等几种收购方式。1950年8月，盐务部门开始对盐民的自产盐全面公收，实行收盐、付款、发运一体化运作。公收有利于稳定盐价，保障盐民收入；控制提价，限制自由交易；产收运一体化，减少中间环节；以质定价，保障产品质量；提高效率，降低销售成本。二是集中盐坨。盐场原有的小公坨，场地分散，库容量少，运输困难，成本偏高，管理不便。为了解决这些问题，盐管部门投资建设汕尾集中坨，扩建了码头和堆积场、配套了刀斗式起盐机、皮带转运机、链板运输机和自动过磅计量器等设备，实现集坨盐、放销、出口于一体，起盐、上堆、打磨、包装机械化的作业流程。当时，汕尾集中坨已成为周边最大的海盐销售、运输集散地。三是查缉私盐。1951年，国务院颁布了《盐税管理条例》。为确保条例的实施，盐场起初组织工人纠察队，参加盐区保产护税工作，配合税管部门查缉私盐。后来，为更好打击偷盐走私活动，盐场抽调了20多名机关干部职工，组成专门的查私护产队伍，加强盐区巡逻，维护生产秩序，查缉偷盐走私，确保盐税征管工作健康有序进行。四是组织内销。新中国成立初期，政府协助盐运商成立同业公司，组织原盐销售，并采取了利用、限制、改造的政策，对私营盐商进行管理。要求私营盐商到盐管处办理报运手续，交纳盐税和领取准运证。1953年，全国开始对私营商人进行社会主义改造，盐运商同业公司停业，华南盐业公司汕尾办事处承担了原盐的内销调配和运输任务，积极组织内销。1954年，盐业局、盐业公司和运销站相继成立，原盐销售范围逐步扩大，原盐的销售量逐年增加。在广东省内，年平均销售量达到3.8万吨，其中东线扩展到汕头、揭阳、梅州等地；西线则扩展到广州、新塘、宝安、西乡、惠州、澳头、河源等地；北线主要是韶关。五是扩大出口。1954年，汕尾原盐开始进入香港市场。后逐步扩展到中国澳门及东南亚等国家和地区，原盐出口量开始逐年增加，出口品种有食用盐、工业盐、特种用途盐以及盐化工产品，年出口量多达2万吨，为国家增加了一笔可观的外汇收入。六是依法纳税。1951年开始，盐场禁止盐商记税和停止放销附场税，实行现税政策，规定每担（50千克）盐税为人民币6元，改变了新中国成立初期待价而沽，记税盐大量积压的状况。上交地方财政的盐税逐年上升。1959年，盐税收入列入当地财政预算，盐场生产的原盐卖给国家，由政府收购部门按规定统一纳税，代收的盐税按年度上缴政府。这一时期，盐区从互助组、合作社，到人民公社，坚持遵守国务院有关"以量核定，就地征收，税不重征"的原则。依规征税，既确保国家盐税征收到位，又保护盐民的利益分配。大大调动了盐工的生产积极性，实现了盐业的丰产增收。当时，盐税的收入占了当地政府财政预算收入的43.3%，盐业已经成为当地经济的一大支柱产业。盐工们通过劳动，为当地政府创造了大量财富，政府和盐场也给盐工提高了福利待遇，批准全部盐工转为国营职工。在增加盐工经济收入的同时，拨款建设了盐工医院和设置了盐业气象站，为盐工提供医疗和劳动保障，减轻盐工劳动强度。盐工的生老病死享有盐场提供的补助费和抚恤金。旧社会受尽压迫剥削的盐业工人，在新社会过上了安居乐业的好生活。

三、建港兴工，功能配套

汕尾港是粤东重要的口岸和渔港，港池面积38平方千米，平均水深3.2米，其中最深处达13米。航道长达8500米，其中主航道宽度120米，最窄也有100米。新中国成立后，汕尾港翻开了崭新的一页。在各级党委、政府的重视下，修海堤，建码头，不断提高口岸货物装卸能力，增加吞吐量。20世纪50至70年代，汕尾港先后修建和新建的各类型码头有10多座，较大的有盐务码头、青年码头、红卫渔业码头、中山码头、石油码头、港务码头等。

盐务码头始建于1948年，位于新港炮台村右侧。1959年和1969年进行过两次扩建。码头长度60米，水深11～12米，可停泊1500吨位船只。主要用于盐区海盐的集中储存和外销运输。

青年码头建于1958年，位于汕尾进出口公司前面海岸。码头水深4～5米，可停泊400吨位船只。主要用于各类渔船、货船的靠岸装卸和运输。

红卫渔业码头建于1959年，位于汕尾掇鸟街末端海岸。码头水深3～5米，可停泊400吨位船只。主要用于深海作业渔船靠岸装卸、维修。

中山码头始建于1928年（1963年改建为水运码头）。码头位于汕尾码头街末端海岸，有上盖人行走廊，水深4米，可停泊500吨位船只。主要用于汕尾与香港、广州、汕头等地通商和内地货物中转、旅行客人运送。1963年在原址重新建设，成为水上运输公社专用渡船码头，即水运码头。

石油码头建于1969年，位于汕尾对岸凤飞山脚下。码头水深7～8米，可停泊1000吨位船只。主要用于石油海陆中转运输。

港务码头修建于1974年，位于汕尾渔村西侧、港务管理局前面海岸。码头总长215米，水深4米，为重力式方块结构，可停泊500吨位船只，主要用于货物堆放和运输。

港口兴，促进了工业旺。20世纪五六十年代，汕尾造船业享誉粤港澳沿海。汕尾渔船厂、汕尾水运船舶修造厂、汕尾造船合作社、汕尾镇二轻造船厂等造船企业，就曾经建造过多种类型的渔船、盐船、货船，业绩广为人知，其中广东省汕尾渔船厂则是生产能力较强、设备功能较全的造船企业。

汕尾渔船厂坐落在原汕尾镇的屿仔岛，占地面积3.9万平方米，建有200～300吨的滑道式船排3座，造船台4座，设有锯木、桩灰、木楔、铸锻、金工、钳修、轮机、电焊、船排、总装等车间，有工人300多人，为广东省水产厅的直属单位，主要服务于当地渔业生产作业船和港澳台流动渔船的上排、维修和新船建造。

此外，其他服务于港口的配套工厂，如地方国营汕尾渔网厂、酒厂、烟丝厂、汤料厂等，还有汕尾镇二轻渔钓厂、渔农具厂、航海仪器厂等集体企业，都在这个时期相继建成投产，并迅速发展起来。汕尾渔网厂组建于1955年，主要生产聚乙烯尼龙和涤纶网线，年生产能力100多吨，产品大多数在当地销售，供应渔船和渔网织造。同样于 1955 年组建的汕尾镇二轻渔钓厂，在服务渔业生产和支持国家出口创汇中，发挥了积极作用。鱼钩是汕尾的传统工业产品，1938 年，汕尾已有鱼钩作坊。汕尾镇二轻渔钓厂组建后，在鱼钩传统制作技艺的基础上，重视技术创新，推出新的产品。1957 年，该厂的产品"大鲨钓"鱼钩，经广东省轻工业厅、第二商业厅联合鉴定，质量可媲美日本、挪威的同类产品，达到国际标准。1966 年，该厂生产的"双鱼牌"鱼钩，以钩嘴尖利，韧度适中，品种多样而受到青睐。在接受国家出口生产任务后，该厂加大生产投入，产品不断销往泰国、马来西亚、斯里兰卡、塞拉利昂及中国香港等 16 个国家和地区。大陆也有广东、福建等六省近百个市、县渔需品经销单位购销其产品。汕尾港口的配套工业，不管是地方国营企业，还是二轻企业和镇办企业，工人们不分身份，不计报酬，大家都在为港口的繁荣发展贡献自己的力量。到了 20 世纪六七十年代，汕尾港已经形成行业多样的渔业配套工业服务体系，有力地促进了渔业生产的快速发展。

汕尾港具有优良的港湾条件，渔业、外贸、航运功能也较为齐全。新中国成立后，党和政府又加大对汕尾港的升级建设力度，港口配套服务设施得到进一步完善。1962 年，经国务院批准，汕尾成为国家第一批对外开放的口岸。1969 年，国家海洋局在汕尾建立中心海洋站，重视这一海域的水文资料的收集研究。此外，上级相关部门还先后在汕尾设立了海洋技术指导站、渔汛站、水产研究所、海洋技术站、水产养殖技术站，这些科学研究单位长期从事海洋水产研究，收集水文渔汛资料，为国家的海洋事业和当地渔业生产服务。在国家和相关部门的重视和支持下，汕尾港的渔业、外贸、航运功能得到充分发挥，生产不断发展，效益不断提高。汕尾港的渔业捕捞产量，在解放初期每年才 5000 多吨，至 1979 年已达 2.3 万吨，增长约 4 倍。1955 年，汕尾港货物吞吐量 18.19 万吨，至 1977 年达到 36.52 万吨，增长了 1 倍。外贸出口方面，汕尾进出口公司负责海丰、陆丰、惠来、普宁、揭西、紫金、惠东等县的进出口业务，从 20 世纪 50 至 70 年代，年均出口创汇 270 万美元。汕尾港的港口经济，对国家的外汇收入和当地的经济发展，发挥着重要的作用。

四、兴修水利，造福百姓

新中国成立前，城区的水利设施严重缺乏，农业靠天吃饭，加上城区地处沿海，咸潮侵袭频繁，农业失收，老百姓生活艰难。新中国成立后，城区各地党委、政府为改变革命老区落后的生产条件和生活条件，把兴修水利作为重点来抓，紧紧依靠农村集体组织，充分发动和依靠老区群众，战天斗地，迎难而上，从汕尾解放初期开始，连年不断兴修水利，建水库、筑海堤、修排灌、治旱涝，大大改变了城区水利设施的落后面貌，建立了比较完善的水利设施体系，为老区农业生产和经济发展打下了坚实的基础。

城区的水利建设主要集中在 1950 年至 1978 年（建区后主要是水利设施的除险加固），大体分为三个阶段。

第一阶段。1950—1957 年，以建设海堤为主，结合发展蓄、引水工程。先后建成了红草北围、捷胜石狗湖围等海堤工程，红草南雅、东涌油田、捷胜九佰岭等 3 项小（一）型水库工程，各乡镇小（二）型水库工程、山塘工程、排洪工程以及一大批水井工程。

第二阶段。1958—1966 年，是水利建设大发展时期。贯彻"蓄水灌溉为主，防洪、防潮、治涝结合，小型为主，大、中、小结合"的水利建设方针。宝楼、尖山、赤岭、东坑、合山门等小（一）型水库及一批小（二）型水库陆续建成。建成新港海堤工程。与此同时，结合农田平整，深翻改土，各灌区的建设也大规模进行。

第三阶段。1967—1978年，因地制宜以扩大旱涝兼治为主要任务，贯彻"小型为主，配套为主，社队自办为主"的方针，进一步促进了水利建设的发展。在此阶段，建成琉璃径、尾兰坑、前进、大华、鲤鱼笼等一批小（一）型水库。同时，国家开始增加投资，至党的十一届三中全会前，完成了公平灌区扩建工程（包括公平灌区至东涌引水工程，红草引西引水工程），实现"北水南调"，缓和了沿海地区用水紧张状态。在这一阶段，城区还开展一批围垦工程，整治山坑田，治理水土流失，建设机电和水轮泵灌溉工程。

经过1950年至1978年连年不断的水利建设，城区先后建成小（一）型水库13座（其中宝楼水库在建区后扩容为中型水库），小（二）型水库29座，山塘32座。水库总库容6409.9万立方米，灌溉面积2866.7公顷。确保了老区农业生产旱涝保收和稳定发展。与此同时，大力开展海堤建设工程，围海造田。至1978年，全区域建成堤围12条42千米，捍卫耕地面积5333.3公顷，保护人口19.5万人。新增围垦面积2333.3公顷，其中：耕地533.3公顷，盐田466.7公顷，鱼塘1333.3公顷。大规模的筑堤围海建设工程，既使老区群众免受年年"上咸潮"之苦，又扩大了农业耕地和水产养殖面积，造福老区人民。

五、渔民翻身，渔歌传情

汕尾渔歌是国家级非物质文化遗产。新中国成立后，在中国共产党和人民政府的领导下，贫苦大众翻身得解放，特别是那些处在社会最底层、生活在海上的拖船瓯船渔民，变化更是天翻地覆。解放前，渔民"头上顶着三把刀——渔霸、海匪和把头"，过着"出海三分命，上岸低头行"的悲惨生活。渔船上岸维护要交烊船费,港湾泊船要交湾头费,海岸晒鱼要交沙滩费,陆上取水要交淡水费等等。五花八门,名目繁多。还有渔栏主垄断渔民水产品专卖权,禁止渔民上岸定居、不准与陆上居民通婚等。新中国成立后,那些压在贫苦渔民身上的各种封建剥削、压迫制度被彻底废除。党和政府还给渔民发放救济款物,供应平价口粮和副食品,安排专门贷款和渔需物资,组织渔民生产自救,大力扶持渔业发展,划地拨款建设渔民新村,动员渔民上岸居住,还重点培养渔民积极分子参加当地的政权建设。渔民的政治、社会、经济地位迅速提高。

1953年,政府率先在汕尾郊区划地建设渔民新村,集中安排中海瓯船渔民入住崭新的瓦屋,渔民从此告别了祖祖辈辈居无定所,以船为家的水上生活。1954年,沿海渔村相继成立了渔业生产合作社,政府为渔业合作社培养了一批渔民骨干,组织和带领渔民走上社会主义康庄大道。渔业民主改革运动期间,贫苦渔民出身的钟妈孙,当选汕尾新港乡乡长,并被选为人民代表,出席1954年召开的广东省第一届人民代表大会;渔业合作化时期,深海贫苦渔工出身的张北友,被评为"水上模范民兵",出席1955年7月召开的广东省青年建设社会主义积极分子大会,还当选汕尾镇副镇长;汕尾第一拖船渔业生产合作社渔工郭大诗,1957年2月17日到北京参加全国农业劳动模范大会;马宫深海渔业大队"三八"渔船船长冯勤,1958年12月5日到北京出席全国妇女建设社会主义积极分子大会;马宫深海渔业大队女民兵杨少珍,1961年5月初到北京出席全国民兵代表大会。渔民中不断涌现的建设社会主义积极分子、先进人物,得到了人民群众的广泛好评,党和政府给以高度信任和重点培养。渔民积极分子和先进人物的涌现,雄辩地表明,广大贫苦渔民不但生活像甘蔗出土节节甜,而且在政治上真正当家做了主人。

对于共产党的深恩，渔民心里万分感激。一首首歌颂党和政府、歌颂社会主义新生活的汕尾渔歌，应运而生。那优美的旋律、那朴实无华的方言，那甜美的嗓音……表达了汕尾渔家的真挚感激之情。

1958年，中国著名指挥家、音乐家施明新到汕尾采风，在黄琛陪同下，深入渔家采访。汕尾渔歌微波荡漾的旋律深深地感染着他。于是，他根据自己的采访所得和黄琛提供的采访记录的渔歌，动手写下《妇女捕鱼队组歌》五首。经认真排演，于1960年元旦，由汕尾业余渔歌队代表汕头地区前往广州参加广东省文艺汇演，荣获唯一的特等奖，轰动羊城。其时，广州市市长朱光，要求广州参演代表队向汕尾渔歌队学习。汕尾渔歌从此声名鹊起，迅速传播。

优越的社会主义制度，令渔歌得以发扬光大，催生了一批批优秀的渔歌手。20世纪五六十年代，较有名气的汕尾渔歌手有徐十一、苏少琴、徐月香、李招、李勿、苏香花、钟玉兰、苏细花、徐圆目、庞美英等人，其中徐十一是佼佼者。

徐十一是一位出身贫苦的渔民妇女，目不识丁，自幼在船上跟着母亲、家婆哼渔歌。她有唱歌的天分，聪颖且记性好，年少时就学会了不少传统渔歌，加上她才思敏捷，嗓音好，能即景即兴随口编唱，所唱渔歌海味十足，婉转柔美，悦耳动听，多次被邀请参加全国、省、地市和县举办的民间文艺汇演，每次都获奖，载誉而归，是地方知名的渔歌手。在党组织的培养下，1958年，徐十一光荣加入了中国共产党，同时被吸收成为广东省音乐家协会会员。党和政府的关怀，令别具一格的汕尾渔歌，以通俗的语言和大海的气息，唱遍渔村、唱遍汕尾、唱响广东，唱向全国。

在汕尾渔歌的传承和发展中，中国民俗学之父钟敬文及马思周、黄琛也功不可没。上世纪20年代，钟敬文在汕尾教书时，就

著名汕尾渔歌手徐十一（陈锦怀摄）

深入到渔民船屋做客，与渔家儿女交朋友，听他们唱渔歌，采集、整理了一批渔歌词，编成《疍歌》出版，令汕尾渔歌为天下所识。1952年，世界著名音乐家马思聪的堂弟、音乐教师马思周，在汕尾中学任教时，也记录了一批渔歌。他不辞辛苦，常利用业余时间，记录了一些渔歌谱和词，并刊载于《源泉》杂志。还将从汕尾渔家学来的咸水歌《炎舵和初二娘》改编成渔歌剧《长洲泪》，在当时的汕头地区《工农兵》刊物发表。时为汕尾小学教师的黄琛，自小就与渔歌结下"一生相随相伴"的不解之缘。他不分酷暑严寒，走遍粤东沿海港口，挖掘收集渔歌，系统地记录了大量原生态渔歌，并结集成册，印发推广，备受高度赞扬。他的不懈努力，逐步让渔歌形成影响。特别是他创编的《南海渔光曲》中的100多首歌曲，更是成为汕尾地区的流行歌曲。由他记谱记词的《汕尾渔歌》更成了汕尾文化的瑰宝。黄琛，无愧于南海渔歌王的称号。

汕尾渔歌在1960年一举成名，由徐十一、苏少琴等渔歌名师演唱的汕尾渔歌，吸引着全国各地音乐家前来采风创作。民乐大师胡修文，钢琴演奏家刘诗昆，作曲家施光南、朱践耳、杨庶正等先后来到汕尾采风，并以汕尾渔歌为素材，创作了一批音乐作品，其中不少作品还成了当时的经典之作。可以说，在各方的努力下，汕尾渔歌越唱越响，越唱越远，成为中国音乐殿堂中不可或缺的一员。1978年，汕尾镇业余渔歌队赴省汇演获金奖，受到时任省委书记习仲勋的亲切接见。2014年，由林汉齐、钟训成编写，陈务可谱曲的广东省首部原创大型渔歌剧《默娘》，由汕尾渔歌传承基地排演，赴省展演，深受好评。2018年，汕尾渔歌又带着老区人民的心愿，由汕尾渔歌传承基地表演队和新港渔歌队一起唱进北京城。汕尾渔歌剧《默娘》的创作和展演成功，使渔歌剧成为广东省第14个剧种。

第六章

改革开放时期

第一节 春风化雨　探索发展

一、拨乱反正，落实政策

1976年10月粉粹"四人帮"后,全国开展揭批"四人帮"的斗争,清查与"四人帮"有关连的人和事,同时落实各项政策。

根据中共中央下发的《关于地主富农分子摘帽问题和地富子女成分问题的决定》,1979年2月7日,城区各公社、镇成立"地富反坏"四类分子"摘帽"问题和地主、富农子女成分问题临时领导小组,至次年完成了地主、富农分子"摘帽",为地富子女新定成分的工作。

是年,根据上级文件通知,对原被错划、错判的"右派分子"进行改正。

1983年8月,中央纪委,省委纪委选定海丰作为党性、党风、党纪教育实验区。至1986年1月,实验区工作组进驻海丰期间,从整顿党组织上进行拨乱反正。调整充实了各级领导班子,抓好各项政策的落实,特别是对"文化大革命"期间造成的冤假错案和被杀害的干部群众给予查清事实,予以平反。还重新复查一批经组织处理的历史遗留案件,包括20世纪50年代反地方主义受错误处理人员、20世纪60年代以前的老案,以及20世纪30年代反"AB团"事件错杀人员。

为贯彻国务院和省委关于为第二次国内战争时期肃反中被错杀人员的处理意见，海丰县委成立了复查小组，自1989年3月开始至1991年11月结束，历时两年多，经审批为被错杀的人平反，恢复名誉。

城区东涌籍的黄强，生于1905年，1925年参加革命工作，1926年初加入中国共产党，任海丰县农民自卫军长、红军第六军第十七师四十九团政委、第六军第二师政委、中共广东省委军委委员、东江特委军委委员等职。黄强被诬告为"社会民主党"、包庇"AB团"等罪名，于1931年11月30日在大安峒被处决，时年26岁。黄强为城区籍，为给黄强平反，在1991年11月14日，海丰县委将为黄强平反的相关材料移送城区。经城区委组织部对黄强案件认真复查认为：黄强是一位出色的红军政治工作人员，对保卫海陆丰革命根据地及创建东江革命根据地作出过重大的贡献，在第二次国内革命战争时期内部肃反时受"左"倾路线的影响而被错杀。1992年11月12日，城区委组织部研究决定：在给黄强同志平反昭雪恢复名誉的同时，同意给予恢复党籍。1993年1月11日，在城区东涌镇召开平反大会，宣布平反决定。

二、大胆尝试，渔业改制

城区是广东重要的海洋捕捞和海水养殖基地，汕尾渔场是全国闻名的南海渔场之一，有汕尾、马宫、遮浪三个渔港，其中汕尾渔港是国家中心渔港。改革开放后，在农村实行土地承包制成功经验的推动下，大胆探索突破束缚生产力发展的渔业经济管理体制路子，实行渔船折价承包给渔民的做法。汕尾镇是广东著名渔业镇，有红卫、前进、东风等9个渔业大队，深海、中海、浅海及拖、围、刺、钓作业俱全，全镇有1.2万多名渔业劳动力。红卫渔业大队是该镇最先实行渔船折价承包给渔民的大队。当时该大队有498户3384人，其中出海劳力1050人，是南海渔区深海捕捞重点渔业大队，深海捕捞作业能力强，共有机动渔船90艘1.82万马力，每年水产品产量占海丰县总产量的五成。1982年以前，汕尾镇是实行以大队为基本核算单位，统一经营，统一核算，统一分配的制度，渔民缺乏生产积极性，渔业产量连年下降，渔民收入低，集体经济薄弱。面对这种状况，1982年春节后，红卫大队召开渔民代表会议，经过热烈的讨论，率全国之先，形成如下决议并执行：一是把大队船况较好的34艘100~500马力渔船和船上网具等折价承包给渔民生产经营；二是改变分配形式，以船为核算单位代替以大队为核算单位；三是承包船、后勤机修、织网厂场均实行独立核算，自负盈亏；四是承包船按承包协议向大队上缴公积金和管理费。至5月底，汕尾镇其他8个渔业大队也都实行了这种承包模式。

实行渔船折价承包给渔民的改革，调动了渔民的生产积极性，渔业经济得到较快发展，渔民收入逐步提高。1982年，汕尾镇渔业产量1.67万吨，比体制改革前1981年的1.46万吨增长14.4%，年均劳力收入3500元，有5户渔民人均收入达10000元以上，当时令人羡慕。同时，渔业经济的发展发生了几大变化：一是渔船动力向大马力、作业向外海远洋发展；二是渔船设备向现代化发展，配有探鱼仪、定位仪、卫星导航等设备；三是鱼产品向鲜活方向发展，配设冰仓、活鱼仓、增氧机器设备；四是后勤配套服务企业得到发展。1982年下半年起，渔民纷纷集资造船买船和兴办渔业后勤服务企业，红卫大队成立了5个渔业联合公司，其中深海渔业公司和飞洋渔业公司闻名沿海各地。该大队在国家和广东省水产部门的支持下，率先组织船队到南沙渔场捕捞生产，为宣示中国南沙主权及探索远洋渔业生产作出了贡献。1993年，红卫渔业大队党支部书记吴平当选为第八届全国人大代表,副书记陈天球连续两届当选为第七届、八届广东省人大代表,副书记傅金星荣获1985年度全国先进乡镇企业家称号。2013年,红卫大队(现为红卫村)有渔船110多艘,总马力2.83万,总吨位1.24万吨,成为广东省规模最大的深海捕捞船队;全村海洋捕捞产值超1亿元,村集体收入近50万元,村民人均收入1.3万多元。

红卫渔船队(何夏逢摄)

当时,红卫大队实行渔船折价承包给渔民的改革,在社会上引起强烈反响,出现了不同的声音,并引起国内传媒的关注,也得到中央领导的重视。1985年12月5日,新华通讯社的《国内动态清样》(第2932期)刊登了海丰县委通讯员罗校、新华社记者翁作祥撰写的《汕尾渔港把渔船折价包给渔民,渔业生产腾飞,争议也由此而来》一文。时任中共中央总书记胡耀邦看了该文后批示:"万里、润生、何康同志:沿海渔业搞活大概还不到两年,渔业劳动又比农民苦一些,收入多一点是应该的。因此搞活方向不能变,红眼病不好。富裕程度相当高的,似可开始扩大一点公共福利事业的提留和加点税。究竟如何请考虑。"1986年1月底,国家农牧渔业部为落实胡耀邦的批示,该部水产局卓友瞻副局长组织了一个学习调查组到汕尾镇红卫大队,就渔民雇请帮工,渔业产前产后服务,国营水产供销企业宏观指导水产品流通工作等三个议题进行调查,撰写了《关于红卫大队深入改革,进一步完善经济联合体制问题的调查》。调查报告充分肯定了红卫大队改革的做法和经验,认为"成绩是公认的,改革方向必得肯定"。胡耀邦的批示和农牧渔业部的调查报告充分肯定汕尾渔业经济体制改革,不仅促进了汕尾渔业的改革发展,也推动了全国渔区经济体制改革的全面开展。1986年5月,农牧渔业部在全国水产工作会议上推广"汕尾模式"。同月,该部又组织沿海十省(市、区)水产局的海洋捕捞处处长到汕尾镇调研,现场学习取经。1988年1月5日,广东省委在汕尾镇召开全省深化渔业经济体制改革工作会议,进一步推广"汕尾模式",加快渔业经济体制改革的进程。

三、修复沙舌,港口嬗变

汕尾港位于红海湾东北角,港口向西北,水域开阔,水深较深,东距汕头119海里,西距香港81海里。汕尾港形成于18世纪40年代,属潟湖型港口,港池在潟湖的咽喉部,整个港区由潟湖(品清湖)、港池、港门外三部分组成,海岸线12.6千米,面积37平方千米(其中潟湖22平方千米,港池3平方千米,港门外12平方千米)。汕尾港主航道水深近10米,最深处达13米,载重千吨的轮船可在该港自由进出。是集渔业、商业、军事于一体，以渔业为主的综合性港口，是全国六大特等渔港之一，也是广东省最大盐业生产和原盐出口基地。历来是粤东地区的重要外贸口岸和内陆物资集散地，是国家对外开放口岸之一。汕尾港口西南有一道由海浪冲刷海沙堆积而成长1727米的天然沙堤——沙舌，作为汕尾港口的天然屏障。汕尾港属自然港，港内航道较深，来自粤、闽、桂及港、台等省和地区的渔船生产后都乐意到汕尾港停泊补给。

1979年8月2日，受8号强台风的袭击，沙舌在离基点（地名白石头）约300米处缺口40米左右，以后由于多种原因，沙舌由南向北退化，至1983年7月，残存709米，而到1985年，仅残存300余米。失去沙舌天然屏障的保护，每当西南季风期，汕尾港一受到风浪直接冲击，海潮便把沙舌溃散的泥沙带进港内，造成港区淤积，航道受阻。同时，也直接威胁到港区沿岸的安全。尽快治理沙舌成为一件紧迫而重要的工作。

1984年9月，中山大学地理系河口海岸研究室接受广东省海岸带和滩涂资源综合调查领导小组的任务，来到汕尾港进行现场探索和调查，就汕尾沙舌自然恢复的可能性和有关治理问题，形成了《粤东汕尾港自然条件与有关治理问题》的论证报告，为以后的治理工程设计提供了科学依据。1984年12月，海丰县计划委员会向广东省计划委员会提交报告，要求把汕尾沙舌整治工程列入省建设计划，得到省有关领导的支持，并获得省主管部门批准立项。1985年7月，海丰县委成立海丰县汕尾沙舌整治领导小组，下设指挥部，具体负责整治工作。

1985年8—10月，广东省航道规划设计院接受省计划委员会委托，对汕尾沙舌整治工程进行调查，提出整治方案。经征求专家和领导意见后，提交了《汕尾沙咀防波堤工程可行性研究报告》。该报告参考了《汕尾沙舌复造可能性的探讨》(陈锤，1983年8月)、《粤东汕尾港自然条件与有关治理问题》等论文，在研讨会上提出三个整治方案：（1）从白石头起向北筑建800～1000米的正规防波堤，再抛石1000～800米至沙舌残段；（2）从白石头起抛石堵流，填塞缺口，抛石长度约1800米；（3）全段筑正规防波堤，长度1800米。在顾及工程效果的同时，考虑到工程资金问题，最后选择了第一方案。

1986年春末，汕尾沙舌整治工程向社会公开招标，有18家工程公司报名。经有关部门筛选，批准6家工程公司参加投标。招标结果为深圳云流工程有限公司中标，工程总造价600多万元（因物价上涨，结算时实际支出为700多万元）。1986年6月13日，汕尾沙舌整治工程正式奠基动工，广东省人大常委会主任罗天发来贺信。经过一年多的紧张施工，于1987年底竣工。该工程的主要建设内容：在天然沙舌的基础上筑造防波堤，防波堤长1800米、宽85米，在内外建两道堤，内堤底宽27米，外堤底宽33.5米，中间夹空24.5米，夹空部分利用浚深港池的泥沙吹填造地，营造防护林。

汕尾沙舌整治工程完工后发挥了预期效果，潮水恢复了原来的流向，落潮把原淤积在港池和航道内的泥沙挟带到港外。据1991年7月的一次海底测量，港池平均深度6.9米，主航道平均深度9.5米，最深处达14.3米。与1985年对比，港池平均增深1.2米，主航道平均增深1.8米。1500吨级海轮进出港自由，2000吨级海轮候潮进港。此外，由于防波堤营造了防护林，西南季风对港内的影响相对减弱，10级西南风，20吨位以上的船只可安全锚泊。

修复沙舌，浚深航道，大大提升了汕尾港口的功能优势，促进了渔业和海运业蓬勃发展。1990年6月，汕尾港被农业部批准为一级渔港。1991年7月，在距老港区约800米处建造新港区，于1995年5月投产。新港区总面积8万平方米，有两个5000吨级泊位（集装箱和杂货泊位）。2004年，货物吞吐量104万吨。汕尾港客货运功能进一步凸现。

沙舌的修复，增强了汕尾对外开放的优势。继1980年9月中国与美国签订中美海运协定，汕尾港被列入国家19个港口（口岸）互对美国55个港口开放口岸，1988年12月，中国与美国签订中美海运协定及有关换函中，再次把汕尾港列入国家40个港口（口岸）互对美国港口开放口岸。1986年1月开始，汕尾港恢复与香港直接通航，先后有汕尾港澳客运公司的"龙津"号、"东湖"号客轮直航香港，高峰时期的1995年和1996年，每年的客运量达到5万~6万人次，对汕尾扩大对外开放，促进经济加快发展发挥了积极的作用。

四、十老办学，心系后代

南海之滨，铜鼎山下，有一座用心血构筑的知识殿堂——由十位老人自发筹资创办的汕尾市城区职业技术学校。他们的义举，当时被称为"十老办学"，是革命老区及粤东大地口口相传的佳话。1996年12月17日，国家教委副总督学郭福昌率全国26个省市教育部门领导到校视察时，称老人办学在中国革命老区应该是第一例。

20世纪80年代初期，汕尾老区文化教育事业严重滞后，校舍破烂，师资奇缺，学生入学困难。同时，沿海各地由于受到境外黄色书刊和暴力录像等影响和毒害，部分失学青少年走上邪路，违法犯罪。

在风风雨雨、艰苦卓绝的征途上离休退下来的老区教育界前辈翁域对此心急如焚，决心办一所民办学校，解决青少年入学难的问题。于是他邀请有共同心愿的离退休干部和热心教育的陈绍民、张云飞、苏戴欣、蔡存养、林俊才、林昭存、吕岗、林昭汉、余双福九位老同志和彭武权商量，并成立了办学筹备小组。

1983年5月，教育部颁发了《关于改革城市中等教育结构、发展职业技术教育的意见》，强调要"实行普通教育与职业技术教育并举"，鼓励"群众团体以及个人办学"。东风暖人心！老人们远见卓识，把筹办的学校定位在职业技术教育上，教会青少年学生一技之长，为他们未来的生活和国家建设事业打好基础。他们四处奔忙，打听到市区凤山附近有几间闲置的驻军营房时，他们找到驻军领导商量，得到军方的大力支持，同意借该处营房做临时校舍。然而还有办学经费、教师等问题没有解决。十位老同志知难而进，以坚强的革命斗志，自力更生，白手起家。几位老人凑足100元钱作为开办经费。老人们矢志不移、忘我奉献的精神，感动了地方党政领导、社会各界人士和旅港同胞，他们纷纷伸出援助之手，有的慷慨解囊，有的赞助旧课桌，许多离退休教师纷纷主动前来任教。

1983年3月4日，在美丽的凤山脚下、品清湖畔，一所因陋就简的民办学校汕尾公学（汕尾市城区职业技术学校前身）终于开办了。这是中国改革开放后，革命老区第一家由老人自发创办的民办学校。《南方日报》为之作了新闻报道。

办学初期，学校仅有电器维修和英语2个专业班，共60多名学生，8个教职工，有人戏称为"袖珍学校"。但学校的办学宗旨非常明确：为国家为社会培养人才，帮助失学青少年入学，培训职业技术技能，使其毕业后能充分就业。为实现这一目标，老人们夙兴夜寐，兢兢业业，忘我工作，困难一个个克服，问题一个个解决，但老人们的身体却一天天地拖垮。1984年，董事长陈绍民辞世。为使职教事业后继有人，第二届董事会吸纳徐克勋、许慕石、黄昭宏、陈楚云、黄霭芝五位同志为董事，加强教学管理，规范各专业教育计划，扩大办学规模，完善教学设施，提高教育质量。同时，积极抓紧夜校建设，开设成人文化技术教育，使学校成为培养各类人才的教育阵地。

1988年，汕尾建市设区。老人们抓住机遇谋发展，积极争取市、区党政部门重视职校的建设和发展，市政府无偿划拨汕尾市区后径村右侧建校用地2万平方米，城区政府拨给100万元作为建校启动资金，并陆续选派部分教师支援学校教学工作。有了政府的大力支持，校董会的老人们深受鼓舞，更加不遗余力，奔走于香港、深圳、广州及汕尾各地，为建校募集赞助款数百万元。在总面积2万平方米的校园中，兴建一幢建筑面积3300平方米的五层教学楼、一幢建筑面积1400平方米的四层科技实验楼、一幢建筑面积1269平方米的三层图书馆、一幢2100平方米四层师生宿舍楼，还有师生食堂、发电机房等配套设备。

经过不懈的努力，学校得到快速发展。2017年，学校有在校生1500多人，教职员工133人，专任教师120人。教师学历达标率100%，其中学士学位专任教师65人，"双师型"教师比例达70%。教师队伍中高级职称9人，中级职称41人，初级职称62人，19人获区级以上优秀荣誉称号。学校配套设施不断完善，实现了网络全覆盖，多班级配有希沃智能电教平台并与网络直通，有专业实训室19间，有一座现代化图书馆，一间400多席位的多媒体大厅，拥有独立运动场，包括200米跑道、田径运动场、篮球场、排球场、羽毛球场等。

学校开设有电子商务、计算机平面设计、计算机应用、计算机动漫与游戏创作、计算机网络技术、旅游服务与管理、美术设计与制作、珠宝玉石加工与营销、电子技术应用、会计电算化、农村经济综合管理、农村电气技术等12个专业，其中计算机平面设计专业在2017年被评为汕尾重点专业。为了让学生有更多继续深造的机会，学校开设了高职类普通高考班，并与汕尾职业技术学院实行三二分段专业对接。对接专业有电子商务、计算机平面设计、电子技术应用、会计电算化。

昔日的"袖珍学校"，而今焕然成为校园靓丽、规模可观、设备齐全、师资上乘的职业技术学校。早在1996年12月17日，国家教委副总督学郭福昌称老人办学，在中国革命老区应该是第一例；1998年2月7日，全国人大常委陈舜礼、张明远视察了"十老"办学；2000年4月10日，全国人大教科文卫委员会主任委员、原国家教委主任朱开轩莅临学校视察，与学校创建首倡者翁域老人亲切交谈。

桃李不言，下自成蹊。学校由于专业设置对路，管理规范，教育教学质量稳步提高，深受老区人民欢迎，真正达到了"招得进，留得住，学得好，出得去"的办学目的。建校以来，学校为社会培养了10000多名毕业生，大多数人已成为企业单位的骨干，相当一部分人拥有自己的企业，学校毕业生的一次性上岗就业率高达98%以上。学校先后荣获"广东省绿色学校""广东省职业教育先进单位""广东省成人教育先进单位"等荣誉称号，是广东省首批规划建设的"骨干师范中等职业学校"、第一批"国家星火计划农民科技培训星火学校"、第二批"广东省青少年校园足球推广学校""汕尾市安全文明校园""汕尾市依法治校示范校"。

"十老"为国为民兴学办校，从无到有，从小到大，一步一个脚印，一步一个台阶。当年的职校宛若一个蹒跚学步的娃娃，如今已是英姿奋发的健壮青年，正充满着无限生机和活力，满怀信心地朝着理想的目标，阔步前进。

第六章 改革开放时期

第一届、第二届校董会部分董事合影（汕尾市城区职业技术学校提供）
第一排左起：许慕石、林昭存、翁域、苏戴欣、林昭汉、吕岗
第二排左起：彭武权、黄霭芝、陈楚云、徐克勋、余双福、黄昭宏

2015年10月，由广东省政协征编、人民出版社出版的《敢为人先——广东改革开放一千个率先》丛书，"十老"办学的事迹被收编入册，题为《"十老"办学：我国革命老区第一例》。

第二节 建市设区，加快发展

1988年1月，经国务院批准，汕尾设立地级市，辖海丰、陆丰、陆河3个县及汕尾市城区。1988年3月29日，中国共产党汕尾市城区委员会正式挂牌办公，同日汕尾市城区人民政府成立。

建区初期，处于国家治理经济环境，整顿经济秩序时期。这一时期，区委、区政府实施年度计划，发挥革命老区的资源优势，以加强农业基础地位为主，以加快渔业发展为突破口，推动全区经济社会平稳发展。自1991年开始，实施"国民经济和社会发展五年规划"，立足区位优势和资源优势，不断调整发展思路，采取切实有效的措施，大力推动全区经济社会快速持续发展。

"八五"规划（1991—1995年）期间，重点建设粮食生产、海水养殖、淡水养殖、林果生产基地，大搞农业综合开发，优化农业内部结构。因地制宜发展高产、高质、高效"三高"农业，加快推动"三高"农业发展。同时扩大对外开放，加快对外招商引资，充分发挥海外侨胞和港澳同胞众多的优势，积极打好"侨牌"，开展多形式、多渠道、多层次对外交往和引资工作，外向型经济得到较快发展，并于1992年设立首个区级工业区——埔边工业区。

"九五"规划（1996—2000年）期间，完成农村土地延长承包期工作，开展对山、水、林、田、路综合治理，适度减少粮食作物面积，扩大经济作物面积，增加农民收入。基础设施建设逐步加强，全区行政村实现村村通公路，通电话、通邮、通广播电视，完成农村电网改造，实现城乡用电同网同价。投资环境进一步改善，外资民资投资踊跃，涌现出一批上规模的骨干工业企业。

"十五"规划（2001—2005年）期间，加快发展为城市服务的城郊型农业，涌现一批农业龙头企业。投资环境得到进一步优化，对外引资快速发展，工业园区建设加快，全区设立6个工业园区，园区聚集效应逐步凸现。

"十一五"规划（2006—2010年）期间，加大对"三农"的投入，着力发展农村农业经济，推动新农村建设。实施"工业强区"发展战略，成立招商引资办公室，落实招商引资责任制和金钥匙保姆式服务，促进工业经济质量不断提高，工业产业结构优化升级。这一时期，城区连续五年在全市经济社会发展目标考核排名第一，科学发展观综合评价体系考核以来连续两年在全市排名第一。2006年，本级财政收入首次突破亿元大关。

"十二五"规划（2011—2015年）期间，全力推进"中央商务区、金町湾滨海旅游度假区、红草高新区"建设储备土地的征用，吸引了一批大项目落户；加快道路交通基础设施建设，优化改善城市卫生环境；抓好民生补短板，增加人民福祉。

2016年开始实施的"十三五"规划，是城区扩容提质，振兴发展的黄金时期。区委、区政府坚持稳中求进的工作总基调，深入贯彻落实稳中增长的各项政策措施，"十三五"规划取得了良好开局，新时代再谱新篇章，全区经济社会持续向好快速发展，取得了喜人成就。2018年，全区地区生产总值118.58亿元，从1988年开始，年递增12.2%；一般公共预算收入5.84亿元，比建区的1988年增长42.15倍。

一、优化产业，转型升级

城区设置前，经济结构比较单一，经济以渔业和农业为主，其中渔业是主要经济支柱，经济发展速度不快，经济总量不大。1987年，社会总产值2.56亿元，国民收入1.27亿元，人均国民收入411元，地方财政一般预算收入753万元。自实施"八五"规划开始，逐步调整经济发展思路，调整经济结构，巩固第一产业，重点发展第二、第三产业，不断促进全区产业的转型升级。

农业由粮食生产为主向发展特色农业转变，逐步减少粮食种植面积，扩大经济作物种植面积，发展为城市服务的城郊型现代农业，开发优质水稻、蔬菜、林果、禽畜和花卉等生产基地，提高农业生产经营效益，增加农民收入，推动农村经济发展。全区农业总产值由1988年的2亿元，增至2018年的38.24亿元。

渔业通过实施建设"海上城区"发展战略，调整生产结构，进一步推进产业化经营。尤其是在1999年起国家提出海洋捕捞计划产量零增长目标后，贯彻"以养为主，养殖、捕捞、加工并举"的方针，加大浅海滩涂开发，退田还塭，发展海水、淡水养殖业，开拓外海捕捞和远洋捕捞，发展水产品加工业，设立区水产品批发市场，巩固发展渔船修造业和为渔业服务的渔需物资供应企业，建成了海洋捕捞、工厂化养鲍、网箱养鱼、对虾养殖、牡蛎养殖和渔船修造等一批基地。水产品总产量由1988年的74403吨，增至2017年的200010吨，其中海水养殖从3871吨增至122800吨。

工业得到持续较快发展。建区后，实施"工业兴区"战略，把发展工业摆在经济工作的首位，通过内引外联和招商引资，发展外资工业和民营工业。全区工业项目逐步从小规模、技术含量低向规模化、技术含量高转变；工业企业体制从以国有和集体为主向外资、民营多元化转变；工业企业从分散设厂向园区化集中转变。1992年，首先创办了埔边工业园区，后相继建成长沙湾、新湖、新林、捷胜、香洲等工业园区。有60多家内外资企业在工业园区落户，形成电子、机电、纺织、玩具、制衣、饰品、食品、水产品加工等产业集群，其中电子元件产业集群成为全球重要的生产基地。1997年，全区工业总产值12亿元，首次超过农业总产值。此后，工业总产值一直以较大的幅度增长，全区工业规模不断扩大。2017年，全区规模以上工业（年产值2000万元以上）有36家，规上工业产值178.98亿元。

以商贸旅游服务业为主导开拓第三产业。充分利用融合历史悠久的疍家文化、妈祖文化等人文风情及丰富多彩的滨海资源优势，规划建设"旅游+"等集度假、餐饮、娱乐为一体的海洋生态旅游基地，构建沿海旅游经济带。2005年，接待游客34万人次，2018年，增至240.5万人次。商贸繁荣，涌现了一大批大型超市商场及连锁店，乡村集市、农贸市场迅速发展。全区社会商品零售总额由1988年的1.34亿元，增至2018年的111.51亿元。

通过不断调整，产业结构得到优化，促进了全区经济向高质量发展，经济总量不断提高，地区生产总值由1988年的2.66亿元，增至2018年的118.58亿元。同时，第二、第三产业得到较快和均衡发展，1988年至2000年，全区还是以农业为主的基本态势，2005年开始，第二、第三产业所占的比重加快提升，均超过了第一产业。2005年三大产业比例为28∶35∶37，2018年达到20.2∶29.9∶49.9。

二、设渔试区，全国领先

1988年8月，区政府根据城区渔业生产的实际情况，向广东省水产厅报告并请示省政府，要求在城区建立渔业经济体制综合改革试验区。1989年，国务院批复同意在广东省汕尾市城区建立渔业经济体制综合改革试验区。城区渔业经济体制综合改革试验区的指导思想是："以坚持发展生产为中心，从经济发展的需要和群众的要求出发，把改革与发展紧密结合起来，建立和完善行之有效的渔业经济体制和社会服务体系，提高渔业经济效益和社会效益。"并制定《广东省汕尾市城区渔业经济体制改革总体方案》，对当时渔业经济面临的迫切需要解决的问题进行改革与试验，为渔业的全面发展进行理论探索和实践试验。

国务院批复文件（汕尾市城区档案馆提供）

城区渔业经济体制综合改革试验区的试验项目分三个周期进行。第一周期1989年8月—1993年6月；第二周期1993年7月—1996年1月；第三周期1996年2月—2007年。改革试验项目内容为：

（一）汕尾港是汕尾市城区重要渔港，建设规范化水产品批发市场是签订《全国农村改革试验区重点项目计划书》中的主要项目，城区投资1090万元，建成了6339平方米的水产品批发市场。从制度化、规范化方面强化市场管理，坚持"公开、公平、公正、安全"的交易原则。

（二）为适应渔业发展形势和维护渔民的合法权益，引导渔民自愿自由组合，成立以渔业管理区为单位的渔民协会，实行自我教育、自我管理、自我服务。行政上隶属于渔业管理区领导，业务上独立自主。渔民协会广泛联系渔民群众，积极参与渔业生产管理工作。

（三）在海水养殖业改革上，采取股份制办法组建城区海水养殖集团公司。实行外引内联筹集资金，对外搞开发经营，对内搞合股经营，组织协调生产，引进养殖新品种新技术。

（四）根据渔民经济状况和渔业生产发展趋势，试行调剂渔业生产资金余缺，成立渔业合作基金会。从1989年10月起，城区先后建立以管理区、镇（街道）、区三级渔业合作基金会，到1996年底共融资4088万元。其中，扶持渔船改造665艘次，资金3650万元；扶持养殖业86宗，资金829万元；扶持兴办渔业后勤服务企业35宗，资金610万元。由于国家金融政策规定及主客观因素的影响，1999年8月，城区政府作出决定，全区三级渔业合作基金会终止一切业务活动。

（五）推进城区渔业股份制改革，由部分船主在坚持渔船独立核算、自负盈亏的前提下，自愿联合，合股共同投资兴办渔业后勤企业，实行"分散经营、集中服务"的经营体制。汕尾红卫深海渔业联合公司、飞洋渔业联合公司合股兴办的渔网厂、冷冻厂等专业化生产服务组织，为渔业提供产前、产中、产后服务。

（六）发展远洋渔业，是1990年经省政府委托省农业委员会批准的《广东省汕尾市城区渔业经济体制综合改革试验总体方案》中提出的改革试验项目之一。从1990年开始，城区远洋公司先后组织了3宗渔船试探远洋生产。第一宗是1990年4月—1991年10月，组织4艘玻璃钢延绳钓船，32位渔民赴贝劳共和国海区进行金枪鱼捕捞生产，共捕获鱼产品162.9吨，创值83.12万元人民币。第二宗是1993年1—4月，组织3对大功率拖网渔船到南沙进行了5个航次的探捕，共捕获鱼产品1100吨，创值360万元人民币。第三宗是1993年3—8月，派出1对功率700千瓦的拖网渔船赴菲律宾海区捕捞生产，捕获鱼产品300多吨，创值98万元人民币。远洋捕捞比在国内南海渔场同期生产的同类渔船增产增值均达一倍多。之后虽然国家在政策上鼓励渔民大力发展远洋作业，但因组织渔船发展远洋渔业大量资金及强大的后勤保障等工作，至2008年，再没组织开展远洋捕捞。

2011年11月，经省、市人社部门的批准，城区把渔业试验区办公室列入参照公务员管理范围，进一步保障渔业试验区工作机构人员稳定，工作持续有效开展。2011年7月，省水产局根据国家农业部和省政府的指示精神，会同省政府发展研究中心以及省农村改革试验区办公室有关人员，赴汕尾市就城区渔业经济体制综合改革试验区进行专题调研，之后撰写了《广东汕尾渔业经济体制改革取得成效》的调研报告，充分肯定试验区取得的显著成绩。该报告中指出：汕尾市城区渔业经济体制改革，以推进渔业产业化经营为主体，以发展生产力和提高经济效益为中心，将改革与发展、理论与实践紧密结合起来，尊重群众意愿和经济规律，大胆探索实践，在实行捕捞、养殖、加工并举，产供销、渔工贸一体化，集体与个体共存发展的多种成分经营体制建设方面取得了新突破，初步形成了与社会主义市场经济相适应的渔业经济体制，渔业生产要素和渔区经济呈现出协调发展的良好局面。

汕尾市城区渔业改革试验区建立以来，坚持改革、创新、服务和发展的方向，不仅推动了城区渔业经济的健康可持续发展，还在全国渔区经济体制改革中继续发挥着带头示范作用。2010年，汕尾港被评为"全国文明渔港"。2017年，全区渔业总产量20万吨，产值29.79亿元，保持高产高值的发展势头。全区建成9家国家、省和市渔农业龙头企业示范单位，其中国泰水产有限公司是全国第一批13家农业龙头企业示范单位之一，广东省仅此一家。

三、扩大开放，招商引资

建区前，城区的外向型企业以来料加工项目居多，规模不大，以粗加工为主。1988年建区后，区委、区政府坚持改革开放不动摇，坚持"让外商发财，让城区发展"的宗旨，坚持外向驱动战略，积极开展对外经济技术合作，扩大招商引资，同时落实税费征收、土地征用、税费收缴和引资奖励等方面的优惠政策，增强扶持措施，加大基础设施建设，努力完善投资环境，促进了招商引资工作的不断发展。外商投资企业的覆盖面从城市、圩镇延伸到农村，沿海各类型地区都不同程度引进了外资企业与港澳台企业。全区利用外来资金从过去以来料加工为主，逐步转为以"三资"企业进料加工为主。经过全区上下的努力，城区招商引资形成了产业规模较大、现代设备齐全、品种系列多样、产业配套完善的良好格局。其中在纺织行业中，主要有万盛、兴盛、永盛、新丽新等大型纺织服装企业。这些纺织服装企业纷纷增资扩产，扩建厂房，引进先进技术设备，实施名牌战略，产品质量显著提高。"宝拿""白马王子"等品牌打进了东南亚、澳大利亚、欧美等国际市场和中国港澳台地区，从而提升了行业经营规模和综合产能，增加了产值。万盛、兴盛、建大、永盛等一批纺织企业通过征地和实施搬迁新建，投资额均在2000万元人民币以上，一些中小型服装企业如奥米格等也实施不同程度的技改扩产。2007年底，全区纺织服装企业有216家，其中有万盛、兴盛、建大、永盛、信联等亿元年产值企业5家；纺织行业从业人员1.64万人，年产各类服装3017万件，年产值23.3亿元。在电子机械行业中，主要有汕尾德昌电子有限公司、汕尾市银鹏发展有限公司、汕尾市快捷通导设备有限公司等一批生产规模大、经济效益好、品牌知名度高的电子机械行业龙头骨干企业。汕尾德昌电子有限公司于1995年在汕尾市注册成立，至2014年，已建设成为现代化的半导体生产基地，主要从事生产稳压二极管、肖特基二极管、开关二极管、整流二极管、瞬变电压抑制二极管、触发二极管、场效应管、三极管等半导体元器件。该公司拥有员工2000多人，拥有经验丰富的中外高级管理人员和工程技术骨干组成的专业团队，技术力量雄厚。通过落实执行SO/TS16949质量管理体系和ISO14001环境管理体系，已成为多家欧美著名半导体公司的特许OEM生产商。同时，汕尾德昌电子有限公司自主品牌已成为世界知名品牌，年总生产能力突破240亿粒。银鹏集团有限公司主要致力于"银鹏"系列的发动机、发电机组的配套、加工、维修、租赁、销售和零配件供给，以及噪音环保工程的设计和施工，是美国康明斯的授权代理商，连续7年（2002—2008年）被康明斯评为东亚地区唯一的金牌代理商，并且与国内外著名品牌形成良好的战略合作伙伴关系，全面通过ISO9001：2008质量认证。汕尾市快捷通导设备有限公司，成立于1997年，是汕尾市一家重点科技工贸企业，主要从事航海仪器的研发、生产、维修、批发。企业拥有一支过硬的技术队伍和训练有素的员工，已拥有21项自主知识产权。该公司最新开发的"三合一"卫导/海图/探测仪，克服了几项仪器单独使用的缺点，该项目于2010年12月成功通过国家科技创新基金验收。该公司创立的"ONWA"品牌，已成为国际市场上极具竞争力的产品之一。

通过不断落实和完善各项政策措施，尤其是党的十八大召开以来，区委、区政府进一步扩大招商引资，落实"暖企活动"等优惠政策，强势推进园区建设，进一步完善污水处理、燃气、供水、供电及信息网络等配套基础设施，促使城区招商引资再现新热潮，持续加快发展。截至2017年，全区实际利用外资与港澳台资累计44740万美元，全区"三资"企业达202家。打破了建区前企业类型单一、规模小产值低的状况，形成了产业齐全、规模较大，具有品牌效应的开放引资新局面。

四、兴办园区，发展工业

建区后，区委、区政府充分认识到工业发展是经济快速发展的强大动力，而工业园区则是工业发展的重要载体和平台。结合工业立区的发展目标，把工业园区建设作为经济工作的重中之重来抓，切实加强领导，积极采取有效措施。一方面做到规划先行，强化工业园区的规划制订，促使开发建设规范化；一方面加大资金投入，完善园区配套设施建设，实现道路、通讯、给排水和供电等配套。同时，加强管理，优化服务，为工业企业入园区投资建设生产提供"全包式"服务，有力推动了工业园区建设向规模化发展，取得了较大成效。1992年，城区首先创办了埔边工业园区，随后，城区工业园区建设呈现良好发展态势，到2011年，城区工业园区的建设已具有一定规模，为招商引资办工业打造坚实平台，吸引了大批工业项目入园区建设生产，产生了明显的效益。到2011年，已落户园区投产和在建的企业80多家，约占全区工业企业30%，工业总产值96亿元，占全区工业总产值70%。其中有红草工业区、三和工业区、新林工业区、长沙湾工业区、品清湖工业区、东涌新湖工业区、香洲工业区、捷胜工业区等工业区，总面积6.25平方千米。而且埔边、新湖工业区被列入深汕特别合作区东片区。同时，加强对工业园区的功能整合和规划。其中，高新区三和科技园，包括原三和工业区、埔边工业区，总面积为3平方千米，实际利用面积0.75平方千米，有德昌电子厂、五丰水产、柏嘉玩具厂等75个项目，以发展电子产业、机电行业为主。高新区长沙湾科技园，总面积4平方千米，实际利用面积1.5平方千米，有恒威手袋厂、天浩毛织厂、雅各丝花厂等6个项目，以发展临港经济、皮革制造为主。高新区新湖、品清科技园为新规划园区，总面积2.5平方千米，实际利用面积0.35平方千米，有万盛织造厂、兴盛织造厂、德美工业村等企业10多家，以发展纺织、塑料玩具等为主。新林工业园，面积0.2万平方千米，以轻工纺织、饰品为主，有9家企业落户。民营科技园捷胜工业区，总面积2平方千米，实际利用面积0.5平方千米，有健生鲍鱼养殖场、盛利海产品养殖场、嘉仪制衣厂等企业10家。民营科技园香洲工业区，总面积3平方千米，实际利用面积1.5平方千米，有汕尾肉联厂、国泰水产品加工厂等企业5家，以海产品加工业为主。

特别是2012年之后，区委、区政府抓住省市共建循环经济产业基地的大好机遇，积极筹备，将红草工业区、三和工业区进行整合，扩大园区规模，向省申报为高新技术开发区和城区产业转移聚集区，2014年获省批准。新规划的红草工业园区距市中心和汕尾港约10千米，与厦深铁路汕尾站相距12千米，工业区有沈海高速公路埔边出入口、省道242线和规划建设的深圳至汕尾轻轨支线，区位优势明显和交通条件优越。园区规划面积17.4平方千米，启动区建设面积为4.4平方千米，远期规划工业用地13平方千米。园区以承接珠三角地区的转移高端产业为主，重点发展电子信息、海洋生物、食品加工、生物制药以及装备制造作为园区的主导产业，配套发展商贸、物流等现代服务业。红草工业园区成为高新技术开发区和城区产业转移聚集区之后，区委、区政府坚持走市场化的道路，统筹好土地储备、规划、开发建设、管理的关系，设立园区管委会，放权园区，简化办事程序，实行"直通车"服务，从立项、规划、报建、建设至验收等各个环节都在园区内办结，强化了园区招商引资的吸引力和竞争力。截至2017年，园区完成征地面积316.5公顷，新落户园区建设和生产的项目有广物汽车城、广昆南储冷链物流园、海珍大厨房、信利工业园、比亚迪新能源汽车生产基地、肯迪文品牌服装项目、国信通手机配件项目等。

五、"三高"农业，增效增收

建区后，区委、区政府认真贯彻落实中央、省发展农业和农村经济的指示精神，提出调整农业产业结构，大力推广优质水稻，发展禽畜、蔬菜、水果，扩大水产养殖，同时发展花卉种植，推进农业生产向多元化、多层次方向发展，建立城郊型农业。在20世纪90年代初，水果种植户、牧畜饲养户、水产养殖户、蔬菜种植户等专业户遍布全区农村。在专业户种植养殖的基础上，同类农产品的生产经营或同类农业生产经营服务的提供者和利用者，实行自愿联合，成立互助型经济组织，即农民专业生产合作社。同时，随着农业生产组织化程度的提高，区委、区政府采取有效措施，优化服务，增加农业投入。到20世纪90年代后期，外商和私营企业等参与农业开发，以"公司＋基地＋农户"的模式实行农业产业化经营，推广"名、优、特"产品，使具有城区特色的农业经济发展步伐加快。同时，城区农村开始出现土地集约经营、土地流转，农业不断朝着产业化、集约化、规模化方向发展，逐渐形成了蔬菜、水果、畜禽三大产业，并在各镇（街道）建立了相应的生产基地，一批农业龙头企业相继形成。

在发展城郊型农业过程中，城区发挥海水养殖历史悠久的优势，加大滩涂海面开发力度，不断研发和引进先进海水养殖技术。20世纪90年代初开始，城区在捷胜镇引进工厂化养鲍，取得经验后迅速推广，1996—1997年，共兴建了粤水财建、健生、天生、永生等13家工厂化鲍鱼场，总投资1.8亿多元，建成拥有土地42.21公顷、12.43万立方米水体的工厂化鲍鱼养殖基地，带动了粤东一带工厂化养鲍产业的形成。1996年10月，省长卢瑞华、副省长欧广源到捷胜鲍鱼基地视察，充分肯定城区的经验，省长卢瑞华亲自为捷胜鲍鱼基地题词："鲍鱼世界、生财有道"。在发展鲍鱼养殖的同时，城区对虾、牡蛎等传统养殖也有较大的发展，海水养殖业作为农业支柱产业的位置更加巩固提高，有力推进了城区城郊型农业经济的发展。

在发展"三高"农业的大潮中，城区注意引导农民走现代农业的发展道路。2006—2007年期间，全区已发展建立了42家渔农业专业合作社，其中：马宫金鲳鱼、红草牡蛎、新港芳荣对虾、马官南美白对虾、捷胜鲍鱼等无公害水产养殖基地获省级认证；建成红草基本农田保护示范区、绿地无公害蔬菜基地、捷胜大埔和前进农业生态园等农业基地；凤山红灯笼荔枝和绿源桑葚被评为汕尾市名特优农产品。同时，发展了9家农业龙头企业，其中：2007年五丰水产食品有限公司被列入广东省现代产业500强企业，其胶原蛋白肽生产标准被批准为国家行业生产标准；2008年国泰食品有限公司被农业部等八部委授予"农业产业化国家重点龙头企业"称号；宝山和荣霖2个养猪场被国家农业部定为无公害化产品基地。现代农业高效特色经济带逐步形成。2011年建成红草龙船湖番木瓜"一品一乡"项目，捷胜优质洋葱生产基地、红草旱粮生产基地获省财政厅和农业厅立项，红草开源养殖场被国家农业部评为健康养殖示范场。

城区在以现代农业发展为主攻方向的同时，积极促进农业多种经营，促进农业增效，农民增收，农村稳定。农产品商品率不断提高，2018年全区农业总产值为38.24亿元，比1988年的9283万元增长40.19倍。

六、民营经济，生力大军

随着改革开放的不断推进，1991年以后，城区民营企业迅速发展。针对城区民营企业起点低规模小、生产技术水平落后、产品科技含量较低、经营行为短期化、资金不足等情况，区委、区政府认真落实扶持民营企业发展措施，为民营经济发展创造良好环境，加快民营经济发展步伐。

（一）加强政策支持和服务管理

自1991年开始，区委、区政府审时度势，结合本地实际，根据上级有关扶持民营企业发展的政策，出台了一系列有关扶持城区民营企业发展的规定和工作措施，进一步解放思想、转变观念、放宽政策，实行"五个优先"措施。即：对民营企业申报开发的科技项目优先审理上报；对民营企业申办科技型企业优先审理；对民营企业要求论证查新的科研项目优先安排核对论证；对民营企业开发科技项目效益好的优先帮助贷款；对民营科技优先安排帮助征地加入区民营科技工业园。同时，成立了区中小企业局，分工一名副区长专抓，并充分发挥工商联的协调、服务作用，为城区的民营企业发展创造了良好的政策环境和健全的领导服务机构，鼓励和推动民营经济加快发展。在优化政策的同时，千方百计加大资金投入，努力搞好民营工业园区（民营科技园捷胜工业区和香洲工业区）的规划建设，为民营企业发展集约化、规模化、专业化提供坚实的平台。

（二）加强技术指导和资金帮扶

在鼓励扶持民营企业发展过程中，突出加强对科技型企业的扶持力度，积极推进民营企业的科技进步和自主创新。针对城区民营企业普遍存在技术开发能力薄弱的问题，区委、区政府及区相关职能部门积极牵线搭桥，为企业与中山大学、华南理工大学、福州大学、中科院南海海洋研究所、南海水产研究所、省农科院等院校和科研单位进行技术合作架起沟通桥梁，借助高等院校和科研单位人才、技术、成果优势，为企业的技术创新提供重要的人才和技术依托，从而提升了企业的技术创新能力。同时，切实加大对企业技改资金的争取力度，努力协助企业解决融资难问题。2003年以来，城区共组织民营企业向省申报技改项目14个，申请到扶持资金640万元。此外，积极组织搭建银企关系，为企业向金融部门进行贷款业务联系和咨询，组织开展银企座谈活动，促进银行与企业之间的沟通与对接，把信誉好、产品有市场竞争力且经济效益好的企业推荐给银行部门，努力协助企业解决融资难问题。

（三）加强和提高民营企业的社会地位

充分发挥民营企业家在社会建设事业中的作用，营造尊重、支持和鼓励民营企业家干事创业的良好环境和社会氛围，从政治上关心民营企业家队伍的成长，鼓励支持他们参政议政，使民营企业家在社会上有地位、政治上有荣誉、经济上有实惠。据统计，截至2017年，城区私营企业家当选各级人大代表的有49名，担任政协委员的有 136 名。参加人大、政协的民营企业家们通过提议案和提案的形式参政议政，提出了大量的建设性意见、建议和工作措施，为城区的经济发展和社会进步作出了积极贡献。同时，还通过评选先进民营企业和表彰优秀民营企业家等形式，鼓励民营企业艰苦创业，争先创优，加快发展。

经过历届区委、区政府的高度重视，区各职能部门的积极支持帮扶，城区民营企业健康发展。主要有两个突出的特点。一是经营规模和经济总量不断壮大。建区以来至 2017 年，全区有民营企业 280 多家，其中规模以上民营企业 21 家，完成工业产值 44.35 亿元；个体工商户 27084 家，农民专业合作社注册资金合计 374.12 亿元。民营经济成为全区经济的重要支柱。其中较大规模的民营企业有国泰食品有限公司、五丰水产食品有限公司、诚兴制衣厂、永盛针织厂、营通水泥制品厂等。很多民营企业在扩大经营规模的同时，进一步拓展国内外市场，大胆闯出省外，走出国门，与国内外市场接轨，经济实力进一步壮大。五丰食品有限公司、国泰食品有限公司、信昌机械设备有限公司等企业，均在国内外大城市设立分公司和销售部。万聪船舶修造厂以先进的技术为香港客户建造大马力钢质远洋渔船等。二是产品质量和科技含量不断提升。城区努力实施"科技兴区"发展战略，围绕产业升级推进企业自主创新，使传统产业得到高新技术和先进技术的改造、嫁接和提升。全区涌现了一批科技民营企业和民营企业技术研发机构。建区以来至 2017 年，全区申请国家专利累计 992 项，授权 637 项，多家企业的产品和项目获得省优秀产品奖和市科技进步奖。展辉实业有限公司拥有 15 项自主知识产权和关键技术，其中可调式航海磁罗盘获省新产品三等奖，获市三项科技进步奖；汕尾市快捷通导设备有限公司研制生产的"三合一"航海仪填补了国内产品的空白；汕港船电设备有限公司、麒锋电器有限公司等企业研发的多种先进科技产品,均以创新的技术和良好的质量获得了权威部门的表彰和市场的青睐。

七、教育医卫,齐驱并进

(一)教育事业不断进步

刚建区时,全区只有66所小学,1所完全中学,6所初级中学,1所职业中学。针对教育事业总体上相对落后的状况,该区首先召开的大型会议是教育会议。这个会议确定了该区发展教育事业的基本方针。从1988年起,由于市区扩大、人口增加,市场经济发展对文化教育的需求增长,根据学校基础设施不足或残旧状况,该区坚持教育兴区战略,落实一系列加快发展教育的措施,使城区教育出现新面貌,不断取得新发展。

举全区之力,加快学校基础设施建设,改善了办学环境。区委、区政府充分发挥人缘优势,多渠道动员华侨、港澳同胞、社会有识之士和广大干部群众掀起社会集资办学的热潮,解决校舍和教学设备不足的问题。在财力困难的条件下,坚持教育经费保障优先,在每年度的财政预算中把本级财政收入的80%以上、财政总支出的20%以上投入到教育中去。至2017年,区财政累计拨款126.32亿元。在各级政府和社会各方面大力支持下,学校基础设施建设快速发展。全区新建校舍建筑面积28.9万平方米,扩建校舍建筑面积4.3万平方米,改造危房校舍2.07万平方米,全区各级各类学校占地面积达到99.5万平方米,校舍总建筑面积39.1万平方米,共投入资金3.51亿元。全区民办学校校舍建筑面积3.57万平方米。全区中小学校舍全部实现楼房化。

在加快学校基础设施建设的同时,加快学校的教学设备建设。1988年以前,城区只有少数学校实行初级电化教学。1988年建区时,全区小学实验室建设,教学仪器设备设施配置非常差,仅有被列为危房的2间实验室和2间仪器室，34个仪器柜，42套实验桌椅和总价值18.4万元的中小学教学仪器设备。建区后，在区委、区政府的重视下，多渠道投入，加快教学设备建设。1988年至2006年7月，华侨、港澳台同胞共捐款4441.8万元。区教育部门采取"先中学后小学，先普教后电教，先紧后慢，分批实施，全面达标"的配套建设方案，逐步配套教学仪器设备。1994年，全区学校有实验室75间，仪器柜986个，新型实验桌椅1581套，所有的中学和12个教学班以上的小学都配有一间仪器室。2000年4月，全区完成了中小学校班班有投影器材的配备，初步配备主要学科的教学投影片和足够数量材料。2002年起，按省统一规划标准，为全区各中小学装备多媒体网络计算机。至2017年，全区有计算机室83间，计算机7573台（其中学生机4101台，教师机3472台），教学平台（含互动）1168个，物理实验室23间，化学实验室23间，生物实验室20间，小学科学实验室52间。大大改善了教学设备，提高了办学水平。

通过不断建设和完善学校基础设施，城区办学规模不断扩大。1989年至1997年间，新建了石洲中学、新城中学、田家炳中学、文昌中学、凤翔中学、逸挥基金学校、逸夫学校等学校。到2017年，全区有中小学75所。其中，小学58所、初级中学11所（含5所九年一贯制）、完全中学5所、职业中学1所。教学班数：小学753个；中学438个，其中初中257个，高中181个。在校中小学生48534人，其中，小学在校生28741人，初中在校生11711人，高中在校生7087人，职业技术学校在校生995人。全区民办学校4所，在校中小学生1741人。全区现有幼儿园29所，在园幼儿6474人，其中登记注册的民办幼儿园22所，在园幼儿4545人；公办幼儿园7所，在园幼儿1929人，保教人员571人（以上不含市直中小学、幼儿园）。

尊师重教，提高教师队伍素质。充分认识教师对教育事业发展的重要作用，区委、区政府十分重视提高教师的各项待遇，全面落实工资、医疗等福利待遇，做到应享尽享，使教师安心专心倾心教学。1995年，区政府出台《关于加快中小学教师住房建设的通知》，为教师住房建设提供优惠条件，区政府与省政府签订《广东省解决中小学教师困难问题合同书》，各镇（街道）与区政府签订教师建房合同书，陆续落实教师安居工程。至2004年底，投入资金8265.8万元，建成教师住房1299套，建筑面积109401平方米，全区教师宿舍总面积达到109901平方米，成套率93.56%。同时，区委、区政府关心教师的政治和福利待遇，区人大代表、政协委员都有一定的教师名额。每年的教师节，区委、区政府都慰问教师，并召开表彰大会，颁发获奖证书，发放奖金。至2017年，全区教师共有51人次被评为全国、全省先进工作者。全区的教师人均工资水平不低于同级国家公务员平均工资水平。

根据教育的迅速发展教师需求量猛增的情况，切实抓好城区内学校布局的调整和师资配置，加强学校教师队伍建设，加强学校管理，提高教学质量。1988年，全区共有教师1080人，其中小学教师623人，初中教师426人，高中教师31人。到2017年，全区中小学教师3902人，其中小学教师1727人，初中教师1358人，高中教师817人。1990年，城区开始到陕西省、江西省等地区招聘外省籍应届师范类专科、本科优秀毕业生为中学教师。1996年6月，城区根据《中华人民共和国教师法》实行教师资格过渡，取得小学教师资格的有146人，初中教师资格的有577人，高中教师资格的有209人。1997年，对1993年3月27日前在城区各级教育行政部门举办的学校工作的民办教师和代课教师进行民转公考试。建区起至1998年共招收1252名民转公教师。2000年7月，国家颁布《教师资格条例》，实行教师法定职业许可制度，全面推行教师聘任制，实行资格准入，竞争上岗，全员聘任，吸收社会上具有教师资格的优秀人员到中小学任教。2001年，城区首次召开教师资格认定工作会议，至2017年，全区教师资格认定高中教师770人，初中教师1211人，小学教师1670人，幼儿教师2人。在扩大教师队伍的同时，加强对教师的各项培训和进修，提高教学水平，增强师资力量。1999年9月起，实施教师继续教育及百千名优秀教师培养工程，培养的类别包括新任教师培训、职务培训、骨干老师培训、计算机培训、高一层次学历进修等。至2017年底，全区高中、初中、小学教师学历合格率均达100%。同时，积极鼓励支持教师开展经常性的教学教研活动，促进教学水平的提高。至2017年，全区完成国家级课题5项、省级课题23项、市级课题78项。教师教学论文、课例等获得省级以上奖励2013人次，市级奖励1163人次。

通过采取各项有效措施，提高了办学水平，全区教学质量逐年提高，为全区经济加快发展发挥巨大的促进作用。1988年至2011年，以良好成绩完成上级下达的各项目标任务。其中：1994年12月，经省、市检查验收合格，完成高标准扫除青壮年文盲任务；1995年1月，经省、市的"普九"评估验收，完成实施普及九年义务教育、中小学实验室建设和教学仪器设备认标任务；1997年，被省人民政府评为"基本普及九年义务教育和基本扫除青壮年文盲工作先进区"；2001年，区委、区政府作出了《关于深化教育改革，全面推进素质教育的决定》，素质教育取得了良好成绩；2006年秋季起，根据《广东省农村免费义务教育实施办法》的规定，全区全面实行农村免费义务教育，2007年秋季起，非农户籍实行免费义务教育；2011年完成了高中阶段学校的新建、扩建工程，顺利实现学前教育、巩固义务教育、普及高中教育的工作目标。

党的十八大召开以来，区委、区政府工作措施力度不断加大，全区教育发展实现新的飞跃，全力实施教育"创均创强"工作目标。2012年以来投入资金1.6848亿元，完成全区薄弱学校的改造工作，改造面积83474平方米；全区33所义务教育规范化学校建设通过省评估工作，完成上级下达的任务。2012年至2016年累计投入资金3.6亿元，加快教育"创均创强"进程，顺利完成"创均创强"目标任务。在此基础上，2017年全面启动创建教育现代化先进区，投入"创现"项目建设资金1.2亿元，进一步更新完善中小学校的基础设施和教学设备建设，加快实现创建教育现代化先进区的目标。

（二）医疗卫生事业发展迅速

1988年初，原汕尾人民医院（亦称红十字医院）和盐工医院划归汕尾市直属管理，城区仅保留汕尾、红草、马宫、东涌、捷胜、田墘、遮浪等7个镇级卫生院和香洲卫生院。同年4月，将香洲卫生院改称凤山医院。1989年，建立区妇幼保健院。1990年12月，把原汕尾镇卫生院的人员和设备一分为二，分别新建新港街道卫生院和香洲街道卫生院，同时把凤山医院更名为凤山街道卫生院。1991年4月，建立区慢性病防治站。1992年，田墘、遮浪卫生院划归汕尾市红海湾经济开发试验区。建市设区后，市区内的医疗机构分为市级管理和区级管理两个层次。市级管理医疗机构主要有市人民医院、盐工医院、市中医院、武警医院、南方医院等；区级管理医疗机构先后设立区人民医院、区逸挥基金医院、区妇幼保健院、区慢性病防治站。同时下辖街道、镇级的中心卫生院或卫生院，其名称随街道、镇行政建制称谓变化而变更。

建区初期，城区的医疗卫生事业相对落后，难以解决人民群众看病的需要，难以为群众提供良好的健康卫生保障。区委、区政府为解决这个问题，千方百计加大对医疗卫生事业的投入，推进医疗卫生事业的加快发展。

加快建立一流医院。1992年4月，区人民医院筹备组成立，负责集资和谋划兴办区人民医院事宜。1994年，区人民医院正式成立，在区政府大院三楼设立医院办公室，在通港路、城内路、澳门街等设立门诊部，在区政府蝶苑家属住宅区内设小型住院部。后因区逸挥基金医院的建立和区级医院布局的限制，于2005年10月，区政府决定撤销区人民医院，人员分流到逸挥基金医院及其他医疗单位。

1995年3月20日，由香港逸挥教育基金会董事长洪逸挥捐资，由区政府提供土地和部分资金，共同兴建逸挥基金医院，为区级医院。共同投入资金2084万元人民币，其中区政府注资人民币1069万元，香港逸挥教育基金无偿捐资人民币1015万元，医院占地面积2.74万平方米。2002年，扩建住院部综合楼。2007年，逸挥基金医院逐渐发展成为一家二级医院，并能开展三级医院部分诊疗项目的医院，为建立一流医院打下了良好的基础。

2011年后，城区不断推进公立医院改革，积极推进名院、名科、名医建设，医院规模不断扩大，层次不断提高。2011年，区逸挥基金医院升格为汕尾市第二人民医院，成功创建成为汕尾首家三级乙等医院，是汕尾地区集医疗、教学、科研于一体的三级综合医院。2015年，启动并开工建设医院肿瘤防治中心和科研教学大楼，该项目占地面积1700平方米，总建筑面积17000平方米，总投资0.6亿元，规划建设成为现代化癌症综合治疗中心、数字化肿瘤放疗中心、人文关怀优质服务防治中心。2017年，汕尾市第二人民医院总建筑面积已达60000平方米。设有一级临床科室：肿瘤科、综合内科、麻醉科、皮肤科、康复理疗科等；设有二级专科：心血管内科、消化内科、呼吸内科、肾内科、内分泌科、神经内科、血液科、普外科、骨科、胸外科、泌尿外科、脑外科、儿内科、新生儿科、妇科、产科等；设有医技科室：放射科、药剂科、功能科（B超、心电图、脑电图、经颅多普勒等）、检验科、输血科、病理科、消毒供应室、手术室、内窥镜室、介入室、血液透析、红光治疗室等。其中心血管内科、急救医学科和中医脾胃病科获得粤东地区首个省级临床医学重点专科。医院拥有大、中型设备1000多台，后勤大型设备100多台，能适应三级医院临床诊疗、教学、科研需要。2017年，汕尾市第二人民医院在职员工1007人，其中，正副高职称人员112人，初中级职称人员666人，开放病床达560张。是年，汕尾市第二人民医院通过省三级甲等医院的评审，成为汕尾市首家三级甲等医院，成为国家首批全科医生培训基地。

汕尾市第二人民医院（何夏逢摄）

城区在加快建设一流医院的同时，不断推进新型城乡医疗建设。建市设区后，市区面积不断扩大，人口逐渐增加，虽然有市、区、街道三级医院、卫生院等医疗机构，但还不能满足居民治病，特别是轻病小病治疗的需要。为方便居民就地看病，区卫生部门根据市区医疗卫生网点的总体布局，指导并批准设立医疗门诊。1989—2002年，在市区设立的医疗门诊，主要由各街道卫生院安排。由于对个别门诊的管理不够规范，2003年开始，对市区设置的医疗门诊进行了整治，对设置门诊的地点、执业医生的资格、执业范围和类别等进行严格的审核，审查合格后才批准设立门诊。2003—2007年，批准凤山、香洲、新港三个市区街道卫生院设置门诊共37所。

2017年，城区有医疗卫生机构174家，其中：公立医院（三级甲等医院）1家、妇幼保健计生服务中心1家、慢性病防治站1家、社区卫生服务中心4家、社区卫生服务站7家，镇卫生院3家、乡村卫生站67家，民办医疗机构90家（其中民营医院1家、个体门诊89家）。全区医疗卫生服务人员1456人，其中在编人员863人，临时聘用人员593人；卫技专业人员1194人，占82%，其中高级职称117名，占8%；本科以上学历370人，占25%。全区医疗机构实际开放床位共982张，其中公立医院、基层医疗卫生机构894张，平均每千人拥有床位2.4张。执业（助理）医师717人，公共卫生人员61人，注册护士540人，平均每千常住人口拥有数分别为1.74、0.15、1.31；全科医生45人，每万人拥有人数1.09，医护比为1∶0.6。此外，各项医疗改革按照上级的要求同步推进，较好地完成各项目标任务。

通过不断加大投入，城区医疗规模不断扩大，医疗体系不断完善，医疗水平不断提高，形成以区级医院为指导监督和培训医务人员，以镇（街道）级卫生院和医疗中心为纽带，以村级卫生站（门诊）为基层医疗场所的三级医疗卫生网络，较大程度上满足了人民群众看病就医的需要。

(三) 建立新型农村合作医疗保险机制

为解决农村居民大病、重病住院医疗费用的困难,2002年8月,成立区新型农村合作医疗办公室(简称农合办),10月,正式启动农村合作医疗保险。2004年4月,农村合作医疗保险的启动基金由省财政补助每人每年10元,市、区、镇财政分别补助每人每年10元,个人每人每年缴交10元三个部分组成。医疗补助金的支付分为医疗基金和补助基金两个项目开支,医疗基金主要用于解决大病、重病住院医疗费用,补助基金用于农村特困人口住院时,需缴纳的医疗保障金减免和大额医疗费用减免。起初由于合作医疗资金运作风险等因素,加上群众认识不足,参合人数较少,参合率较低。为此,区委、区政府加大宣传引导力度,不断提高群众对参加农村合作医疗保险的认识,促使城区的农村合作医疗保险工作逐年进步,参合人数和参合率逐年提高,2009年开始实现参合率100%,全区参合人数189407人,2017年达288988人。同时,根据不同时期的政策调整新型农村合作医疗的补偿范围和标准,2012年起把补偿封顶线由1万元调到16万元。

(四) 加强公共卫生服务建设

全面实施国家12类45项基本公共卫生服务项目,积极推进公共卫生均等化服务,加强妇女、儿童、老年人、慢性病人、重性精神病人等重点人群的健康管理。2007年,对每个行政村实行"一村一站"的"村医"配置,并每年补贴1万元的技术技能培训费。加强对辖区内儿童和婴儿的疫苗接种,对妇女实行定期妇科检查等公共卫生服务。2012年起实行建立全区城乡居民健康档案,至2017年,全区城乡居民健康档案累计建档317720人,建档率76.39%。重点落实重大疾病、传染病监测报告制度,坚持预防为主、科学防治的原则,严格实行制度化、规范化、网络化管理,努力防止重大传染病、重大疾病的发生和流行。至2017

年，全区没有发生重大传染病、重大疾病疫情。

（五）加快卫生城市建设

1994年4月，按照"政府组织、分级负责、部门协调、全民参与、科学治理、社会监督、分类指导"的原则，动员全社会参与创建卫生城市、卫生镇、卫生村的爱国卫生活动和城市卫生管理。建市设区以后，大量的农村人口和外来人口进入市区，卫生基础设施适应不了发展的需要，加上部分市民卫生意识淡薄，环境卫生脏乱差现象突出，垃圾二次污染严重。1990年6月，设立区环境卫生管理局，下辖凤山、新港、香洲三个环境卫生管理站（简称环管站），专门负责垃圾收集和市区道路、公共场所卫生保洁工作。2001年增设海上环管站。城市卫生管理工作开始走上了日常化、规范化。逐年加大资金投入，不断建设完善了垃圾处理场、垃圾转运站、垃圾运输车、垃圾箱等环卫设备设施，充实环卫工人队伍，大大改善了城市卫生环境，为城区创建省、国家卫生城市打下了坚实基础。

八、农村"五通"，助农惠民

建区初期，城区的乡村道路多是弯曲的村间小道，并多为泥土路，严重制约着农村经济的发展。区委、区政府以"发展经济、交通先行""要致富、先修路"的理念教育和动员群众，掀起大修乡村公路的热潮。1989—2002年，辖区内一些较大的村庄先后修建泥土公路，总长约100千米。2003年起大力建设乡村水泥硬底化公路，增设区交通局，全面掀起乡村公路水泥硬底化建设高潮。至2007年底，全区乡村水泥硬底化公路146条263.7千米，共投入建设资金近亿元。至2011年，全面实现农村公路水泥硬底化的目标。如今，农村公路均与县道相通，形成了四通八达的农村交通网络。2012年后，又进一步加强新农村公路的规划建设，成效明显。2012—2017年，投入新农村公路的建设资金3450万元，完成新农村公路建设共101千米。同时，随着城市交通的发展，至2018年，全区各行政村实现了村村通公共汽车。

建区前，城区电源缺乏，地方供电以小火电为主。1977年7月起，汕尾市区由一台国产6160型250马力柴油机配160千瓦发电机供电，年均发电量40万千瓦时。1981年2月，汕尾35千伏变电站投产后，由海丰县实行计划趸售和自发火电。至1987年，汕尾电力厂自行发电量累计1500万千瓦时，但因设备老化，发电成本高而停止发电。1988年建区后，城区电网建设得到不断发展，电力供应基本满足生产生活需求。1988年7月，汕尾市区首座110千伏变电站投产。1991年1月，合资投建汕尾新城火力发电站，于1993年9月投产，后因电网建设的发展而停止运作。1991年5月，220千伏桂竹变电站建成，逐步形成以220千伏变电站为枢纽，110千伏线路为骨干的地方电网。尤其是从1999年开始国家实行农电"两改一同价"，全面推行农电体制改革和农村电网改造，在进行城网改造的同时进行农网改造，扩大农村供电及降低电价；取缔农村承包管电，实现农村用电管理与城市同步，减轻农民负担。随着电网建设的发展，全区村村实现通电，极大地促进了农村经济的发展和农民生活质量的提高。城区有220千伏变电站1座，110千伏变电站6座（汕尾、香洲、滨海、马宫、红草、品清）。2017年城区全社会用电量达14.19亿千瓦时。

新中国成立后，城区各地修建了一大批水利设施，主要以小型水库为主，包括蓄、引、提工程。这些蓄水工程主要用于农业灌溉。建区前，城区乡镇工业规模小而且分散，用水量不大，通常自备提水设备抽取河水和地下水。1984—1987年，赤岭水厂、捷胜锡坑水库供水站、红草海梧供水站、马宫鲤鱼笼自来水厂陆续建成供水，部分群众才开始饮用自来水。建区后，随着人口增加和工业发展，用水量大增。为解决用水问题，市自来水公司先后建成琉璃径、新地2个水厂向市区等地供水。1991—2004年，陆续在红草镇尖山水库、东涌镇油田水库、捷胜镇九伯岭水库等地建设地水厂，向所在镇及附近居民供水。2005年，省拨给城区补助资金351万元用于农村饮水工程建设，该项目实施后解决了全区4个镇15个行政村23400人的饮水困难问题。是年，编制了《汕尾市城区"十一五"农村饮水安全工程规划报告》。至2007年，全区属国家或集体建成的自来水厂有13座，日供水能力81200吨（其中，红草、东涌、捷胜、马宫四地日供水能力共15840吨），担负供水人口36.26万人；汕尾市区自来水普及率达80%，其他各镇的自来水普及率为35.7%。13座自来水厂中的赤岭水厂、琉璃径水厂、新地水厂由汕尾市自来水公司管理，其余水厂和供水站由各镇政府或镇属下的村委会管理。至2015年，区委、区政府不断加大对偏远农村的自来水工程的建设，采取政府补助一些、村自筹一些、社会捐资一些的措施，有力地推进了村村通自来水建设，市区和农村自来水普及率均达100%。

建区前，城区电信事业相对落后，尤其是农村基本上还没有通电话。建区后，区委、区政府一方面争取电信部门的大力支持，一方面发动港澳同胞等社会力量捐助，经过不断的投入建设，农村电信事业经历了从无到有、从模拟到数字、从窄带到宽带、从有线到无线的跨越性发展，邮电通信生产力不断解放和提高，农村广大人民群众普遍享受到方便快捷的通信服务。至2007年，家庭电话在市区、镇住址的家庭基本户户普及，农村全部实现通电话，七八成农户装上了电话，有的家庭还同时拥有多部。同时，移动电话在农村也逐渐普及。至2011年，近90%的农渔人员有了手提电话，通信十分快捷。2012年后，城区各地支持电信部门加快农村通信基站的建设,使通信网络基本上覆盖全区农村区域。至2015年,全区农村实现村村通网络。

全区农村全面实现通路、通电、通自来水、通电话、通网络,大大改善了农村的生活生产环境,为推动社会主义新农村建设创造了良好环境。

第三节 迈进新时代，老区谱新章

进入新时代，城区革命老区迎来加快发展的新的重大机遇。在国家层面上，2016年，中央出台了《关于打赢脱贫攻坚战的决定》及中央37年后重启城市工作会议，加大对沿海地区、欠发达革命老区和城市建设的扶持力度等。在省的层面上，省委、省政府大力支持海陆丰革命老区脱贫奔小康，将汕尾列为重点帮扶对象。特别是省委十一届五次全会提出，要坚定不移地实施促进粤东西北地区振兴发展战略，补齐短板，确保实现领域、区域、人口"三个全面覆盖"，确定了一批重大项目在汕尾布点，尤其是汕尾成功加入深莞惠经济圈，深入实施向西融珠战略（融入珠江三角洲）。在市的层面上，市委、市政府要把城区作为"核心区"来打造，全力加大对城区的支持力度。这样使城区发展的利好因素不断叠加，形成了城区新的发展态势。在这一时期，区委、区政府坚持以习近平新时代中国特色社会主义思想为指导，全面贯彻落实党的十八大、十九大会议精神，深入学习贯彻习近平总书记对广东重要讲话和重要指示批示精神，紧紧围绕中央、省委、市委的各项决策部署，以振兴发展为主线，制定了《汕尾市城区国民经济和社会发展第十三个五年规划》，以全面建成小康社会为总目标，深入推进经济建设、政治建设、文化建设、社会建设、生态文明建设，努力实现新时代新的发展目标。

党的十八大之后，城区干部群众在区委、区政府的领导下，同心同德，奋力拼搏，有力促使城区经济社会实现更高质量、更有效率、更加公平、更可持续的发展。全区地区生产总值从2012年的93亿元增加到2018年的118.58亿元，年均增长8.8%；固定资产投资额从2012年的32.09亿元增加到2018年的67.53亿元，年均增长21.9%；农业总产值从2012年的22.45亿元增加到2018年的38.24亿元，年均增长4.4%；社会消费品零售总额从2012年的65.03亿元增加到2018年的111.51亿元，年均增长11.5%；一般公共财政预算收入从2012年的4.59亿元增加到2018年5.84亿元，年均增长8.6%；三大产业结构比重由2012年的14.8∶50.0∶35.2优化调整为2018年的20.2∶29.9∶49.9；培育"四上企业"（规模以上工业企业、资质等级建筑企业、限额以上批零住餐企业、国家重点服务业企业）26家，超额完成目标任务。

同时，城区社会事业全面发展，呈现崭新面貌。教育事业再上新台阶，2018年，成功创建"广东省推进教育现代化先进区"，实现从教育"创均创强"向"创现"迈进。科技水平不断提高，2012—2017年，全区专利申请量487件、授权量317件；红草镇于2014年被省科技厅定为广东省技术创新专业镇；"党政领导推动科技进步工作"顺利通过国家考核。文化旅游事业异彩纷呈，汕尾渔歌入选第四批国家"非遗"名录；城区汕尾渔歌传承基地被评为省级传承基地，原创渔歌剧《默娘》成为广东省妈祖文化创新剧目并作为城区反腐倡廉励志剧目；成功举办"汕尾渔歌节"和妈祖文化活动；凤山祖庙旅游区于2014年成功升级为"国家4A级旅游景区"，并被省认定为"广东省中华文化传承基地"；铜鼎山旅游区于2016年成功创建"国家4A级旅游景区"，实现旅游"零投诉""零事故"，2018年全区接待外来游客240.51万人次，同比增长24.3%；2018年白字戏《公烛》获得广东省第九届群众戏剧曲艺花会金奖,汕尾渔歌"渔歌里说——我唱渔歌给党听"到省展演。"双拥"工作坚强有力,实现省级"双拥"模范区八连冠。营商环境持续优化,政务服务水平明显提高,2017年行政审批事项网上全流程办理率、办结率等主要指标均名列全市第一;2018年政务服务中心受理和办结业务量均同比增长100%,为城区入选"2017年中国县级政府政务诚信综合水平百强县"作出了积极贡献。同时,省、市、区民生实事均按标准落实到位,其中2017年城区代表市参加省政府关于处理农民工工资支付工作的考核,排名全省第一;率先在全市完成农村集体土地确权登记颁证工作,并在市级验收中获评优秀等次。城市文明加快提升,入选中国好人榜2人,评为广东好人2人,荣获广东"新时代好少年"称号2人;荣获"全国最美家庭"和"广东百户最美家庭"1户,获得全国文明单位2个、省级文明单位3个;东涌镇东涌社区被评为2018年广东学雷锋志愿服务先进典型推选活动的"最美志愿服务社区";志愿服务工作蓬勃发展,2015年成立了汕尾市城区志愿者(义工)联合会,至2018年全区志愿服务组织及团体数770个,注册志愿者4万多人。社会事业的进步,使人民群众的获得感、幸福感、安全感不断提升。

一、开发"三区",夯实后劲

区委、区政府在深入调研、集思广益的基础上,2012年初提出了汕尾市区东片形成以火车站为依托的商贸物流聚集区、西片形成以金町湾为中心的滨海旅游度假区和把品清湖边的中心渔港西移到马宫的海洋经济产业区、南片形成以过海隧道(或桥)为依托的养生旅游休闲区、北片以红草为主建设高端产业聚集区、中部形成环品清湖旅游宜居商贸中心这一"四功能片区一中心"规划设想。随后,紧紧把握汕尾新区规划获批及省委、省政府支持粤东西北地级市城区扩容提质的难得机遇，对"四功能片区一中心"规划进行了不断调整和完善，使规划更加切合城区实际，为城区扩容提质、振兴发展绘就了蓝图。这一规划蓝图得到全面深入地实施，其中三个功能片区为城区新区中央商务区、红草高新区、马宫金町湾滨海旅游区"三大板块"，拓宽了城市发展空间，拉大了城市架构。2014年，红草高新区拿到了省级高新技术开发区和省、市共建循环经济产业基地牌子，产业发展的载体作用逐步显现。三个功能片区的开发建设，为招商引资提供了充足和坚实的载体，吸引了一大批高质量上规模的项目抢滩落地投资建设，其中有广物汽车城、马宫金町湾保利项目、希尔顿酒店、比亚迪、信利第5代TFT显示器、肯迪文、国信通、喜来登酒店、卜蜂莲花超市等一批项目投资、开工建设和投产，发展后劲明显增强，经济发展上档次。2012—2018年，全区规模以上工业增加值累计262.22亿元。

二、高铁开通，助推发展

2009年，在国家高铁规划建设的大背景下，厦深铁路汕尾段启动建设，汕尾步入了高铁时代。汕尾站是厦深铁路的中间站，位于汕尾市城区内，是汕尾主要的铁路客运站，是广东省东部最大的高速列车枢纽站，也是中国重要的铁路交通枢纽之一。该站设有客运站和货运站，车站初步规划旅客最高聚集人数1200人；货物到发量2020年121万吨，2030年166万吨，设到发线7条、基本站台和中间站台各1座，预留中间站台1座；设旅客地下通道2座，宽8米，货场设贯通式货物线1条，牵出线1条，设加强保养点1个。站房建筑面积9996平方米，旅客站台雨棚建筑面积16898平方米。2013年12月28日，汕尾站建成正式投入使用。此外，在"十三五"时期，城区还要配合好兴宁至汕尾高速公路,广州至汕尾、龙川至汕尾铁路等对外交通设施项目的建设工作,促使汕尾尽快形成大交通网络。厦深铁路汕尾站的建成投入使用,结束了汕尾市没有铁路的历史,标志着汕尾进入了大交通时代,加快对外交通的高速化,对促进对外联系和开放,加快新时代振兴发展步伐起到了历史性的积极作用。

三、高位谋划,持续攻坚

2016年12月,汕尾市第七次党代会提出把汕尾建成宜居宜业宜游现代化滨海城市的奋斗目标,明确要求提高中心城区的首位度,把中心城区打造成为全市政治、经济、文化、教育、医疗、商贸中心。这是市委、市政府立足全市振兴发展大局,在更高的层次上对城区进行的科学谋划、科学定位。区委、区政府把握发展良机,审时度势,谋划城区扩容提质、振兴发展新篇章。2017年3月,区委八届四次全会提出抓好"五化"工程(即教化、净化、绿化、亮化、美化工程),建好"五城"(平安之城、书香之城、活力之城、智慧之城、善美之城)的新目标。为实现这个目标,区委通过深入开展"大学习、深调研、真落实"活动,对全区情况有了更加深入的了解,对事关全局发展的优势和短板、机遇和挑战有了更加深刻的把握,提出了新的战略部署。2018年1月,区委八届六次全会又提出了全力打好重点项目、土地收储、乡村振兴、创文创卫、民生事业、平安法治"六大攻坚战",进一步加快完善城市功能,提升城市品质,塑造城市新形象,提高中心城区首位度,打造首善之城、大美之区。

区委、区政府以新担当新作为,全力抓好"六大攻坚战",全区上下齐心协力、奋力拼搏,取得了建区以来的重大进步。重点项目建设强势推进。2016年全区重点项目34个,完成投资15.02亿元。2017年全区重点项目44个,完成投资78.82亿元;

2018年全区重点项目74个，完成投资158.13亿元，进度位列全市第一。城市扩容取得重大突破，土地征储力度和强度前所未有，建成区面积由2015年的16.89平方千米扩大到2018年的33.07平方千米，增加了1倍，有力拓展了城市发展空间，为经济高质量发展打下坚实基础。城市功能提档升级。2013年12月28日，厦深铁路（城区段）顺利通车，改写了汕尾无铁路的历史；完成市区大马路至三马路段、掇鸟街、园林中街等10条市政支路建设。2014年完成凤飞山至捷胜国防公路续建工程，重修市区庙前街、成兴街、码头街、共和街等5条支路。2015年完成深汕高速长沙湾全互通出入口改造工程，顺利通车。2016年打通了成业路西段、永和路、市安监局前面连接支路、创业路南段、福利路、振业路西段、文德路北段、和顺路中段、康平路北段、站前路、红海西路、金湖路东段、新湖大道南段、东城大道东段、中轴东路南段、桂园东路、商业街（碧桂园周边道路）、和顺南路、金鹏路东段等19条断头路，尤其是在2017年彻底打通28年未打通的红海西路并全面通车。2017年广汕铁路汕尾城区段动工建设；启动汕汕高铁、深汕高速改扩建、珠东快速路、广东滨海公路等项目前期工作；升级改造市区工联街、前进村渔村壳灰厂路等18条支路。2018年升级改造香江大道、海滨大道中、红海湾大道、汕尾大道中等城市主干道4条，红海东路、文明路等市政道路7条；推进金鹏路西段等断头路建设10条；修建背街小巷20条。由于建市后公交设施相对滞后，载客三轮车也由此应运而生，并经营时间长久致数量也累积增多，这种状况对城市交通环境和秩序产生了负面的影响。为提升城市功能，2017年汕尾市全面启动取缔载客三轮车措施，全区回收全部实名登记的载客三轮车2939辆，并为三轮车经营者提供各项就业岗位，彻底告别了"三轮车载客时代"。通过有力建设和治理，汕尾市城市功能更加完善，形成了内联外接、四通八达、快速便捷的交通网络体系。平安法治城区建设取得显著成绩，2018年被评为"全国平安渔业示范区"，被列为广东省9个"维稳工作示范点"之一，群众安全感测评位居全市第一。同时，精准扶贫、创文创卫等攻坚战也取得了重大成绩，为实现"五化""五城"，打造首善之城、大美之区打下了坚实的基础。

四、精准扶贫，促进民生

2013年11月，习近平总书记到湖南湘西考察时对"精准扶贫"提出了明确的要求，2014年1月，中央制定了详细的精准扶贫规划，推动习近平总书记"精准扶贫"思想落地。十八届五中全会又明确提出到2020年按2010年贫困标准确定的贫困人口全部如期脱贫。2016年，区委、区政府严格按照省委、省政府和市委、市政府精准扶贫的工作部署，紧紧围绕"六个精准"（扶持对象精准、项目安排精准、资金使用精准、措施到户精准、因村派人精准、脱贫成效精准）要求，坚持把精准扶贫工作作为重要政治任务来抓，坚持问题导向，聚焦关键环节，强化顶层设计，以"精准到户、精准到人"的工作思路，制订了《汕尾市城区新时期精准扶贫精准脱贫三年攻坚的实施意见》《汕尾市城区新时期分散贫困户脱贫攻坚工作方案》。2016年5月9日，召开了全区精准扶贫精准脱贫工作动员会，对全区精准扶贫工作作出了全面部署。之后，各镇（街道）全部制订了《分工安排表》及《工作制度》，悬挂了分散贫困户分布图（地图），完善了分散贫困户核查情况的档案资料，设置了扶贫宣传栏。与此同时，张贴《关于精准扶贫贫困户申报的通知》及《致村民的一封信》，印发《精准扶贫精准脱贫三年攻坚政策相关问答》，形成精准扶贫工作人人知晓、全员参战的工作局面。自2016年5月15日开始，各帮扶单位与各村进行了对接，由区直帮扶单位、镇（街道）、村组成的驻村工作队共384人全部进村入户，全面开展严格的精准识别工作。通过进村入户，走访当事人，查阅相关资料。经再次核实，同时结合"回头看"以及省审计厅联合审计组对汕尾市开展精准扶贫精准脱贫跟踪审计，核实核准所反馈的存在部分建档立卡的贫困人口信息疑点问题的情况，剔除不符合条件建档立卡的贫困户及死亡户468户1569人。新纳入符合条件的贫困户及漏报家庭户成员42户249人，全区符合条件的贫困户2583户7209人。落实相对贫困人口全覆盖的挂钩联系帮扶责任。全区9个相对贫困村，由深圳、汕尾市直单位一对一落实帮扶单位对口帮扶。对有贫困人口的64个非贫困村，派出66个区直帮扶单位联合镇（街道）驻村干部，组成64个驻村帮扶工作队驻村帮扶。截至2016年12月底，全区73个帮扶单位"一把手"带领干部职工进村入户积极开展帮扶工作，全区共落实1177名帮扶干部挂交联系帮扶，各帮扶工作队"一把手"到村调研次数平均达到9次，带队到村调研人数3140人次。

在实施精准扶贫规划过程中，坚持落实责任、全面发动、上下联动，精准识别、保证质量、建档立卡，政务公开、接受监督、兑现政策等措施。全面按照"一村一策，一户一法"的原则，确保扶贫项目安排精准、扶贫资金使用精准、扶贫措施到户精准，有力推进了基础设施建设、政策三保障、危房改造、教育子女补助等各项工作，扶贫攻坚再取新成果。2013—2015年扶贫开发"双到"期间，确定脱贫任务9个村、相对贫困户396户1779人，已全部完成脱贫任务。到2015年底贫困户人均年纯收入达到8300元，贫困村人均纯收入达到10000元，有劳动能力的贫困户100%实现脱贫；全部完善道路硬底化、农田水利设施、公厕、文化室、文体活动场所、垃圾屋、路灯等公共设施。2016—2020年为新时期精准扶贫阶段，确定脱贫任务9个村、相对贫困户2583户7209人，其中2016—2018年完成脱贫任务2295户6093人，并全部落实"八有"（有稳固住房、有饮用水、有电用、有路通自然村、有义务保教育、有医疗、有电视看、有收入来源）保障。完成上级下达城区精准扶贫开发资金8123万元，支出率83.3%，在全市扶贫资金支出进度中走在前列。此外，至2018年，落实医疗保险和医疗救助，全面落实贫困人口参加基本医疗保险7209人、16—59周岁贫困人口参加城乡居民社会养老保险3787人；全面落实贫困户60岁以上符合领取待遇的老人享受城乡居民社会养老保险待遇；对本区学籍的贫困户子女，按政策规定100%发放在校生教育生活补助；全面落实贫困人口重大疾病医疗救助。2016年以来，落实贫困户危房改造任务，98户贫困户农村危房改造任务完成竣工验收，实现动工率100%、竣工率100%，资金全额发放到位100%。

新中国成立以来，尤其是党的十八大以后，区委、区政府始终坚持以人民为中心，把人民群众对美好生活的向往作为一切工作的出发点和落脚点，从群众最关心的基本民生问题抓起，统筹推进其他各项社会民生事业，一件事情接着一件事情办，一年接着一年干，人民群众的获得感、幸福感、安全感不断提升。

在攻坚精准扶贫的同时，乡村振兴建设同步推进。至2018年，全区以9个省定贫困村作为创建社会主义新农村示范村，迅速开展人居环境整治和创建新农村示范村活动，累计投入资金1.02亿元，完成9个省定贫困村的村庄规划编制和石洲村、洪流村、赤古村的"三连片"规划设计。开展"三拆除、三清理、三整治"工作，清理乡村巷道、沟渠池塘、房前屋后杂草杂物，拆除危旧房、废弃猪牛栏、违章建筑，整治生活垃圾、生活污水、水体污染。建设一批小公园、绿化带，农村人居环境得到进一步改善，城乡居民生活水平不断提高。2018年，城区农民年人均收入为15352元，比2010年增长了2.38倍，年递增9%；城镇居民年人均收入26610元，比2010年增长了2.12倍，年递增6%。

五、创文创卫，城市升级

2014年3月，城区启动创建文明城市工作，制定《汕尾市城区创建广东省文明城市实施方案》《汕尾市城区创建广东省文明城市会议制度》《汕尾市城区创建广东省文明城市督查工作制度》，全面开展动员部署，对标任务要求，认真补短板，全力推进文明创建工作落地。

（一）强化市民教化

建设"道德讲堂"102所，市民文明学校7所，乡村少年宫4所，"诚信经营一条街"1条，打造"六和"小区示范点2个，新建小区图书馆1所，校园流动图书馆6所。开展市区线路整治行动100多场次。广泛开展"文明学校""文明家庭"创建活动及"我推荐我评议身边好人"、"汕尾处处有雷锋"、"书香城区"全民读书活动等。开展打击毒品犯罪和涉枪等活动。2017年，城区有5人被评为市道德模范，2人获得市道德模范提名奖，2人被评为广东好人，2人入选中国好人榜；城区田家炳中学获得全国文明单位荣誉称号。创作创文歌曲《汕尾您好》《汕尾处处有雷锋》等。成立了志愿者义工联合会和各类志愿者队伍474支，在册志愿者达56503人，开展环境卫生、交通秩序等志愿服务活动。向市民发放创卫创文调查问卷、《汕尾市城区市民行为规范宣传手册》等资料。组织开展"书香城区"全民读书系列活动，结合"我们的节日"开展邻里节、庆新春、妈祖文化大学堂道德讲堂、端午龙舟节、"善美汕尾、孝爱同行"公益慈善、"六一"儿童节、"红歌献给党"等群众喜闻乐见的文艺读书系列活动，引导学生背诵核心价值观。举办青少年毒品预防教育"6.27"工程宣传教育活动，加强未成年人思想道德建设，每周利用国旗下的讲话、班会课开展中华经典文化诵读活动，举办"弘扬传统文化、浸润幸福人生"、"致青春"朗读，作家进校园活动、非遗项目——捷胜泥塑进校园活动，和文明创建宣讲团进机关、企业、校园等，教育和引导市民提高文明素养。

（二）强化文明培育

深化社会主义核心价值观培育活动，开展省级作家、地方特色文化进校园等活动12场次，开展书香城区"阅心文学"活动，征集优秀作品450多篇，并在广播FM91.3展播，大力宣传城区开展文明创建工作以来的崭新变化，提高市民的素质和城市的文明程度。

（三）强化志愿服务

新建了7个村社户外学雷锋志愿服务站。在全区服务行业、窗口单位和公共场所广泛开展学雷锋志愿服务活动，形成志愿服务管理健全、项目种类多样的格局。做到每月有"市民城市管理志愿服务行动"，每周有"居民小区志愿集中服务行动"。组建文明出行青年志愿队伍，引导市民养成文明出行的良好习惯。

（四）强化宣传发动

发放《垃圾不落地、汕尾更美丽——致市民的倡议书》《文明交通、平安出行·十禁止》，编发创文简报。每周通过移动、电信、联通及"名传无线"短信发送平台发送"双创"信息，在市区超市、酒店的大型LED屏幕和各商场、酒店LED广告机播放宣传文明创建宣传公益广告。建设凤山妈祖广场、马宫新兴广场两个社会主义核心价值观主题广场，做好全区12个社会主义核心价值观主题广场立项和设计工作。编印《汕尾市城区创建广东省文明城市工作系列丛书》《城区创文画册》等。录制《齐举善美共建文明——汕尾市城区创文宣传片》，悬挂"双创"与核心价值观宣传标语，设置创文宣传栏，户外大型宣传栏，制作投放市区建筑围挡公益墙体广告。设立"创文"投诉热线；精心组织机关企事业单位开展包村社包户宣传活动，听取广大市民意见建议，接收市民来信来电和来访。切实提升市民对"创文"工作的知晓率、参与率和满意度。

（五）强化硬件建设

围绕建设宜居宜业宜游现代化滨海城市的目标，进一步加大投入力度，加强城市基础设施建设，完善城市功能，改善城市环境，提升城市品位。至2017年，投入约24亿元启动市区主要干道建设。其中，开通了全长1.6千米的红海西路，啃下了建市29年来无法解决的硬骨头，市区的东片和西片连接贯通；打通市区东城路全程1.3千米；升级改造市区至火车站的站前路5.24千米；完成了汕尾大道11.7千米的综合改造；配套完善滨海大道建设，设置绿道、人行道，增加绿化面积40万平方米，增加市区环品清湖步行道10千米。投入2.06亿元，在完成建设市区西片、东片两个污水处理厂的基础上，完成了两个污水处理厂7.7千米的集污管道建设，日处理能力6.36万立方米，城市生活污水集中处理率达到91.2%。完善环卫设施建设，新建或改造垃圾中转站4座，新建和改造公厕7座，市区二类公厕共有45座。打造市区亮化工程，改造安装市区主次干道、火车站、广场等的路灯、景观灯，完成大街小巷的照明。开展市区道路绿地和公园绿地建设改造，扩大绿化面积，提高绿化档次。升级改造了城区18个农贸市场。落实40条次干道及108个居住小区安装防蚊闸。升级改造糖街等12条城市路道。

（六）强化综合整治

至2017年，在全区开展一系列声势浩大、力度空前的城乡环境卫生整治行动，从整治市容市貌、农贸市场、建筑工地、"五小"行业、城乡接合部等重点区域入手，整治城乡环境卫生"脏乱差"问题。开展综合治理，堵疏结合，标本兼治，全力打造干净整洁有序的城市环境。一是强化市容市貌整治。按照《汕尾市城市市容和环境卫生管理条例》《关于汕尾市城区开展整治市容环境专项行动实施方案》，进一步明确各地、各单位的任务和职责，在市区开展了整治"六乱"、交通秩序、违法建设、户外广告、"牛皮癣"等一系列市容市貌整治专项活动。二是强化"五小"行业整治。工商部门组织检查经营户1万多户次，引导办照27779户，取缔2户；食药监局检查"五小"行业435户次，引导办证198户，取缔2户。三是强化建筑工地整治。在建工地全部实行封闭式施工，四周设置不低于1.8米的连续封闭围墙或围板，市区主干道不低于2.5米；工地物料堆放整齐，厨房、厕所、浴室及宿舍等设施均按要求落实各项卫生制度；落实病媒生物防治等工作。四是强化城中村和城乡接合部的环境卫生整治。对市区8个"城中村"和6处城乡接合部按照网格化管理的要求，由区、街道两级党政班子成员和市、区两级机关单位挂驻包干，负责落实"城中村"和城乡接合部环卫设施设置、环境卫生整治、病媒生物防治，以及开展健康教育等工作。五是落实"三个一"环境卫生整治。制定《汕尾市城区"三个一"环境卫生整治实施方案》，每年4月份为爱国卫生月，每月的20日部署开展一次以镇（街道）为单位的清除卫生死角和"四害"孳生地为主的环境卫生统一行动；每周五各镇（街道）组织村（社区）和督促辖区内的机关、企事业单位进行一次环境卫生大扫除，形成爱国卫生运动的常态机制。六是开展市容环境卫生综合整治行动。每周六，区创卫办组织区直有关单位对市区三个街道分批次开展市容环境卫生综合整治活动。通过劝导商户入室经营、处罚乱摆占道、清理沿路垃圾杂物、规划车辆有序停放、拆除乱搭建建筑物等措施，进行强力整治。同时，加强对各门店业主的思想教育工作，引导督促其增强自觉性，落实"门前三包"责任制。

（七）强化建章立制

2017年3月，创卫工作进入了冲刺阶段，区委、区政府结合创卫工作实际，针对存在的一些重难点问题，召开全区创建广东省文明城市、卫生城市冲刺动员大会。市委常委、区委书记李庆新亲自作动员讲话，区长罗光钊主持会议。会议印发了《汕尾市城区创建广东省卫生城市冲刺阶段实施方案》，进一步明确各地、各单位的创卫任务、责任、时间。区政府还印发了《关于创建广东省卫生城市工作实行网格化管理的通知》，以市区村（居）委为单位划分为33个创卫责任区。区、镇（街道）两级党政班子成员，市、区两级机关单位挂驻包干，实行网格化管理，各负其责完成创卫任务。同时，区政府与创卫有关责任单位签订责任书，列入各单位领导年度考核的主要依据。这样级级立下军令状，达到举全区之力，聚全区之智，完善制度建设，形成常态机制的目的。通过全区干部群众的共同努力，城区创文创卫工作打开了新局面，取得了优异成绩。2017年7月，经省组织验收，城区创建广东省卫生城市各项指标达到标准，顺利获得"广东省卫生城市"称号。是年9月，通过省创文考核测评组的测评，11月被定为"广东省文明城市提名城市"。2018年4月，全省文明城市年度测评综合成绩第一。

六、砥砺前行，再展宏图

城区在开创经济社会发展的新征程上，时刻不忘初心，牢记使命，砥砺奋进。2018年7月17日，区委八届七次全会，以更高的站位、更宽的视野、更大的格局，对城区在新起点的发展上做了新的谋划和展望，精准把握在"建设沿海经济带靓丽明珠"这一历史进程中，城区应担当的角色和肩负的使命。

（一）迈进新时代，城区立足发展新目标，建设首善之城、大美之区，把城区打造成为全市政治、经济、文化、教育、医疗、商贸"六个中心"。以提高经济发展质量，和"明珠"标准、"明珠"魄力、"明珠"手笔，打造靓丽滨海名城。为实现新时代新目标，区委、区政府进行更高层次的思考谋划，明确提出加快实现"首位度大提升、营商环境大提升、产业体系大提升、生态文明大提升"的新路径。

1. "首位度大提升"即是增强"三个度"。

一是进一步增强城市开放度。进一步解放思想，紧紧抓住改革开放40周年这一契机，传承改革开放总设计师邓小平同志倡导的"杀出一条血路"的气魄和胆量，继承习仲勋老书记等广东改革开放的开拓者、先行者"敢为天下先"勇于担当的创新精神。坚决跳出条条框框的限制、冲出陈旧思想的桎梏、突破利益固化的藩篱，以"泰山不让土壤，故能成其大；河海不择细流，故能成其深"的宽广胸怀，推动思想大解放、大开放。进一步深化改革，始终坚持习近平总书记确立的改革"三个不能变"原则，扎实推进经济体制、行政管理体制、社会民生、城乡社区治理、党的建设制度等领域的改革。重点在医疗、教育、环卫、投融资等领域大胆探索、先行先试，以敢于涉险滩、啃硬骨头的勇气将改革进行到底。以昂扬的精神状态推动改革不停顿，开放不止步，进一步激活经济。紧紧抓住全省区域协调发展这一重大机遇，多途径、多平台推动和吸引项目、资金、技术、管理、人才等各类发展要素在城区聚集、碰撞、融合。牢牢把握区域发展新格局，主动接受粤港澳大湾区和"一核一带一区"建设带来的外溢红利，积极参与"一带一路"、"深莞惠＋汕尾、河源"（3＋2）经济圈建设。坚持开放、包容、共赢的发展理念，在基础设施、产业共建、科技创新、贸易通关、营商环境、生态环保、民生事业等重点领域建立更加紧密的对接合作关系。实行更加积极主动的开放战略，千方百计吸引国企进驻、鼓励乡贤回归、培育本土创业，形成"大众创业、万众创新"的生动局面。

二是进一步增强城市舒适度。城市舒适度既是城市规划建设的内在要求，也是打造宜居宜业宜游宜憩滨海名城的题中应有之义。把创造优良人居环境作为城市工作中心目标，努力把城市建设成为人与人、人与自然和谐共处的美丽家园，让人民群众在城市生活得更方便、更舒心、更美好。做到高品位规划，抓住城市这一区域功能布局的重要支撑，加强与市规划部门的对接联系，坚持精准规划、精巧设计、精放建设、精细发展，统筹推进新城区建设和老城区更新，打造靓丽滨海名城。加快融入打造滨海黄金旅游带，以环品清湖至金町湾片区为核心区，以海汕路改造升级、海滨大道东与大道西高品质建设为引擎，拉动城市扩容提质，凸显中心城区首位度，打造宜居宜业宜游宜憩滨海名城；以汕尾（马宫）特大型中心渔港建设为依托，加快马宫至鲘门片区建设，规划打造国家一流、全产业链、港园城一体的现代海洋经济示范区。对接做好东拓、西延、北扩和品清湖南岸的中远期规划，实施城市分区布局战略。推进"四片区一中心"建设，形成东片商贸物流聚集区，西片旅游度假和海洋经济产业区，南部旅游休闲区，北部高端产业集聚区和环品清湖旅游宜居商贸中心。不断完善城市功能布局，打造高品位现代城市，做到高质量建设，加快推进城市配套建设。积极对接市相关部门，注重在医疗、教育、文化、商业、生态等方面多点发力提质升级，打造一批名师、名医、名家、名牌、名店、名园。做好交通基础设施承东接西大文章，推动加快广汕铁路、汕汕高铁汕尾段建设，以及深汕高速改扩建、省滨海景观公路汕尾段、珠东快速开工建设，加快汕遮公路和海汕公路红草段的升级改造，启动从观音山至品清湖新中轴线海滨城市建设。完善支撑"串珠成链"的骨干交通设施，真正融入珠三角核心城市"一小时经济圈"。进一步完善区、镇、村交通网络，加快市区背街小巷升级改造；拓宽优化文明路、兴华路、翠园街等市政道路，打通金鹏路西段等10条断头路。加快推进工业大道西、西城大道、新衢路、罗马广场至金町湾滨海景观大道、碧桂园至罗马广场道路建设和汕马路升级改造。形成内联外接、四通八达、快速便捷的交通网络体系。坚持高水平管理，创文强管，强化综合治理，注重源头清理，推动常态管理，使城市面貌和管理效能大幅提升。突出管好市区车辆乱停乱放、老旧小区及背街小巷整治，精心打理城市城门关口、骨干道路、重要节点之中的一山一水、一草一木、一石一叶，努力实现一步一景、移步易景，处处皆风景。

三是进一步增强城市美誉度。良好的城市形象，是一个城市的无形资产，是一块"金字招牌"。塑造城市的"形"和"魂"，多角度、全方位展现出城市的品质与魅力，让城市之美无处不在。善于发掘自然美。依托中心城区山海湖草田相连的地理特征，发挥环湖、依山、滨海的自然资源优势；加强品清湖、龟龄岛、江牡岛、银龙湾、长沙湾等自然景观的保护利用，形成独具特色的"山海湖城"自然生态格局。全面提升城市功能、城市形象、城市品位，将海河湖岸、青山绿水的保护开发与城市发展、产业布局有机地衔接起来，统筹兼顾城市色彩、天际线、绿化景观、建筑风貌等要素，形成靓丽的滨海城市景观线。坚持以社会主义核心价值观为引领，深入挖掘和传承红色革命文化和优秀传统文化，大力培育文明乡风、良好家风、淳朴民风，形成秩序有我自觉、平安有我参与、干净有我作为、文明有我创造的社会文明新风。

善于创造美，努力做到"三个转变"，从"要我干"向"我要干"转变。进一步增强干事创业的责任感、使命感、紧迫感，破除思想发动慢、思路转换慢、工作落实慢的障碍，大力发扬"马上办、办上马"的工作理念，以更高昂的工作热情、更积极的工作态度，撸起袖子加油干。从"讲人情"向"讲法治"转变，坚持以法治思维和法治方式贯穿工作始终，杜绝以人情关系来代替法律法规，引导广大基层群众能办事依法、遇事找法、解决问题靠法，构建和谐的法治环境。从"过得去"向"争一流"转变，树立"第一是应该的、第二是耻辱"的意识，摒弃"习惯性落后"的思维，克服"小成即满、小足即安"和"只求过得去、不求过得硬"思想，坚持向高标准看齐、向高起点迈进，努力创造一流的业绩、塑造一流的形象。善于传播美。不断加大城市宣传营销力度，精心组织策划各类活动，以活动促进宣传，以宣传带动活动，积极推介城区"五城"的城市形象，有效提升知名度和美誉度。大力打造宣传推介城区的崭新平台，依托海内外主流媒体，加强与各级媒体沟通合作，扩大网络传播渠道，构筑立体的宣传网络，并创新画面声音、特效等技术手段，不断强化城市形象宣传，形成多管齐下生动活泼的宣传局面。努力提高城区的品牌影响力，紧抓独特和唯一的城市文化元素，制作高水平的城市宣传片，全方位展示城区山海湖城的自然之美、历史底蕴的人文之美、新兴城市的现代之美。

2. "营商环境大提升"即是营造"三大环境"。

一是营造平安稳定的法治环境。这是人民生活的基本需要，也是增强经济发展吸引力、竞争力的先决条件。努力把城区打造成为最安全稳定，最公平公正，法治环境最好的地区之一。让城区大地风清气正、海晏河清。实现政府治理和社会调节、居民自治良性互动的法治化营商环境。

二是营造优质高效的政务环境。这是决定一个地方经济发展软环境的层次和水平。全面深化"放管服"改革,坚持在简政放权上做"减法",在后续管理上做"加法",在服务效能上做"乘法",大力推进效能政府、阳光政府、数字政府建设,打造"智慧城区"综合服务平台,营造"政商和谐共赢"的良好氛围。

三是营造群英汇聚的人才环境。这是发展的软环境,也是振兴发展的第一资源。进一步拓宽思路引才、育才、用才、留才,形成人才虹吸效应,着力打造"引才高地、聚才宝地、成才福地",为发展提供坚实人才保障。

3."产业体系大提升"即是推动"三大产业"。

一是积极推动传统产业转型升级。以技术创新为动力,引导工业企业加大研发投入和技改力度。通过互联网+、智能化改造、设备更新、两化融合等方式,全方位改造传统产业,提高传统产业产品质量,确保经济效益,推动传统产业可持续发展。更加注重农村一二三产业融合发展,积极推动"龙头企业+合作社+农户""龙头企业+基地+农户"等多种经营模式,形成休闲农业、乡村旅游、农村电商等新业态。重点以红草产业园为载体,改变传统产业园区发展模式,建立优势互补、互利互惠、利益共享、共同发展的长效机制,推动红草产业园区依托资源优势打造成为专业园区。全面推动"工业进园、商业进圈",加快启动以特色产品为主导的产业园创建活动。全面实施"一镇一业""一村一品",将红草晨洲蚝、凤山红灯笼荔枝、捷胜葛薯等特色产品打造成为"名特优"产品。提升一批企业名牌,精炼一批产品品牌。

二是积极推动新兴产业做大做强。落实新发展理念,坚持后发高起点,把战略性新兴产业作为主攻方向,加快形成新兴产业集群。重点以信利、国信通、江涛等企业为龙头,强化产业链招商，推动比亚迪新能源汽车、新兴电子信息、节能环保、新材料、生物制药等领域成为新的支柱产业。以五丰海洋生物、维明生物等企业为依托，扶持以鱼胶原蛋白肽为主打产品的养生保健产业成为优势新兴海洋生物产业。坚持把创新驱动发展融入产业发展的血脉中，完善以企业为主体、市场为导向、产学研相结合的技术创新体系，全力推动新兴产业发展。

三是积极推动海洋产业蓝色崛起。城区拥有 8949 平方千米的海域面积和 97 千米的海岸线，渔业产值约占全区农业产值的 85%，是名副其实的渔业大区。坚持主动参与海洋经济合作与竞争，走出一条科技兴海、资金聚海、产业下海、产品出海、资源汇聚"一带"、活力竞相迸发的蓝色崛起之路。加快现代化海洋产业体系建设，构建集科研、捕捞、加工、销售、物流为一体的现代化渔港产业链。重点以汕尾（马官）特大型中心渔港为依托，规划建设全产业链、港园城一体的国家一流大型渔港经济区、海洋经济示范区和海岸带综合示范区，打造"一带一路"建设的重要节点和中国第一个"丝路渔都"。充分利用城区丰富的滨海旅游资源，积极申报休闲渔业试点项目，以环品清湖至金町湾片区为核心区，创建以海岸、海岛、海洋为特色的滨海全域旅游示范区，倾力把城区打造成为珠三角的后花园，乃至全省、全国、国际知名的优秀滨海旅游胜地。

4. "生态文明大提升"即是打好"三大保卫战"。

一是坚决打好打赢蓝天保卫战。严格贯彻落实"大气十条"，认真执行《打赢蓝天保卫战三年行动计划》，坚持全民共治、源头防治，强化工业污染源治理，确保 2019 年基本完成"散乱污"工业企业综合整治。全面深化企业节能降耗，大力推广应用节能环保新技术、新产品，推进重点行业清洁化改造、能源利用高效低碳化改造、实施能源动态监测、控制和优化管理，推动空气质量更优更好。

二是坚决打好打赢碧水保卫战。深入贯彻落实"水十条"，认真执行《汕尾市城区水污染防治行动计划实施方案》，实行最严格水资源管理制度，以保护水资源、保障水安全、防治水污染、改善水环境。以修复水生态为主要任务，全面落实河（湖、库）长制。积极开展巡河、护河、治河行动，重点消除黑臭水体，做好辖区重点流域排污口整治、河道清淤疏浚和生态修复工程。深入开展源头防治，加快推进污水处理厂和排污管网建设，提升污水处理能力，从源头上确保水体不受污染。加快工业、农业、生活污染源和水生态系统整治，营造美丽的水生态环境。

三是坚决打好打赢净土保卫战。认真贯彻落实"土十条"，严格实施土壤分级分类管理、土壤环境动态监控和受污染土地环境风险评估，确保土壤环境质量保持稳定。加强农业污染防治、养殖业污染防控，强化工业固体废物减量化和资源化利用。严厉打击固体废物环境污染违法行为，提升固体废物处置安全化、产业化、集约化水平。严格执行《汕尾市山体保护条例》，全面推行"山长制"，推进山体复绿，强化森林防火工作，深化殡葬改革，彻底改变"青山白化"现状，营造青山遍地绿的生态环境。

（二）坚持生态惠民、生态利民、生态为民，把推进生态美丽城区建设与实施乡村振兴战略紧密结合起来。落实"一村一策一方案、一村一图一规划、一村一企一产业、一村一品一特色、一村一园一景致"。走出一条农村发展与生态保护"双赢"的绿色发展新路。

1. 全面推进美丽乡村建设。

一是全面整治生活垃圾、生活污水、水体污染。至2020年，保持村庄保洁覆盖面100%、垃圾无害化处理率100%。

二是进行"垃圾革命"，提升乡村人居环境。2020年底前，完成约 167 个垃圾分类示范村创建工作，保持村庄保洁覆盖面 100%、垃圾无害化处理率 100%，完成所有自然村的存量垃圾、垃圾黑点清理工作。改造村庄农房风貌，提升乡村人居环境。

三是全面提升规划引领建设的水平。2019 年底前全区 9 个省级示范村完成村庄风貌全面提升。到 2020 年底实现全区所有历史文化名村、传统村落（自然村 20 户以下除外）均得到有效保护修复。

四是大力推进一村一主题公园建设，重点打造靠近省立 2 号线绿道和市绿道线的村头公园，并将重要节点的村头公园串起来形成具有滨海特色的美丽乡村走廊。2020 年底前，提升建设一批特色文化酒店和主题民宿、乡村文创基地和农业主题公园，全面完成村头公园建设任务。

五是全面推进农村污水设施建设。在抓好全区 9 个省定贫困村污水治理在建工程项目的基础上，根据各个村落地理位置和农户分布情况，采用"城带村""镇带村""联村""单村"等模式，集中或分散建设污水处理设施。到 2020 年底，实现全区农村生活污水有效处理或资源化利用全面覆盖。

六是大力推进"厕所革命"。推进户用无害化卫生厕所建设，鼓励农户新建、改建水冲式厕所。到 2020 年，农村卫生厕所普及率达到 97%，无害化厕所普及率达到 90%。

2. 全面打赢打好脱贫攻坚战。

一是大力发展特色扶贫产业。加大区、镇（街道）统筹力度，健全区级产业扶贫规划和项目储备库，发挥现代农业产业园的辐射带动作用，实行统一规划、连片开发，建设一批特色鲜明、带动能力强的扶贫产业。因地制宜发展休闲产业、乡村旅游、农产品加工业等农村二三产业，辐射带动建设一批旅游扶贫、电商扶贫、光伏扶贫等特色产业扶贫村，提升产业扶贫的组织化程度。

二是完善社会化扶贫体系。加快推进"快递下乡",完善冷链仓储、物流配送服务体系,支持大力发展农村电子商务,建立健全覆盖区、镇(街道)和农业产业基地的电商服务站(点)。完善新型农业经营主体与相对贫困户联动发展的利益联结机制,推广"公司(合作社)+基地+贫困户"、代耕代种、土地托管、股份合作、订单帮扶等模式。结合省"千村大对接"行动,组织农业科技特派员推进农业科技人员与扶贫产业基地和相对贫困村全对接、全覆盖。到 2020 年底,基本实现市场销售主体、农业企业(合作社)、农业技术人员与扶贫产业结对全覆盖。

三是规范发展资产收益扶贫。完善收益分配管理机制,推广"保底收益+按股分红"分配方式,加强资产收益扶贫项目风险防控,保障贫困户权益。积极推动农村资源变资产、资金变股金、农民变股东改革,通过盘活集体资源、入股或参股、量化资产收益等渠道,增加集体经济收入。

四是加强生态扶贫。扩大建档立卡贫困人口生态管护员选聘规模,优先把具有劳动能力的建档立卡贫困人员选聘进入生态公益林管护队伍。因地制宜扶持贫困村、贫困户发展以林下种植、林下养殖、相关产品采集加工和森林景观利用等为主要内容的林下经济。

五是全力推进就业扶贫。发展生态友好型劳动密集型产业,引进企业发展一批就业扶贫基地、创业孵化基地和扶贫车间、扶贫工作坊等,促进创业带动就业,引导有劳动能力贫困户居家从事传统手工艺制作、农产品加工、来料加工。统筹开发一批养路、护林、护草、生态管护、保洁员等公益性岗位,增加收入。加强就业扶贫服务,积极开展职业指导,确定专人"一对一"帮扶,加强扶贫人才工程培养。实施贫困人口技能提升培训行动计划,有针对性地分类实施家庭服务业培训、农村电子商务培训、农村实用技术培训、新型职业农民培训、农村劳动力转移培训等，不断提升农民特别是贫困人口的就业技能。

新时代赋予新使命，新征程呼唤新作为。城区人民在区委、区政府的正确领导下，更加紧密地团结在以习近平同志为核心的党中央周围，高举习近平新时代中国特色社会主义思想伟大旗帜，继续弘扬革命老区精神，以新的干劲、新的姿态、新的作风、新的担当，奋发作为、拼搏争先，扎实推进和实施《海陆丰革命老区振兴发展规划》，主动融入粤港澳大湾区建设，为打造首善之城、大美之区，加快建设沿海经济带靓丽明珠作出新贡献。

附　录
红色历史资料

附录一 大事记（1919—1949 年）

1919 年

5月4日，北京大专学校学生三千多人在天安门集会示威游行。5月7日，彭湃在日本参加留日中国学生举行的国耻纪念集会和示威游行，被"日警打得头部手足破皮流血"。悲愤之余，破指血书"勿忘国耻"四字寄回海丰中学。

5月中旬，海丰县学生联合总会成立。

5月下旬，海丰县学联总会收到彭湃由日本寄回的长信和"勿忘国耻"血书。海丰中学等学生在海城举行示威游行。

6月上旬，海丰全县在学联总会领导下，全县中小学生行动起来抵制日货，汕尾商号"贵记"购进一批日货，被汕尾学生检查队查获，扣留于海滩，后在从海城赶来声援的中小学生支援下，当场将缴获日货付之一炬。

7月，彭湃从日本回海丰度暑假，与县学联总会骨干分子陈家修等组织讲演团和白字戏下乡宣传演出。

8月，彭湃重返东京早稻田大学就读。

是年，孙中山自1917年起着手制定的建国计划最终形成《建国方略》一书。据书中所述汕尾港被列为广东四大渔业港口之首。

1920 年

春，海丰各地输入了新文化、新思潮，《新青年》等刊物受到海丰知识青年的喜爱，青年们思想上受到很大的影响。

9月中旬，陈炯明率援闽粤军回师，扫除桂军驻海丰的军队。

10月上旬，彭湃与李春涛等在日本东京"松叶馆"的中国学生中倡议组织"赤心社"。

10月，陈炯明率部由福建回广东，在海丰的城北创建"模范村"。

1921 年

1月上旬，县学联总会负责人郑志云，率学生抵制海丰县第一次运动会，要求撤换劝学所长陈伯华。

2月，彭湃回国，加入中国社会主义青年团。

3月上旬，彭湃发起组织"社会主义研究社"。

7月30日，彭湃发起组织"劳动者同情会"。

8月5日，《陆安日刊》出版创刊号。

10月1日，陈炯明指令海丰县县长翁桂清委任彭湃为县劝学所长。

10月10日晚，汕尾粤军制弹厂数百工人组织提灯会。

1922 年

1月1日，海丰县劝学所改为教育局，彭湃任局长。

1月12日，汕尾轮船工人响应罢工号召，轮船停泊香港。

5月4日，汕尾学生参加海丰学生纪念"五一"劳动节游行。

5月9日，彭湃被免去教育局长职务。

5月14日，彭湃与李春涛等创办《赤心周刊》。

6月下旬，彭湃深入赤山农村，开始从事农民运动。

7月29日，"六人农会"在得趣书室成立。

冬，彭湃、郑志云在汕尾、捷胜、东涌、青草等地在发动农民参加农会。

1922 年

1月12日，香港中华海洋工业联合会为反抗香港英国资本家对中国海员工人的非人待遇，要求增加工资并举行大罢工。汕尾轮船工人响应罢工号召，轮船滞泊于香港。

是年春，共产国际代表马林在张太雷的陪同下，抵达海丰县，并参加青年集会活动。汕尾派出青年代表参加这次活动。

1923 年

1月1日，彭湃领导的海丰县农会成立。

年初，捷胜镇的李劳工和林务农到海城会见彭湃，加入农会并成为骨干，同时成立汕尾地区"励学会"，并组织捷胜大流村、水阁村两处农会小组。随后，汕尾、马宫、青草、东涌、捷胜、田墘、东洲坑等地相继成立乡农会。

5月下旬，彭湃派马焕新在汕尾、捷胜、马宫等地成立基层工会。

8月16日，以海丰县长王作新为代表的反动势力用武力摧残农会，逮捕农会骨干杨其珊等25人，封闭会址强行解散农会。时为农历七月初五，史称"七五"农潮。之后农会被迫转入秘密活动。

1924 年

2月5日，捷胜农会率先恢复。

2月8日，彭湃、李劳工前往捷胜参加农会恢复大会。参加大会的农民共约2000人。彭湃在大会上发表演说，会后举行了示威游行。

3月17日，在海城龙舌埔举行县农会恢复大会。汕尾地区诸镇派农民代表近千人参加。

3月26日，彭湃、李劳工离开海丰，从陆路往汕头，4月1日下午由汕头乘船前往香港。之后，李劳工考入黄埔军校第二期，并加入中国共产党。

1925年

1月，广东革命政府决定出师征讨陈炯明。彭湃派李劳工、林务农在广州招集海丰籍手推车工人组织东征先遣队。

2月，汕尾设市，首任市政局长彭泽。

3月16日，组建海丰农民自卫军，李劳工任总队长，在桥东林氏祖祠设立农民自卫军训练所，由黄埔军校后方办事处代表吴振民任教官。从训后，汕尾驻农军1个排。是月，城区各地均成立农民自卫军。

3月27日，汕尾市政局长由刘琴西继任。两任局长在任汕尾时，大办市政建设，拆除滨海的"十三城堡"，裁截与扩建街道，使市容一新。

是月，国民党中央执委会常委，财政部长、农民部长，黄埔军校党代表廖仲恺乘"永丰"舰到汕尾视察。参观了坎下城制弹厂和马路，商学各界20余人于春利茶楼举行欢迎座谈会。

4月15日，汕尾市政局召集汕尾理发店代表商议后，成立汕尾市理发工会。市政局长刘琴西作贺词，林芳史、林务农、成仁等相继在成立会上演说。

中旬，汕尾军政、工人、师生等各界派代表参加在海城龙舌埔举行的哀悼孙中山逝世大会。

5月1日，汕尾人民群众在凤山祖庙前纪念"五一"劳动节，到会者有师生、农会会员、各行业工人等几千人。

5月7日，第八区农民协会成立，在青草公埔召开各区农会组织大会，与会者近千人，第八区农会负责人陈醒光主持大会。

6月13日，海城、汕尾、捷胜等地人民群众分别举行声援以上海为中心的五卅运动的示威大会。汕尾会场七千多人，捷胜会场五千多人。会上代表发言报告五卅惨案中革命党人被屠杀之惨状，会后组织群众举行示威游行，散发传单，高喊"打倒帝国主义"等口号，各地学校组织宣传队向群众宣讲。

9月22日，陈炯明军队刘志陆部，攻陷海丰县城，杀害农会骨干53人。李劳工为田墘反动民团抓获，24日于田墘镇被枪杀，年仅24岁。

是年夏，中共海丰特委指示党员杨江、叶娘庇、林跃俞、陈庆广、蔡纪德、莫捷光、李生等人，在捷胜东坑村成立第十区党支部，杨江任书记，余者为委员。此后在捷胜各村吸收了一批知识分子和农民参党参团。

是年，彭湃派梁鼎昌为特派员到汕尾组织成立1个党小组。5月再发展扩大农会，并选出谢玉书等13人参加海丰县第一次农民代表大会。会后，汕尾的农会会员深入到石奎、东涌、品清、芳荣等40多个乡村开展革命宣传，发展农会，成立农军（农民自卫军）。城区成立中共岭南支部，负责人曾乃楚。

1926年

1月，海丰农军受命，兼任省港罢工纠察队，在汕尾、马宫、田墘、捷胜等沿海地区执行封锁船只通往香港之责，支持省港大罢工。同年，各区农会实行"减租减息"运动。并成立童子团、少年先锋队。

3月初，汕尾税局因加收沙滩税，被汕尾工人围攻，局长畏罪跳楼。

5月4日，汕尾举行"五四"纪念会，赴会学生及群众600多人，会后游行。

5月，汕尾盐工工会、汕尾染房工会、捷胜工会相继成立。并成立汕尾工会联合会，负责人林道文。

5月，福建省惠安县农民运动考察团到达汕尾，受到第五区（汕尾）农会的热烈欢迎。

5月7日，第五区（汕尾）农会召集全体会员同各界群众举行"五四"纪念大会，参加人数3000多人，会后游行，分发传单。

8月上旬，汕尾盐警强迫青坑圩鱼贩纳鱼盐税，被鱼贩殴打，并遣送县农会。省政府财政厅三令五申县署严办鱼贩，县长和盐场场长慑于民怨不敢处理。

8月15日下午，汕尾地区各乡镇派代表参加在海丰县城召开的海丰县农工商学联合会成立大会。

是年秋，林务农、何醒农、何丹成等在捷胜镇各村组织赤卫队，准备配合工农红军围攻捷胜城。

是年，马宫盐町村建立中共党支部。

1927年

2月，马宫浪清乡成立农会，徐康能任会长。

4月，城区各中共党支部委在海陆丰地委部署下发动武装起义，建立区自治工会，行使政权职能。第五区负责人：彭小杰、梁鼎昌、王绍略、王守香；第七区负责人：刘友兰、梁绍昌、刘远、刘志云、杨鲁、何位苞、林施（又名林启英）；第八区负责人：沈茂之、陈醒光、林俊、杨小岳。

5月1日，海陆丰农民自卫军同时占领海丰、陆丰县城，并分别成立临时人民政府。后因国民党军队反扑，农民自卫军退出县城。

5月11日，马宫长沙成立农会，会址设在长沙西社、后栅七间馆。

5月下旬，马宫长沙乡成立党小组组织，曾广秀为负责人。

5月，城区各镇工会组织恢复正常活动，恢复后的工会组织有：汕尾镇工会（会长徐克岳、黄差），五区工会（会长曾茂如），东涌盐场工会（会长黄情、黄木琴），流口盐场工会（会长刘水林），七区工会（会长刘守跃），遮浪工会（会长曾广赎），田墘南町工会（会长刘妈泗），捷胜西村工会（会长周蛟）。

7月上旬，中共海陆丰地委接到中共广东省委发出的第三号通知，提出"抗租抗税、夺取政权、土地农有"的号召，汕尾地区各乡村开展大规模的抗租斗争运动。

是月，国民党苏民望，企图策反农军大队长吴振民。吴向组织汇报后，决定将计就计，乘机向苏民望要了几百支枪和一批弹药，于10月9日带领农军，在汕尾工会组织的配合下，以猛烈炮火攻下汕尾，抓获国民党驻汕尾负责人。

是月，汕尾地区中共各部委改为区委。

9月8日始，海丰县农军先后攻克青坑、梅陇、公平、汕尾，16日进占海丰县城。史称海陆丰农民运动第二次起义。

10月25日，彭湃发布举行海陆丰第三次武装起义的命令。

11月1日，国民党第三补充团慑于革命力量的强大攻势，驻汕尾的庄吉云和蔡受鄂的保安队百余人惊慌渡海退守捷胜城。

11月5日，几天之内，海陆丰农军与工农革命军占领了海陆两县大部分区乡，以及惠阳县的高潭区（今惠东县城）、紫金县的炮仔区和五华县部分地区，取得了起义的胜利。

11月10日，汕尾市工农兵代表大会在东南旅社召开，成立汕尾苏维埃政府，选举彭小杰、林务农（后）为主席，颜毓田、梁鼎昌、郑云湘（又名郑郭厚）、江中直、陈妈才、黄娘恩、苏镜波、黎琛、林昭贻、魏娘辽为委员。

11月18—21日，海丰县党政、工农兵代表311人（其中汕尾地区代表近百人）在海城孔庙（会中改名为红宫）参加海丰县第一次工农兵代表大会。大会执行主席陈舜仪、中共中央代表彭湃，红军第二师师长董朗、东江革命委员会代表刘琴西、中共海丰县委代表杨望，相继在会上发表演说。18日下午，彭湃作政治报告，19日陈舜仪作提案报告，20日经代表讨论通过8项提案。21日上午，召开庆祝大会，前去参加大会的海丰、紫金、陆丰、惠阳等县的工农武装代表，二师四团全体官兵共数万人汇集龙舌埔，焚烧田契十余担，会后举行武装游行；下午，工农兵代表通过政治报告决议，选举苏维埃政府委员13人，苏维埃政府裁判委员14人。宣告海丰县苏维埃政府成立，成为全国第一个苏维埃政府。

11月中旬，成立中共海丰县第八区委会，林俊（又名林俊才）任书记，区委会设址于青草墟南侧陈汝英（又名陈明利）住宅，成立苏维埃政府，并改"青草"为"红草"。在红草等乡村建立农民赤卫队。

11月19日，捷胜农军配合各区农军攻破捷胜城。工农红军红二师派四团一个营助战，消灭负隅顽抗的保安团和地主豪绅等反动派640多人，毁租簿80多册，契约4000多份。

11月29日，在捷胜衙门和北门街红楼分别成立中共海丰县第七区委员会和海丰县第七区苏维埃政府。

12月1日，汕尾地区派工农兵代表参加在海丰红场举行的庆祝海丰县苏维埃政府成立大会，参会人数约50000人，彭湃作大会报告。

12月27日，港英当局派兵舰游弋汕尾港外，主教思理觉携带《致海陆丰苏维埃政府书》上岸，获允接走10名外籍传教士。

是年秋，城区农会带领农民开展减租减息运动；组织妇女宣传队和妇女解放协会，反对男尊女卑，包办婚姻，禁止招养童养媳，提倡婚姻自由，一夫一妻制，解除女人裹脚等。

是年，在海丰县梅陇、红草墟对敌战斗中，马宫盐町乡有15名革命同志光荣牺牲。

1928年

3月2日，驻海丰国民党军队四五百人从海城出发进攻汕尾。红四师一个连和海丰东南各区赤卫队千余人在距汕尾十多里的琉璃径岭阻击未遂乃退出战斗，汕尾被国民党军占领。

3月3日，红四师一部和赤卫队5000多人反攻汕尾，冲入市区后，从早晨战斗到中午11时。在即将获胜时，国民党兵舰增兵登陆，红军和赤卫队只能撤出战斗。红四师大部队连夜经大湖撤往陆丰金厢乡，乘船赴惠来与在大南山三坑休整的十一团会合。是役，东江特委委员、海丰县委常委黄娘恩牺牲。

3月21日，红军、工农赤卫队及农民武装共千余人进攻汕尾，与驻汕尾国民党军李振球团激战。在距汕尾约500米的奎山村附近，红军居高临下伏击，击中国民党军营长张应良。此时，新港、茅仔山的赤卫队数百人准备乘机过海袭击张营后方，遭国民党兵舰开炮拦击。红军、工农革命军武装主动撤退到赤坑、田墘。

4月10日，中共广东省委派张善铭、欧荣、赵自选、林某、梁秉刚等人乘船抵海丰加强领导，组织暴动。当天在马宫埔町村登陆，分两路前进。张善铭、欧荣等3人在海边一间大网寮被捕，次日壮烈牺牲。

是年，国民党还乡团进犯康美洞（今红草镇五雅一带）搜捕革命人士，火烧民房160多间，打死打伤村民23人。

是年，国民党部队"围剿"马宫盐町乡，残酷枪杀革命同志20多人。

同年，马宫浪清乡惨遭国民党兵三次围乡大洗劫。

1929年

11月，国民党省政府主席陈济棠派海军陆战队两个大队乘"广金"舰在汕尾登陆。由于双方力量悬殊，汕尾赤卫队主动撤离。尔后，陈部又伙同地方武装进犯革命根据地。红军四十九团在黄羌石头坪伏击陈部，陈部败退。公平、黄羌两地的警卫队前去救援又被红军包围击退。红军乘势攻占石头坪、黄羌圩。同时，海丰西南地区的红军也攻克了鲘门。至此，国民党军队只好龟缩海城、汕尾及几个大圩镇。

1931年

是年，中共东江特委开展"肃反"运动。在错误的指导下，把一些共产党人诬为"AB团"。黄强（城区东涌籍）、吴祖荣、敖琼等人均以"莫须有"的罪名被错杀。

1932年

年末，医生林素慧（汕尾籍）与丈夫施俊卿医师一起在汕尾二马路（今136号）开设惠平医院。夫妇俩以行医的名义秘密从事共产党的地下工作。

1933 年

9月26日，中共第五届中央委员、海丰县总农会副会长杨其珊于陆丰县激石溪高岗村的石壁寮活动时，因叛徒出卖被捕，壮烈牺牲，时年62岁。因此，中共在海丰一度停止活动。

1934 年

是年，意大利神甫麦兆汉陪同英籍神甫芬戴礼自香港到汕尾，于汕尾南端的埔上墩村、捷胜沙坑村等地发现新石器时代遗址。1936年芬氏去世。麦神甫继续其考古活动，仅2年时间就发现了20多处重要遗址，并采集了几百件完好的石器、陶器和大量的陶片。

1936 年

9月下旬，广东省立高级水产职业学校校长姚焕洲，会同省督李伟光赴汕尾勘察后，选择汕尾昭忠祠附近215亩土地为校址（今汕尾中学所在地），并呈请教育厅移报省府。10月30日，广东省府第18次会议决议照准广东省立高级水产职业学校由汕头迁至汕尾。由姚焕洲主理校舍征地及建设事务。1937年7月11日，校址破土动工。

是年，为纪念孙中山的革命业绩，汕尾于临港处建筑1座码头，命名为"中山纪念码头"。

是年，意大利神甫麦兆汉继续在捷胜的沙坑、东坑、沙角尾等文物遗址考古，发现一批新石器时代中晚期陶瓷文物。

1937 年

7月7日，抗日战争全面爆发，日军大举入侵。日舰封锁南海，时而在汕尾海面游弋。

9月20日上午，在碣石渔场附近金厢海面捕鱼的12艘汕尾拖网渔船，突遭日舰炮击。其中2艘逃脱驶往香港，1艘受伤驶回汕尾，9艘沉没，罹难100余人。时人称之为"九条龙"事件。

10月4日（农历九月初一日），强台风在汕尾地区登陆，中心附近风力12级以上，沿海同时遭受风暴潮之害。仅汕尾新港村被风暴潮淹死者600多人。此次台风，因只有闪电而无降雨，俗称"铁台风"。

12月，郑重（汕尾籍）受广东省委派遣，回汕尾市区组建中共汕尾支部。后经郑重的考察，先后吸收翁域等五人为中共党员，成立中共汕尾支部。翁域（化名洪涛）任书记，陈绍民（化名林金）任组织委员，何世汉（化名蔡凤君）任宣传委员。支部与中共南委之间的联系，暂由郑重负责。

是月，海丰县第五区青抗会筹备会成立。筹备委员有翁域、陈绍民、杨耿仪、陈汉耀、郑清和、林仕奇、黄伯嵩、林昭存、陈建立、李定泰、邹耀炯、卢成语等十多人。第五区青抗会筹备会成立后，除继续出大字报外，还用油印机出版《每日电讯》，组织宣传队下乡宣传，演出街头剧和舞台剧等。

是月，郑重《致子成兄信》，报告关于海丰现状、救亡工作、建立党的组织和工作情况。

是年，汕尾坎白盐场改名为海陆丰盐务公署，下辖青龙山、白沙湖、香洲、陆丰等5个分场及马宫、淡水、金厢3个盐务所。同年，国民党行政院调侯绍颜（四川宜宾人）任海陆丰盐务公署场长。

1938年

1月，中共地下党团结爱国青年在海城黄锦家家里召开"海丰县青年抗日同志会"发起人会议，翁域、杨耿仪等代表汕尾地区参加了这次会议。会议推选林务农、黄锦家负责起草组织章程和申请报告，向国民党海丰县党部提出申请。呈报后，县党部称中国未对日宣战，不能用"抗日同志会"，后把"抗日"改"抗敌"，县党部才批准为"抗敌同志会"。尔后，翁域等回汕尾组建"第五区青年抗敌同志会"，并出版宣传抗战刊物《每日电讯》。青草也成立青草分会。分会负责人有：黎安、缪振业、张剑英、彭光耀、杨捷英。

2月，郑重通知翁域赴广州向尹林平汇报工作。翁域在广州中山公园会见了尹林平，听取尹关于群众运动八大原则及群众路线、统战工作等问题的指示，尹还指示要组织抗日救亡宣传工作和发展党的组织。

2月，海丰县第五区青抗会在汕尾成立。干事会成员先后有：郑清和、翁域、陈汉耀、杨耿仪、邹耀炯、陈绍民、卢胜、林昭存、李定泰、彭光耀、陈建立、徐克勋、杨家齐、李耀权、郑敦笃（又名方斯）等。

3月，汕尾妇女抗敌同志会成立。负责人有郑芸、陈楚云、陈少芳、颜义贞、郑绮文（又名郑易生）。妇抗会配合青抗会开展抗日宣传活动，自带伙食下乡为群众注射疫苗。

是月，第四区青抗会在捷胜镇南门街何世汉家成立，干事会员有何世汉、何宗汉、蔡烈、李民、何剑雄、赖志、刘焕章、梁良娣、何鼎元、许昌炽等。会址后迁往西门街赖氏家塾。

6月27日，6艘日舰侵入汕尾港，与日机同时向汕尾区域开炮轰炸，炸死渔民4人，伤多人，房屋被炸毁甚多。

6月29日，7架日机低飞汕尾上空，轰炸新港村，炸死渔民4人。

6月30日，12架日机继续轰炸新港村，投弹20多枚之后，

100多名日军在新港登陆，奸淫掳掠，无所不为。杀害群众3人，烧毁民房40多间、渔船100多艘，抢去猪、牛、鸡、鸭等牲畜物资一批。事后，第五区青抗会发表《新港遭难记》，揭露日寇的罪行，号召人民群众抗日救亡。

7月7日，第五区青抗会会员700多人，为纪念"七七抗战"一周年，举行火炬游行；同时发动"一文钱"捐献活动。

7月26日，郑重化名丁冬撰写《血写的海丰》刊在《救亡日报》，文章指出："大声疾呼建立海丰民族统一战线，驱逐我们共同的敌人——日本帝国主义及其走狗。"

7月27日，马宫渔民张海通1对渔船24人，在海上捕鱼生产，突遭日本军舰炮击，船上23人丧生，只1人幸免。

8月7日，驻汕尾国民党支持税局诬告青抗会会员陈汉耀、李定泰煽动群众，反对税收，殴打税收人员，把陈、李2人拘捕解县。经多次交涉仍不肯释放。

8月13日，青抗会发动海城、汕尾等地人民群众举行"纪念上海军民抵抗日军周年"火炬游行。

9月3日，9架日机轮番轰炸汕尾，炸毁民房多间，炸死炸伤居民数十人。青抗会会员冒险抢救遇难同胞入医院或脱离险区，同时发动募捐慰问遇难家属。

9月4日，日本军舰和飞机炮击轰炸汕尾、马宫。之后，日舰在红海湾游弋，封锁沿海，炮击商船、渔船。

9月18日，汕尾和海城青抗会联合在海城举行"九一八"七周年纪念活动，并举行火炬游行。同时，迫使国民党当局释放被无理拘捕的陈汉耀、李定泰2位青抗会会员。

是月，根据省委命令，青抗会选举郑重等12人为该会的领导人和干事，并且成立海丰县民众抗日自卫团汕尾独立第五中队，队址在市区二马路211—213号，中队长郑重，副中队长陈绍民。

10月5日,日机多架轰炸汕尾,炸死炸伤群众十多人,炸毁民房几十间。

10月,汕尾渔民陈强和两个儿子在海上捕鱼,被日军拉去运载货物。途中,陈强父子3人奋起反抗,把押运的3个日兵杀死丢进大海。

10月,海丰、陆丰两县中共党员代表20人(当时两县党员70多人),参加在汕尾沁园举行的中共海陆丰党员代表会议。会议确定了今后工作任务,组建中共海陆丰工作委员会。郑重为书记,林兴为组织委员,蓝训材为宣传委员,王文魁为青年委员,翁域为妇女委员。驻地汕尾镇。至次年3月,改为海陆丰中心县委。

11月,中共海陆丰工委在汕尾沁园秘密举办训练班,培训青抗会和党的基层骨干人员。训练班结束后,各区开始建立中共区委会。

是月,由海丰县长姚之荣主持于汕尾凤山下建成中山纪念公园和中山纪念堂,堂前有一个集会用的广场,名曰民主广场。

1939 年

2月,郑重前往紫金县古竹村参加中共东江特委扩大会议,被选为特委委员。

3月,海陆丰中心县委在郑重汕尾故居沁园成立。同月,第五区青抗会组织汕尾、南汾的会员义务修筑从南汾伯公垭至汕尾的道路。

5月,东江流动歌剧团到汕尾地区宣传抗日救国演出,受到群众的热烈欢迎。

是月,第五区青抗会在汕尾关爷宫戏台演出《挂羊头卖狗肉》话剧。汕尾国民党党部加以干涉,青抗会会员与其开展激烈辩论。是时，汕尾和第四区的青抗会会员已发展到 1000 多人，形成抗日救亡运动的一支强大力量。

6 月 22 日，日军占领汕头。从此，汕尾成为粤东地区与海外贸易的主要口岸。内地的物资从汕尾出口。进口货物上岸后经青坑、公平运抵陆丰，再运往五华、兴宁等县，引起了日军的注意。自是月下旬起，日机 3 次对汕尾、青坑进行轰炸，造成群众生命财产的重大损失。

是月，建立中共第五区委员会。

7 月 6 日，日本飞机轮番轰炸汕尾。

7 日，海丰县青抗会发起纪念抗战二周年活动，汕尾青抗会立即响应，除文字宣传、演剧、开大会外，还组织会员分组到各地向群众宣传、募捐，慰问前线抗日战士。

8 月 13—23 日，日机数次轰炸汕尾，炸毁停泊在屿仔岛的渔船 20 多艘、新港虾船 60 多艘。

10 月 15 日，9 架日机轮番轰炸汕尾和新港，接着派海军陆战队数十人在新港登陆，对群众进行奸淫掳掠、屠杀，焚烧大批船只。

是月，中共海陆丰中心县委在汕尾举办党员干部训练班，由郑重和马克昂主持。学习贯彻中共中央提出的"坚持抗日，反对投降；坚持团结，反对分裂；坚持进步，反对倒退"的战斗口号精神。结合当地实际，提出坚持"又团结又斗争"的对敌方针。

是年，日军入侵公平圩，汕尾广东省立高级水产职业学校从公平迁往黄羌坎尾村，借钟氏祠堂作课堂，盖茅房作宿舍。

1940 年

2 月 15 日，东江军委和曾生率领的新编大队到达大安峒，海陆丰中心县委书记郑重从汕尾连夜赶往大安峒接洽。

是月，中共海陆丰中心县委为应对国民党掀起的反共高潮，指示杨耿仪等在汕尾中巷口开设同兴堂盐店，经营运盐业务，为海陆丰中心县委提供活动经费。还先后布置一些党员进入汕尾国民党机关、团体、学校任职。

3月，曾生、王作尧领导的抗日游击队东移海陆丰，途经高潭、可塘等地遭国民党军队袭击，损失严重。余部隐蔽在汕尾、鲘门、田墘一带。

是月，国民党海丰县政府借口本县未沦陷，宣布解散青抗会。

4月20日，为加强田（田墘）捷（捷胜）遮（遮浪）沿海片区的组织联络工作，以中共海丰第四区委书记赖志为负责人，赖茂松（又名赖庆）为财务，刘光照、曾宝枢、魏云波、蔡育云等为成员，在捷胜广泰茶楼召开会议，决定以赖氏家塾作为活动点，组织成立中共地下党组织——星星社，对外宣称星星社读书会。星星社积极为抗日武装作向导，开展刺探情报、送信、押粮、寻医问药等。赖志因积劳成疾逝世后，许昌炽继任，星星社接头地点分别有田墘曾氏米店、捷胜赖茂松布铺、魏云波米粉寮、东涌龙溪曾木剩家、东涌建茶曾宝枢家、捷胜得道庵等处。5月上旬，东移部队通过海陆丰中心县委，与驻香港的八路军办事处取得联系后，办事处拨去一笔经费。曾生秘密到汕尾（银行）领款，并同中心县委书记郑重研究部署如何开展活动等问题。经郑重的安排，曾生和王作尧在汕尾会面，交流两个大队东移突围失去联系后的情况，总结经验教训，共商今后大计。

6月，中心县委在汕尾郑重家楼上举办党员训练班（此后接连举办几期）。东江特委决定把已暴露的海陆丰中心县委领导郑重等人调往外地工作，由谢创、李果接任。

7月27日上午8时，日军町田部的大久保、林田、西野、新宅、春日（都是队长的姓）等部队，在汕尾和马宫登陆。

12月25日，日军为截断盟国对中国抗日的援助，派南方舰队封锁中国南海海域，宣称包括海丰在内的南海沿海地区为作战区。

是年夏，大旱，田园龟裂、灾情严重，发生大饥荒，饿尸遍野。继而霍乱病流行，医药缺乏，传染病情加剧，汕尾沿海地区死亡人数较多。马宫长沙乡更为严重。

1941年

1月24日，日军1000多人，分三路在红海湾登陆攻打汕尾，国民党驻军不抵抗，汕尾沦陷。

3月21日，日军登陆马宫，炮击各乡村。在马宫港强迫渔民烧毁渔船36艘。在长沙乡枪杀群众4人，伤多人；并袭击国民党驻海城军20多人。

3月22日，海陆丰中心县委委员、青抗会负责人之一，中共第四区委书记蔡烈在海丰第四区因叛徒告密，被日军包围，他吞掉同志们的名单，被日军残酷杀害，壮烈牺牲。日军驻香港领事宣称："皇军即将占领海陆丰。"24日凌晨，日军登陆汕尾港，接着进犯海城、公平、梅陇等地，后又龟缩在汕尾、十二乡（埔边、竹围、三河、南雅）、马宫、青草、长沙等地。至12月1日离去。此次日军犯境252天，其意在于封锁汕尾港与香港运输线。

3月下旬，陈铁（原属国民党余部）带领汕尾盐警队七八十人退驻六区金锡村，第五区委书记黄盛通过该队文书与陈铁联系后，把该队带往下围。陈铁到下围后不愿与共产党合作，当天把队伍带往捷胜、遮浪，与当地小股海匪会合（据点在捷胜龟龄岛）。县委派林务农等人去劝说他们合作抗日，仍没有成功。

是月，马宫邮政代办所被迫停办。王远（马宫籍）从香港随抗日青年团回家乡组织抗日游击队。

4月14日，日军撤出海城，分驻汕尾、竹围、宝楼等地。海陆丰中心县委指示各区委发动群众，以开设"练总馆""拳头馆"等形式，征集枪支，成立秘密的游击队小组和锄奸团伺机袭扰日军，打击汉奸。

是月，汕尾、青草等地的12名挑盐群众被日本兵抓到径口垭，强迫开坑活埋自己。

5月，青龙头、流高村一带70多人聚集为匪。海陆丰中心县委指示第六区委曾和世派党员曾广仲打进匪帮内，以便掌握这支武装。数天后，众匪选举曾广仲为中队长，在当地收取盐税，后为陈铁获悉，陈铁即率领匪徒前往争地盘，曾广仲率队应战，击退海匪，并毙其1人。事后，曾广仲将情况报告区委转中心县委，海陆丰中心县委指示该队解散。

7月29日，驻汕尾、新地日军进犯青坑圩，第四保安团因抵挡不了而退却；青坑圩的商店、民房多被抢劫、烧毁。

9月19日，国民党第四战区六十五军一五八师四七二团在团长吴植虞指挥下，营长朱金铭率300勇士一举打败遮浪海匪，击毙匪首陈铁。9月21日凌晨（农历八月初一）国民党第四战区六十五军一五八师四七二团（人称"合作军"）驻军田墘红楼，海匪侦察员郑某写信给汕尾日军求援。日军与海匪200多人包围田墘圩，血洗红楼。合作军牺牲81人，战马一匹，27多名战士被俘。事后，群众自动组织起来清理战场，举行公祭，建纪念碑。

9月25日，驻汕尾日军进犯海城，海城附近的国民党驻军与日军作战。

9月26日下午，日军撤回汕尾。至此，在日军入侵城区的8个多月中，汕尾、马宫、青草、长沙、品清（含鲘门）等地被炸毁、砸拆民房1500多间，其中被烧毁400多间。日军掠夺大批物资，残杀群众几百人，奸淫凌虐，无恶不作。

12月，海丰县国民党当局在全县搜捕共产党嫌疑分子。汕尾的林昭存、邹耀炯、李定泰，四区的何宗汉，六区的林植等人被捕，后一部分人被押解韶关。

1942 年

1月中旬，爱国民主人士何香凝和其儿媳妇经普椿，文化人士柳亚子及其女儿柳无垢，由八路军驻香港办事处的地下党员谢一超等从香港护送抵城区红草新村。海陆丰中心县委书记谢创和前东江特委代表蓝训材前往接洽和安排。柳亚子（以"黄老板"身份）等住进杨胜昌大院，何香凝住在杨成兴家。临走前，柳亚子为杨家大院书写对联"绣户香风暖，春庭晓景长"以作留念；何香凝画一幅"梅"送给屋主杨成兴。

3月，驻汕尾保安团勒索郑重父亲郑志盛不遂，将郑志盛扣留。汕尾各界进步人士群起反对，张贴标语，揭发国民党政府的敲诈勒索行为。保安团慑于群众压力，释放了郑志盛。

6月，捷胜并入汕尾第四区署，署治设在汕尾。

是年秋，汕尾地区贤达、有识之士吴化邻、黄心一、姚焕洲、黎阳等和坎白盐场公署以"抗日救亡，教育救国"为宗旨，发动汕尾商界集资，创立"汕尾私立坎白中学"，校址择于曝网埔旁（今海滨小学对面）。首任教长黄心一，副教长黎阳，陈献文任教导，招收首届初中生1个班60人。

1943 年

是年春，干旱4个月，严重饥荒，多数地区春节后即绝粮。奸商乘机囤积居奇，早晚时价悬殊，大米每升由3元涨到144元，10斤鲜鲳鱼才换到1斤大米。又因日军封锁沿海（汕尾港等），外无洋米进口，饥民每日以野菜、番薯叶、杂菇、芦箔髓、海茜、海苔充饥。至早谷登场，又霍乱流行，海滩、街头、路边遍地死尸。

新港渔民钟姓全家80人饿死77人，郭招4个房头53人饿死50人，钟孙仔一家14人饿死13人。原新港渔民有6820多人，饥荒后仅存2150多人，死亡人数达4670多人，其中有30多家绝户。为缓解荒情，钟秀南到韶关以旧关系向省府当局呼吁，得到省主席李汉魂的支持，拨给海丰大米4000石，又向江西省政府委员蒋经国要求用汕尾盐换取江西大米，得蒋经国同意。中共海丰县委副特派员刘夏帆，曾以商人身份到内地组织米谷，贩运至沿海平粜。

12月2日，广东人民抗日游击队东江纵队成立，城区抗日武装编入东纵第六支队。

1944年

6月，中共海丰县委副特派员刘夏帆巡视田墘、捷胜等地后返回可塘时，被国民党第六区公所逮捕，送县监禁，后解往翁源国民党第七战区复审至次年6月日军入侵韶关时才释放，后参加珠纵北江支队，至1945年12月经党组织同意返回海丰大安峒东纵六支队。

10月，中共海陆丰中心县委特派员李果指示第五区委书记张剑英，发动地下党员，配合打入国民党青草田赋处的周权散仓，抢运粮食到游击区，支援部队。

是年，日军在汕尾实行"三光"政策，到处掠夺财物，放火烧杀，死伤无数；其中在天地爷庙前的海滩（今二马路189号后面），仅1天就活埋渔民30多人。是年，被奸污的渔民妇女100多人。

1945 年

1月24日，日军一〇四师团未藤中将率部从惠阳侵入海城。次日，分兵占领汕尾、可塘，并进占陆丰县城。国民党海丰县政府早已撤到黄羌山区，军队不战而退。

2月下旬，东江纵队第六支队（简称东纵六支）在海丰大安峒成立，政委曾源（后中共东江特委副书记郑重兼任政委），支队长叶基，政治部主任黄秉（后为郭坚、王文魁），参谋室主任吴明（后为黄显群）。

4月上旬，根据中共广东省临委和东江军政委员会关于抗日根据地党政军一元化领导的指示，重新成立中共海陆丰中心县委。郑重兼任中心县委书记，李果任组织委员，王文魁任宣传委员，叶基任武装委员。会议决定扩大抗日根据地，建立县、区、乡民主政权，开展减租减息运动，扩大和巩固抗日民族统一战线。

4月底，东纵六支独立四大队和四区、六区救乡队联合，消灭企图进驻东涌村的盐警1个排，缴获长枪7支，驳壳枪1支。

5月中旬，第四区在田墘召开人民代表大会，成立抗日民主政府。区长兼救乡大队长许昌炽，副区长何熊光，参议长罗烈忠，副参议长陈庆广，区农会长李民。

5月下旬，驻四区宝楼的敌军中有5名士兵携带武器向东纵六支独立四大队投诚。他们是在广州被日军抓去强迫当兵的中国青年。

是月，成立第五区汕尾武装大队和敌后武工队。武装大队长陈绍民，副大队长彭光耀，政委黄盛，政治室教导员张剑英；敌后武工队队长卢胜，指导员郑立。是时，东纵六支在五区青草设立代号为"天称"的情报站，站长陈进（后为张作战、陈生平），交通员郑祖平、陈鸿如；汕尾情报站代号"天后"，站长李耀权

（后为陈子美），交通员陈魁。

6月14日，驻龟龄岛日伪海军第四大队第十中队110人，到赤坑京溪埔向第二救乡武装大队缴械投诚。

是月，日伪海军200多人配合日军袭击第四区抗日民主政府。四区救乡大队反击，掩护区政府人员撤退到东纵六区。救乡队一队员在战斗中牺牲。

7月，驻龟龄岛日伪海军第五大队3个中队205人到屿仔村持枪抢劫，为东纵六支吴海大队包围，被迫投降。

8月15日，汕尾各界群众聚集于凤山祖庙前广场燃放鞭炮，庆祝抗日胜利。

8月19日，海陆丰中心县委和东纵六支根据广东区党委的批示，部署收缴日伪军武器。中共海陆丰中心县委书记兼东纵六支政委郑重带领第五大队和独立四大队开赴汕尾、捷胜接收日伪军武器。

是月，日本投降后，广东省立高级水产职业学校由黄羌迁回汕尾。因原有校舍全部被日军炸毁，无法使用，郑志盛支持公益事业，把自己位于鱼街占地2000多平方米的四层大厦志盛楼（今继彭小学）借给广东省立高级水产职业学校，解决了该校教学所需房舍问题。

是月，国民党政府收编伪海军为先遣军，海匪头子凌炳权摇身一变为先遣军司令，抢占沿海圩镇。

11月19日，郑重奉命调往香港任市郊委书记。是日晚，东纵六支和五团工营在大安峒集合欢送。

1946年

2月，国民党一八六师开赴捷胜包围部分海匪，抓获副司令余少廷。司令凌炳权在沙角尾劫持渔船逃跑。

3月，东纵六支政委卢克敏和长枪队队长林冲一行在吴厝围（今红草镇梧围村）附近的公路与国民党一八六师遭遇。战斗中，卢、林等人负伤。后经亚洲村转移到南汾村秘密治疗。

4月初，卢克敏、林冲等因伤势重，南汾村的医疗条件差，地下党和武工队决定送其到香港治疗。当他们转移到梧桐坑村（今香洲街道梧桐村）时，被驻汕尾的国民党军队包围捕获，卢克敏夫妇、林冲及黄盛等被杀害。

6月中旬，汕尾爆发反对运粮出口的群众斗争。当时，粮食紧张，有权势的商人不断把大米偷运出口牟利和卖给国民党军作军粮。市民迫于生活压力，自发在广场集会。各乡农民派出代表参加支持。

是月，中共海陆丰中心县委特派员李果在田墘向海丰县委领导郑达忠传达"地方党有部分干部参加北撤，余者长期埋伏，积蓄力量，等待时机"的指示，党组织转入地下活动。

1947年

1月，海南区（今城区）人民自卫队天雷队成立，队长江国新（后林学、曾流），指导员林宣汉（后余会、林学）。

是月，内战爆发后，汕尾成立地下党支部，书记杨家齐，副书记肖冰，开展秘密活动。地下党代号：在汕尾市区的称"四平街"，在农村的称"三家村"。主要任务是发动青年参军，组织武工队、民运队、民兵后备队，配合人民自卫队打击敌人。

4月，天雷队在芦列坑被国民党保安团包围，队员沉着应战，毙敌中队长各1名，伤敌兵2名后，安全突围。此后，天雷队突袭田墘保安团，活捉副官和特务长各1名，缴土左轮枪1支。

6月13日，天雷队在海汕公路竹围路段击毙国民党民政科长廖世仁，缴左轮手枪1支。

6月23日，天雷队夜袭青草镇公所，缴获长枪4支，电话机1部。是月，海陆丰边界集合一支50人枪的长发党队伍，自称"海陆丰人民救乡前进队"；还有王国权带领的凌炳权残余海匪，自称"民主联军"，驻在田墘、捷胜一带。此外，第四、五区还有一些散匪活动。对这些组织，海陆丰人民自卫队执行统战政策，与他们有所联系，引导他们打击国民党反动势力。

7月19日，英国华侨轮船公司"丰庆轮"驶经龟龄岛海域时突遇飓风，当晚在菜屿岛触礁沉没，500多名乘客及员工获救，由港英兵舰驳运到香港。

是年，爆发水灾，农田受浸，房屋倒塌，堤围决口，损失严重；后兼发大虫害，铺天盖地的"铁甲虫"蚕食禾苗，农作物失收。

1948年

1月1日，海鹰队和天雷队在埔边马宫路口伏击载有敌军的客车，毙伤敌军各1名，缴获日式步枪2支，子弹100多发。

同月，人民自卫队之海鹰队成立，队长陈琼（后为吕奇、林铁石），指导员黄平。

2月6日，国民党军警多人包围红草南汾村，搜捕蓝训材、江国新及天雷队战士。在这场反包围战斗中，天雷队阵亡1人，共产党员叶钖平牺牲。

2月初，天雷队在东涌乡的铜锣寨俘虏冒充人民自卫队行骗的一小股土匪，收缴长枪18支，责令其悔过自新，发给路费，将其解散。

3月初，海南区委独立小队扩编为"坦克队"（代称），队长林进；新成立蛟龙队，队长陈新，副指导员林宣汉。

4月上旬，天雷队和海鹰队在地下党员赖高等的协助下，化装成赶集的农民，突袭捷胜警察所，缴获长枪 14 支、左轮手枪 1 支。得胜后，天雷队转移到建茶村，晚餐后继续开往沙港，途中获悉海匪在吉屿村招兵集枪，立即赶至吉屿，截获长枪 12 支、子弹一批。事后天雷队又东袭陆丰庄厝围，缴获在该村住宿的追收地税兵长枪 5 支。

是月，海鹰队接地下党员杨蓬报告，驻东涌镇埔美村的盐警队到后山坑洗澡，没有携带武器，海鹰队立即奔袭盐警队驻地，缴获长枪 6 支、左轮手枪 1 支。事后，驻青龙山盐警队包围建茶村和埔美村，地下党员曾达明之妻陈锦屏被抓。地下党通知王钊同国民党有关人士周旋，后陈锦屏获释。

是年春，干旱，农田不能播种，荒情严重，受灾群众用树皮、青草充饥。

6 月初，海匪凌炳权残部吴炯烙（人称吴奇）抵遮浪一带招集喽啰，为害商旅。

6 月 18 日，准备起义的"第一届国民大会"代表、海陆惠紫龙源六县"戡乱"总司令钟超武，被广东省省长薛岳密令盐场查缉大队以"投共"罪名在汕尾市区内追捕枪杀。

6 月 23 日，海鹰队在地下党员谢玉书等的协助下，突袭新港警察，全俘该所巡官、警察及分公所的职员共 7 人，缴获长枪 6 支、左轮手枪 1 支。被俘人员经教育后释放。

是月，汕尾体育会排球队赴香港与圣保罗队、华南队进行了 4 场排球赛，汕尾队 3 胜 1 负。

7 月，海南区党总支部成立，黄平任总支书记，林昭存任组织委员，黎智祥任宣传委员，陈琼任保卫委员。

7 月 1 日，海陆丰人民自卫队内部改称为人民解放军广东江南支队第五团。团长蓝训材，政委刘志远，副团长庄岐洲。下辖钢铁第一、二中队，天雷队及西熊队，东北大队和蛟龙等连队以及各民运区武装队伍。对外仍称海陆丰人民自卫队。其机构设参谋室，由刘奕、王平、黄礼声组成；副官室由缪振业、张作战、曾文等组成。

7月20日，时值恶性通货膨胀，米价直线上升，汕尾爆发抢米风潮。是日，群众自发结队抢米店，先抢三马路的刘大隆、麻皮街的柯大兴，接着抢联丰、胜兴等米店。军警赶去弹压，群众则分散到各街巷，军警束手无策。翌日，当局以警察所、联防队的名义贴出布告，"规定米价每升为280元，此后如再抢米者枪杀"。

8月，米价又暴涨，民众又掀起抢米风潮。

8月8日，庄岐洲率海陆丰人民自卫队的钢铁第一、二中队和天雷队奔袭青坑联防队。经数小时的战斗，钢铁中队掩护天雷队冲至前沿阵地后，天雷队队长江国新为掩护副班长谢坤，壮烈牺牲。时近黄昏，海陆丰人民自卫队主动撤退。为纪念这位英勇、战功卓著的指挥员及在军事上的考虑，暂不公开江国新牺牲的消息，同时，县委派余会任天雷队队长，对外仍声称江国新所部。

10月初，马宫区公所奉国民党令，为拉壮丁欺骗马宫青壮年32人往汕尾挑大米，先被扣押，后乘船押解台湾，途中壮丁与押解员抗争，壮丁2人丧生，余者幸得逃生。

10月22日，田墘联防队宣布起义。队长王钊，副队长陈继明，联名发表《起义告官兵书》《告海陆同胞书》，率部到大安峒接受中共整编，受到热烈欢迎。起义队伍整编为江南独立第四大队，大队长王钊，副大队长陈继明，副官林德。

12月16日，驻汕尾新港盐警队班长黄权乘队长往汕尾市区办事之机，夜率警员27人起义。携轻机枪1挺、长枪32支投奔海陆丰人民自卫队。途中又招集联防队员和盐警30人，于22日与海陆丰人民自卫队会合。

12月20日，刘夏帆率天雷队、海鹰队、青龙队和松花江武工队联合作战，夜袭驻东涌的盐警队。事前，第四、五区人民自卫委员会主任林昭存等对盐警队的1名班长进行教育，该班长又联络了一些警兵为内应。是夜，人民武装顺利地收缴了该队的枪支弹药。睡在单房的盐警队长拒绝投降，开枪反抗被击毙。此役，缴获轻机枪2挺，长枪66支，驳壳枪2支。

是年秋，王健在汕尾市区内建立共产党的外围青年组织新民主主义青年团。

是年，汕尾福音医院先后在田墘、捷胜和陆丰博美三地设立麻风病防治站。

1949年

1月，为加强地方政权建设，成立海南区工作委员会，主任林昭存（后黎智祥）。

1月1日，中国人民解放军粤赣湘边纵队（简称"边纵"）在惠阳县安墩成立，海陆丰所有人民武装改编为边纵东江第一支队第五团（海丰人民武装）和第六团（陆丰人民武装）。第五团团长、政委、政治处主任分别为黄友、蓝训材、刘夏帆。

是月，青龙队成立，队长王锋，指导员黄平（兼），同月和海鹰队夜袭马宫警察所，缴获该所埋藏的14支长枪。

3月22日，边纵东江第一支第五团保卫股长陈正民与何玲、王保往第四区工作，在东涌镇石洲村与盐警相遇，战斗中全部牺牲。是月，广东国民党当局派游缉大队（后改称查缉大队）进驻汕尾，该大队配有一个机炮中队和一个通讯排，负有保护盐场和军事作战双重任务。

3月，筹备印制海丰县民主政府临时流通券（印刷地点在今红草镇新村），流通券的面额有5元、2元和1元三种，辅币有2

角和 1 角两种，与港币等值。6 月开始发行。共计发行流通券 172979 张，总值 106297 元。投放市场后，深受民众和商人的欢迎。

4 月，海鹰队在石岗寮袭击田墘陈耀华联防队，缴获长枪 7 支，敌余部躲驻汕尾。

5 月中旬，经两广盐务局秘书李世安介绍，汕尾海陆丰盐场公署场长侯绍颜和盐警大队长李振海往香港，秘密联系地下党何鼎华，表示愿意弃暗投明。经商议后，准备在适当时机举行起义。

5 月 30 日，躲驻汕尾的陈耀华联防队纠合政警 40 多人，乘船到流安乡流口村抢夺。第四、五区自卫委员执行歼敌部署，以青龙队为主攻，海鹰队配合，东品乡政府警卫队和民兵据石洲岭阻击。战斗打响，群众纷纷助战。此役，毙敌 14 名，俘虏 30 多人，缴获长枪 42 支，驳壳手枪 2 支。青年团员周必、黄良英勇牺牲。

6 月 15 日，边纵发起对汕尾外围据点奎山的进攻，经过激战包围汕尾后，尹林平派员送信要侯绍颜、李振海接受起义。此时，又接广州密电，国民党一五四师和徐东来保安团从陆路开赴海丰，另有 1 个加强连乘兵舰增兵汕尾，因而推迟起义。

6 月 17 日，国民党兵舰抵汕尾，开炮助战。边纵决定撤退。

7 月 1 日，捷胜解放，建立捷胜镇人民政府，归属海丰县第七区。

8 月 12 日，张诚（马宫街道籍）接任国民党海丰县县长。

9 月，一股海匪受国民党收买唆使，侵入田墘、捷胜，搜捕革命干部，勒索和迫害革命家属。

10 月上旬，国民党海丰县县长张诚携所属文武官兵弃城逃遁，潜伏汕尾，盘踞在青坑圩的钟铁肩残部也逃到汕尾。此时，海丰全县除汕尾镇与龟龄岛外，宣告解放。

10月17日，驻汕尾原国民党中央财政部所属的"海陆丰盐场公署"税警查缉大队、盐警大队全体官兵1000多人，在场长侯绍颜，大队长柏新宇、李振海率领下宣布起义。接着，起义部队一举解除逃至汕尾的国民党海丰县政府保安营和联防队及部分警察的武装，活捉县长张诚。汕尾和平解放。

10月19日，边纵东一支五团派出1个小分队进驻汕尾，成立以庄岐洲为主任的汕尾军管会，接管了国民党海丰县政府档案和武器装备。

10月下旬，起义的税警查缉大队和盐警大队被改编入中国人民解放军边纵东江第一支队第五团。税警查缉大队编为第一营，营长柏新宇；盐警大队编为第二营，营长李振海；原边纵东一支五团武装力量编为第三营，营长朱联房，教导员黄平。

是月，汕尾青妇队召开团员大会，参加人数35人，大会选举产生中国新民主主义青年团汕尾总支委员会。

12月中旬，东江分区派1个独立营支援海丰五团围剿海匪及钟铁肩部。在蓝造司令员亲自指挥下，消灭了盘踞在田墘、捷胜、遮浪的匪徒。最后，以五团一营为主攻，二、三营协攻，分兵从捷胜、汕尾渡海强攻龟龄岛。经过激战，将岛上全部海匪歼灭，作恶多端的匪首吴炯烙被擒。

是年，汕尾军管会派黄汉儒在汕尾联兴街商会巷接管旧商会。

附录二 革命文献资料

一、大革命时期革命史料

海丰的农民运动底一个观察①
——和雨后君讨论《海丰的农民运动》
（1924）②
李克家③

（一）

海丰的农民运动雨后君在建设周刊第四、五期已把他介绍出来了。

占中国全人口百分之八十的农民——农民问题——农民运动确是很重要的问题，值得我们注意的，值得我们讨论的。雨后君对于海丰的农会运动的批评，我们不敢说是不对；因为他是根据超君的报告，超君大概必是海丰人；我也住在海丰的，并且我是海丰的农会运动的同情者和一个帮忙者。或者我的观察，比较确

---

① 原载 1924 年 10 月 16 日《新琼崖评论》第十九、二十期合刊。
② 年份是根据文件内容推定的。
③ 即李劳工。

实些，这也〈是〉我所敢自信的！

我从前曾在海丰的蚕桑局服务，简直一个农民，我和做农会运动的彭湃君原来绝不相识的。当彭湃君初起做农会运动的时候，我就很特别注意的。当时海丰的绅士和田主们骂彭湃的声浪，时时都打到我的耳鼓！同时一部分人如乡村农民却说道："农会是我们的救星！"更有一部分青年学生和他表同情。我知道彭湃自日本回来曾一度做过海丰的劝学所长，然后才来做农民运动。劝学所长虽算不着什么，但也是个小小的官儿！彭湃既做过官儿，怎样能够和农民接近？这怕是堕落无聊的失意者，挟一种野心来笼民罢了！我当时虽然下过这个武断，但我没有亲眼去观察过，心里头总是免不了带着个很大的怀疑。后来，我以一农民的资格，加入农会，和彭湃叙谈了两三小时。那时彭湃穿着一件短袖的旧内衣，和一黄污的裤子，状很忙碌，毫不见着有官儿气。会中的职员很多是农民，也孜孜各做各的工作。我初见着，很是奇异，心里想："高洁可爱的农民出来了！"我问彭湃道："你是信奉社会主义的吗？还是社会主义的一派？"彭答道："社会主义我是相信的，其中马克思派是我深表同情的。"我又问道："你们办这个农会是不是本着马克思主义。"彭答道："现在农会还用不着'主义'二字；不过我们所奋斗的，是注重目前农民的痛苦；要之我们不是叫农民来曲就主义；我们是采取一种主义去帮助农民！"我又问道："那么，农民目前最痛苦的问题是什么？"彭答道："那就不少了！现在海丰拿出几个重要的：1. 农民中自耕兼佃农约占全农户百分之三十；纯佃农约占全农户百分之五十，这两种农民约占全农户百分之八十。这些农民因为一般的物价的增加率，远过于一般农产物价格的增高率；所以收入不敷支出，结果不得不出于变卖或负债，遂至逐渐的无产阶级化！况且海丰这数年来骤然发现了一班新兴的资产阶级，并含有政治上的势力，他们很会投机,向农民放高利债!明目张胆的掠夺!2. 海丰新资产一时骤增,竞相置产,田地的价格,一时为之腾贵;田租亦同时增加,农民大受恐慌!3. 官厅腐败,每每对于捐税,加抽加勒。军阀开赌,农村赌场林立,农民相率抛去工作,群起赌窑,单就赌饷而言,几乎完全取自农民的膏血!于是农民生活,益形悲惨!鬻子,自杀,逃亡!农村日趋衰落!荒废!4. 地方官吏警察,往往倒〔捣〕乱是非,鱼肉乡民,绅士把持乡政,包揽讼词;田主恃财作胆,动辄借势敌剥〔剥削〕;这都是目前的痛苦!可怜他哑子食黄连一样!"彭湃说罢,抽出农村的统计表来处处说明,实在觉着很骇怕!此后,我对于彭湃的怀疑,不但渐次的打消了,而且对一般农民,更益引起了我热烈的同情心!我就决定离开蚕桑局的职务,来极力帮助农会。这个时期,已经由赤山农会,进到海丰农会来了(海丰农会是十二月成立)。以后农会的内容,和办事的人员我都通通很详细的知道了。

(二)

海丰的农会运动,在这半年的期间所工作的成绩我们不能把他一抹净尽!我略举出来:

甲、关于农业方面。农民对于农业上,一个最是阻碍的,就是土地权握在田主,升吊自由!我从前不乏余力到乡村劝人种桑,没有得着什么效果;这就是农民对于耕地时常变动,没有永作权利。即如其他一切对于田主的工作和下肥,也不敢尽力,以致生产上发生许多阻碍。农会对于这点,极是注意,便议出一个规则:"1. 凡会员如遇田主升租或吊田时,宜通知本会。2. 如某会员耕地被田主吊回时,非经某会员之许可,及本会之通过,不得擅向田主承批该地。3. 会员不得私向田主加租,而夺耕别会员之耕地。以上违者公罚及除名。4. 如有会员耕地被田主吊回时,附近会员肯将剩余耕地让耕者，宜通知本会，由本会给与奖金。这个办法实行之后，从来田主阶级一种升租和吊田的绝大自由权已削去了大半！农民对于耕地，却增加了许多的感情，安心于工作和下肥了。这种办法，对于农业的发展上，在消极方面不能说是无所补助。至于积极方面，该会因缺乏专门人才，和多大的资金，目前就难办到。据该会的计划，预定明年收入经费，可以开始举办。

乙、关于林业方面。该会对于林业已经着手进行，如海丰西北部山岭、潭内乡、田螺湖乡、小液乡、鸡母巢乡等一带于今年旧历三月间，由农会出资，乡民出工，通通经营起来。据该会农业部的报告，乡民常因缺乏资金和管理人去经营山利，所以，广多〔大〕的山岭，都是光光的赋闲。一般城市的资产阶级每有投资经营者，而乡民常因山岭的所有权，不肯放去，致有种种争执，或与诉讼，有的已经营而常受乡民之摧残不堪。若由农会出资经营，作为农民的公产，乡民非常欢迎，且各乡负有看护的责〈任〉，山林警察可以用不着了。该会的计划，预定明年海丰各农户出银二毫，约可得六千元作为购苗金，并由各乡派工栽植于海丰东北干燥无味的山岭，不上数年，可以变成青翠欲滴的幽林。并且气候雨量也因是而调和，而下游的水患可减其暴力。农民的收入，亦较为丰裕。

丙、关于教育方面。1. 学校教育。现代的教育简直是资产阶级的教育！资产阶级的奢侈品罢了！贫困的农民，那〔哪〕能想梦得到？只有替他们负担教育费罢了！农会的教育部主任，马君，他是很热心教育的青年；每每到乡村宣传农民教育之必要，和农民教育的趣旨。在开办未及半载的海丰农会，竟能够办了十间农民学校，四间半夜校，那些处在悲惨的乡村里不幸和失望的儿童，居然有五百人得以染些现代的教育恩惠！据该部的报告，最困难的莫如乡村教育经费。但对于补助的方法除了从农会设法之外，还可以由该村的附近择定耕地，或荒地，由农会分配公平的工作于在学儿童的父兄，共同负担耕作，或开垦。学校里的儿童，也可以做些零碎轻易的工作，所收的谷类，充作学校经费。该会对于教育的工作，实不乏余力的鼓吹经营。一方面也是农民知道农会足以代表其利益，所以有感情易于举动。2. 社会教育在农村更不消说了。农会的宣传部主任，系林甦君，这是一个很忠实，很努力的青年。该部有几个宣传的方法。①轮回演说。一定的地点，轮回各乡演说，时间多在夜间八九时；因为居民在夜间没有什么工作，而且心绪较为恬静，容易印入脑筋。②定照〔期〕演说。各区农会定有演说时间表，大概是在各区农会开定期委员会口〔实〕行之。如遇有定期大会，该部全体出演白话剧。③临时演说。该部通告各乡委员，如遇有演戏，宜将地点时间先于二三日前通知本会，该部即往该处四贴通告，定期〔临时〕演说时间多在夜间第二出戏。这种利用群众集中的时候来宣传，也算是妙法。该部作许多童歌，教导村童合唱，有时在区或县会中，开音乐大会，也未尝不是民间的文化运动。

丁、关于卫生方面。农村的卫生问题，是很重要的，而且不是容易解决的。我们的能力，仅能注意到农民的疾病、接生和种痘，乡民因贫困的原因，每用稳婆和王〔土〕医生，年间不知埋没了几多婴孩！至于发生疾病，农民亦不外因生活困难，又兼僻处乡壤，无力延医，千呻万吟，得不点医到口！常以小小疾病，而弄成一命呜呼！死者故没有办法，而田地抛荒，田租须纳，又要拿出一笔丧费，儿女失依嗷嗷待哺！是农村中很普遍极可怜的现象呵！农会设有"农民医药房"，有男女医生，农民如有发生疾病，无论门诊外诊，概不收费，取药仅收半价。该会养用马两匹，以备医生紧急之用而省病家的轿费。据医生的报告，农民最普遍的疾病，莫如贫血病、发冷和胃病。

戊、农会的仲裁部。城市的官吏警察，时常剥削农民膏血，而乡村的绅士，又与彼辈狼狈为奸！农会鉴于农民的痛苦，设一个仲裁部，为会员和解事件，是很恳笃的，象那牧师之传道一般，并能利用争执问题贯〔灌〕输常识，或攻击现社会的缺憾〔灌〕，所以解决事件比较容易。该部勉励部员的话："我辈应当牺牲私人的利益和健康，替弱者奋斗！我们不可以为是一种慈善事业，这是我们义务之所当尽的！我们事业，与那假冒为善者口口声声标榜慈善事业的完全不同！我们所尽力的，不愿受弱者一声感谢！……一切会员拿来的酬谢礼物，是我会的违禁品，极耻辱的东西！"以后到农会和解者日多，这也可以省却农民许多烦恼的讼累和讼费。对于农村经济上未尝无所补益，和前清的老绅土〔士〕所办的保安局专来取利的有些不同吧！

又如这回海丰大遭风灾水祸，该会职员组织灾区视察队及调查团，雇用民船多艘遍历各处灾区，可是农会没有多大的资金，对于灾民无何等救助的能力，不过视察和安慰罢了！至而吴厝围乡各处很长大〈多〉的溪坣，为潮水冲坏，咸水透入，皆由农会设法与该处乡民协力修筑。

由以上的事实看来，农会并不如超君所说那样糊涂，确是个很活动的机关，对于一般农民利益的努力，实在有好多成绩。

（三）

读超君的报告里头，很多尚欠确实，这或许是他没有到过农会亲眼观察，不过因若主观的一种怀疑，而至面〔片〕面的罢了！超君的报告说道："那广东农会的灵魂就是彭湃一个人，所以要知海丰的农会运动是什么，晓了彭湃便得。"固然彭湃是农会运动重要分子，恐怕任凭彭湃是个神仙，做不到偌大的农会！

所以观察事物未必是这样简〔简〕单！

超君说彭湃是个"布尔塞维克主义者",这还有一种疑问,因超君还找不出什么"布尔塞维克主义"的事实来,单就"防止田主升租吊田"而论,尚难说是"布尔塞维克主义"的手段。因为农会从消极方面,维持农业的发展和安宁。假如资本主义的香港政府,常常为维持商业界之发展和安宁,也有防止铺主加租和吊铺的政策,算不着什么特别,就减租一层也不过因为凶年失收,或生活程度过高时,农民食亏过甚,而不得不出于减租的运动。我们常见田主既可自由升租,佃农何尝不可联合设法使其轻减。铺主要铺租加增,铺佃要铺租减少,资本家要工价低落,劳动者要工价提高;田主和佃户也是一样。这一概都是资本主义社会利害冲突阶级对立的普遍现象;离(布尔塞维克)的手段还是很远很远。

超君所列的事实里头说道:"数月前有被控的佃户三人在押(实是六人),彭湃纠集千余农民,实施直接行动,强迫海丰分庭将伊佃户释放,当时居然成功……"看起来,超君又欠确实的调查了。当时是海丰分庭受粮业维持会(即田主会对于农会运动之一种反动,会长为海丰劣绅陈月波及王作新等所组织的)会员百余人,由租主告佃灭主业的民事诉讼案,第二次庭讯时,完全找不着证据;也未经判决执行,拥入分庭,强迫法官把佃户六人收监,于是农民愤田主之蛮横及分庭之违法,遂组织农民请愿团,向分庭请愿,当时分庭声明受绅士违法田主之压迫,无可如〔奈〕何的遗憾,将佃户六人即时释放;农民为根据法律,而救济自身的利益,非妄自横行,不然,则农会会员之因讼事而收监者亦不少,都可纠众强迫吗?

超君说道:"所以各区官吏怕农会长,犹如前清大老爷之怕神父……"不错!确是如此!不过前清的神父,是外国人有了外国的势力做后盾，至如农会长不过是个平民，农会也没有何种国外势力的保护，不过农会恃以为武器的"正义人道"和"法律"，那班如乘夜抢劫的警吏，每每倒〔捣〕乱是非，鱼肉乡民，一旦遇着农会，当然是很骇怕的。

　　超君又说："农会的中坚……其实都是一个，除了彭湃，就是少数堕落的少年，和少数激进的学生。"这也是我们所承认的，我们确是忍不住国际帝国主义的侵掠，和国内资本主义的压迫，已经从小资产阶级坠落到无产阶级来，农会是无产阶级的营垒，我们一定跑进去的，我们也许是少数急激〔激进〕的学生分子，我们忍不住中国那麻木不仁的社会状态，非急起革命不可，农会是极活动的机关，负有改革中国——抑全世界的使命，我们一定是参加的，我们若象那班奄奄一息，还在睡着做梦！于中国怎样得了？

　　海丰农会的会长，本来是马焕新君，后来马去做劳工运动，那会长由彭湃兼理，彭汉垣不过因为和彭湃在家庭共同生活上的关系，常和彭湃接近；姑无论彭汉垣是个县议会副议长，或市长〔市场〕的无赖汉也好；他被彭湃一种思想，和农会的精神所浸润，引起了多大的同情心，果然能够牺牲自己所站田主阶级的利益，抛去向来资产阶级的头脑，并且很能够和弱者辩护，也觉到绅士〔军〕阀的横行，他愈是个无赖汉我愈是十二分敬服他！以后汉垣君和我们在农会担义务做起工作来了！

　　陆丰农会的会长，是林韫川君不是余创之，创之是广东农会的文牍部主任，他从前有无做过坏事，我不敢包；总是他在农会做事，他是极真诚的，我们不能把一个人过去的缺点，就肯定他一生的行为，都是坏的这样刻薄。

（四）

　　海丰农会，因风灾水祸，实行减租运动；这是该会总合各处灾区调查的结果，开会讨论，表决"至多三成输纳"即是纳租之最高限度为三成，其余完全失收者与田主借食，或纳一成二成任由农民的力量。这个"至多三成输纳"的办法持出来，农民已经是忍着眼泪割肉填租的呵！"田主和我们不过是象合资经商一般吧！他们拿出钱来买田地；我们拿出钱买肥料、种子、农具、工食，不幸遇着天灾，那就一定要双方都食亏才对呀！我们现在提出至多三成输纳的办法；大家都以为田主太过食亏了吗？诸君呀！你们太无天良呵！田主他何尝有食亏，他还是得着很多的利益，大食亏的不过是我们罢了！何以呢？田主的本钱，把来买田地，田地的本钱是毫无亏蚀的；我们的本钱，投在地面，却被大风打后，潮水冲后，我们的本钱极多，还收回不得到十分之四！诸君呀！我们的血本尚且如此亏蚀！田主还要什么利息——田租呢？我们现在把血本所残余的，割出一部分（三成）来贡献与田主做利息；是大大食亏了！他们田主还想提出什么'十足照收''逢凶无减''铁租'这些铁则，唉！岂不是把我们迎头一棍，活活打死吗？诸君呀！末了还要请你看看我们的倒塌了的房屋！"

　　以上是当时该会对于"至多三成纳租"的理论及一种宣传的印刷物；当时田主们也有提出一个反对论大概说，你们提出三成租，要饿死那些"锅头户"吗？农会答道，可惜我们通通都是"锅头佃"，都不怕饿死的吗？（注："锅头户"置有田产不事事业而专靠田租养活的）不过当时地方官厅，是田主阶级的傀儡；他们只有明目张胆的自利心刻薄寡情的金钱主义，那〔哪〕管农民饿死不饿死！总觉着"三成纳租"太过可恶，自古都没有这个道理；惟用兵力榨出他们的田租罢了！你们请读一读《海丰全县农民泣告同胞书》（《录华字日报》）便知当日军阀官僚绅士田主暴虐的情形了！

海丰于1923年7月26日（阴历癸亥年六月十三日）、8月5日（阴历癸亥年六月二十三日）两次飓风大水为灾，农民产物歉收，房屋倒塌不计其数。农村受灾极烈，农民受害尤甚。故农会遂召集大会，讨论早季纳租问题，议决：际此歉收之季，免租既所不能，完租必至于饿死，无已，最高限度只能输纳三成。而田主阀闻之，大起反对，竟派人下乡逼租。祸事遂从此肇矣。8月11日，突有承批教育局租批商林卓存（现任海丰县保卫团局长），命其侄某，前往北笏乡（三十余户小乡村）收租，佃户戴亚丑以凶年恳减。林谓："官租无减十足照收。"而亚丑无力照纳。林便用斗盖木迎头痛击，亚丑逃避，林复追击。乡人闻声，争出劝阻。林更怒借势逞威，躁跳怒骂，失足仆〔扑〕地，遂卧地诈伤，嘱其下人，用轿抬回，诣县请验。县长王作新，竟侵越法庭权限，贸然受理。验后，即派游击队二十余名，武装到北笏乡围捕，乡民畏官闻枪声响，纷纷走匿，时值久雨，潦水未退，妇孺无地隐藏，则相牵呼号奔突于途。官兵追至，团而捕之，恣意搜屋掠物。最后，遂苛索差礼银三十余元，掳去乡民戴亚扶等三人，镣锁投狱中。此8月12日（即癸亥年七月初一）事也。

农会闻讯，当于15日（七月初四）开大会，议决：一方依据法律，诉之法庭；一方筹金救济入狱家属。而县长王作新，竟与粮业维持会等绅士集议，勾结军队，突于16日早（七月初五）带同军警百余名，围捕海丰农会会所。当被掳去职员及会员杨其珊、黄凤麟、洪庭惠、郑渭净等二十五人，会中所有文件器具以及会金数百元用马二匹皆被没收。同日又封锁会所，解散农会，四贴布告，通缉会长彭湃、余创之、林甦等。17日（七月初六）早复查封农民医药房，缉拿医生吕楚雄。旋又纵令各区警兵，四出下乡迫租并查农会会员证章。多方苛勒，百般骚扰。农民生机全绝，惟有待死。近虽曾由陈总司令去电，着令该县长王作新即行释放被捕会员，然迄今尚未见施行，而军警下乡逼迫，日甚一日，因此，谨特据实沥陈，幸我同胞父老兄弟诸姑姊妹有以援助其后！是为至感！

海丰县长王作新是海丰人，他从前曾在澄海做过县长，铲了不少的地皮，是为新兴的地主阶级，兼那粮业维持会的副会长；一旦握着政权，当然挺他们的过激手段扑灭农会，这是不消说的了。

由我所观察看起来，农会找不出什么坏行动，超君亦指不出什么坏行动的事迹来，恐怕囿于一方的偏见；根据反对派的造谣构陷，中了我当初怀疑的毛病！

超君的报告，最后的结论，提出四个问题；也不乏研究的兴味，姑留他第三人去批评，让我和雨〈后〉君讨论一下。

雨后君说道："但是因分子的坏行动，而致惹起有心群众运动者的怀疑，那就是群众运动的根本破产了。"

我们说是，大凡任何群众运动，必有一个群众运动的共通利益——目的主义的特点，适合于某种运动的共通特点，必然表示同情，否则，不是站在怀疑地位，便是站在反对敌阵。大概离共通特点较远的，必然是反对，较为接近的，必然是怀疑，所以无论任何种运动，不能免了反对者和怀疑者那些阶级。

至于民众的根本破产，则不关客观之反对者和怀疑者，而关于民众运动的自身问题。譬如民众运动要推倒军阀，为一般民众之"共通利益"，而一部分人都想乘机做皇帝，那么违反了民众运动的共通目的，失却了民众运动的真精神；即因坏分子之坏行为，而酿成民众的分裂和瓦解；这就是民众运动的根本破产！反之若因民众运动的团结力和战斗力，不及军阀，而至打败时，我们不能说是民众运动的根本破产，而是不过一时的失败，或许是暂时民众运动的形式有卷旗息鼓的状态，而民众运动的精神，常是不灭；或更是激昂，时机一到，便会复活的。

由这个道理看来，这回海丰农民运动是不过受军阀、官僚、绅士、田主的大兵力而至被其蹂躏，不是农民运动的自身，发现坏分子的行动而至于分裂瓦解的根本破产。农民运动有暂时停顿的必要，而农民运动的精神总不会灭的，时机一到也能够复活起来。

末了雨后君主张农民不要去当军阀的兵也是在消极中找出一个法子；不过在久经战乱的中国，日趋荒废的农村，农民只有四条路可跑：一〈是〉乞丐，二〈是〉卖身，三〈是〉土匪，四〈是〉当兵。做乞丐多属于老弱者和妇女，卖身外洋太觉痛苦，做土匪法律不肯保护，惟做那官厅特许的土匪——兵才洋洋得意，为所欲为并且有升官发财的希望；在他们这种生活上加速度的堕落状态中，若我们非从根本解决，实在想不出什么好方法去制止；或者我们希望将来的农民——有一种组织的农民，多到军阀去当兵，从军阀的手里，解除军阀的武装，再造过个好中国！

团海陆丰地委五月份工作报告①

(1926年)②

林务农

(一)团务报告

A. 地委方面。地委开会四次,出席人数均不能齐到(因均往别处办公工作)。各种委员会均每周开会一次。月来劳动童子团特别发达,故由地委决定组织劳动童子团运动委员〈会〉,由王尔瞻同志担任书记。其他各种委员会负责人无甚变更。

B. 组织方面。月来因忙于对外活动,疏于督促吸收同志,故本月份致仅增加同志二十八人,支部仍是十一个,共有人数一百九十六人。海丰特支同志四十余人,海地总共百三十余人,转学一人(蓝振家同志往广州读书)。

C. 训练方面。地委依照地方大会决定训练计划:派林务农同志往各支(各区),执行训练工作,颇有致效。另由地委指定每周讨论题目,由各支〈部〉小组会议提出讨论由地委发给讨论大纲,以便对照。

D. 宣传方面。地委间接出版〈刊〉物四次:《海丰日报》、《工人周刊》、《农民周刊》、《学生周刊》均属同志参加主持,销数达千余份。此外各种纪念日民众运动,皆有组织宣传队,分赴各地宣传并排演白话剧,贴标语发传单。

E. 各支部方面。各支部对外活动颇很努力,如劳动童子团、劳动青年团、学生会、"平教"等之组织。但因同志工〔均〕俱

---

① 摘自《海陆丰革命史料(一九二〇——一九二七)》(第一辑)第515页,广东人民出版社1986年1月版。

② 一九二六年六月一日,年份是根据文件内容判定的。

幼稚，缺少训练，致有时应付不来，或者不能利用机会充分做宣传煽惑组织群众等工作，如农运同志有转给群众领导之危险。各支〈部〉最不好的现象就是不能按期报告地委，缴团费也不能一律交齐，致地委无从指导。

（二）对外活动

各种群众运动皆先由团体决定进行计划，然后由公开团体发起召集各团体筹备举行，现将本月份各项对外活动情形列下：

A."五一"纪念。全县纪念"五一"大会，会场放在桥东龙舌埔，是日各团体皆赴会参加，计有各级国民党员千余人，教联会三十余人，农民协会各级会员二万六千余人〈武装〉，各校学生二千余人，总工会成立代表团八十余人，各级会员一万一千余人，商民协会千余人，农军警察等四百余人，劳动童子团百余人，总共是日赴会人数达五万余人之多。此外尚有学生演讲队等。开会时并决议：1. 通电"反段"；2. 电慰省港罢工工友；3. 电祝全国第三次劳动大会；4. 电祝全省第二次农民代表大会。开会后并示威巡行。及"五四"纪念：学联会发起召集〈附城〉各校学生开纪念会，并示威巡行，是晚并演白话剧，并组织宣传队分赴各区召集举行，故各区均有举行；到会人数各有数千人之多，各校学生均有发传单与标语。

B."五五"纪念。仅有附城举行小规模的纪念会，是日到会者仅数百人，多系小学生与工人，并由纪念会分发各种宣言、传单、标语等。

C."五九〔七〕"纪念。会场设在公共体育场，是日赴会群众工农商学共有六千余人，至十二时始开会。散会后并示威巡行，沿途分发传单、宣言，另印发特刊。

D."五卅"纪念。先由地委通告各支部预备在各区举〈行〉同时并举行追〈悼〉"三一八"死难学生。故是日各区均有热烈之巡行示威，人数至少均有六千人，一切宣传品标语、传单、宣言等比前各种运动更多数倍。是晚并演白话剧并由学联会组织演讲队分赴各区农村演讲"五卅"惨案。

E. 全县劳动童子团大会。月来劳动童子团日渐发展，由地委组织劳动童子团运动委员会后，即决定筹备召集全县劳动童子团大会，是日到会仅有三区，其余各区因路途遥远不能赴会，故人数仅有四百余人，秩序井然，精神活泼，海丰空前所未有之盛举。

F. 青年团体之发展。月来地委督促各支〈部〉同志应努力本身工作。因各支部发起组织劳动青年团，借资组织教育训练一般劳动青年群众，并可吸收同志。故各支接到地委通告均着手组织。近来颇形发展，计有组织者第五区、第六区、第一区，其余各乡村亦有逐渐组织。其他受我们影响非〔的〕同志，发起组织者亦不少。

（三）经委报告

A. 统一全县青年运动工作：

本县各区各乡村的劳动青年（学生和青年的知识分子在内）。因为在这一年中（自去年二月党军入海丰至现在）受了种种革命环境和空气的刺激，在不知不觉中养成了革命化，所以他们能够自动的起来，在他们自己的乡里或区组织他们自己的团体，谋他们本身的利益。计最近调查所得，此种青年团体已有成立十个，会员有一千二百人以上。本委自前月确定统一运动计划以后，即竭力注意调查工作，并有各区工农学运同志注意此种宣传组织工作，同时又极力鼓吹统一青年运动空气，以前〔利〕将来统一工作之进行。日内当与县党部青年部磋商用该部名义发起统一运动大会，此项工作已在积极进行之中。

B. "五卅"日召集全县劳动童子团团员大会。工农阶级革命的后备队——劳动童子〔团〕组织他们的团体是有重大之意义。去年本县已有童子军之设，可惜因政变的〔而〕中止。地委因见此项工作万不能放弃，故积极的筹备在"五卅"周年纪念日开全体大会。经委在此筹备时间内做不少重大的工作。"五卅"那天有全县劳动童子团团员四〈百〉人之赴会（三区、六区、九区三劳动童子团约一千人，因路远各在该区赴会，没有来县）。同时并通过三条重要之议案而结〈束〉，又非常圆满，确是一件空前的大战事。

附通过议案如下：

1. 举出本团团长和总教练，以便指挥和训练一切。

2. 用本团名义，请求教育局在各区、各乡村普设劳动学校。

3. 本县各区乡如〔没〕有劳动童子团之组织，应从速组织，以求普遍，而便指挥和训练。

（四）妇委报告

1. 创办妇女平民学校。此项计划是上月份决定的，到了本月份十七日才正式开学，到校人数九十余人（都是南丰、民生的女工人），非常高兴就学。不料近旬来外间起了种种谣言，以致影响各个学生的家人禁止其到校。现在百方解释，而到校者仅三四十人，这种是很危险的现象。

2. 筹备妇会周年纪念。妇会自去年六月七号成立到现在做了许多很不好的〈事情〉，结果把妇会的招牌打到烂碎了，现在筹备在六月二十三日（沙基惨案）开纪念大会。此工作已在积极进行之中。

（五）学委报告

1. 各校教职员状况。教职员所站的地位多是固定的小资产阶级，所以他的行动当然右倾是很多的，以思想行动最右倾者就是海中及职业学校——海中的校长是"金钱奴隶式"，非金钱不能做事，又是兴实业救今日的中国的。教员是主张以科学救国的，即是研究科学制造枪炮飞机……以打倒帝国主义的；杨教务长是主张积极兴工实业抵制外货侵弱小民族形成帝国主义的，其他思想都是与此等类似的。

职业学校的教职员也都是右倾而没一而〔有〕此革命精神的。

2. 各校学生状况。就海中一校而言，全校一切行动确实完全受我们所支配，但是各级思想上精神上工作上尚不能达形〔成〕一致。如最高三年级除我们三〈分〉之一同志外，是自由上课、自由旷课及一切行动也是不能一致的（如参加各种巡行时都是零落不堪的）。二年级的领袖地位虽是非同志，全班同志虽是很少，总是他们的行动上比较一致，左倾〔"左倾"〕是多的。一年级较之全校各级均匀的，革命精神很是薄弱多是小资产阶级色彩极浓厚的，学生是以参加各种运动亦多落伍的。（余者后次报告）

3. 领导学生做的运动。

A. "五一"纪念事前决定。（1）组织方面，一区学生全体参加，各区学生会至少须派两人参加，并由学联会着定队长，以便届时领导各学生参加。（2）宣传方面，由学联会组织宣传队至少十五队，每队四人于开会时在会场宣传外，并往各乡村宣传。组织白话剧团于"五一"前后排演，《海丰学生》出"五一"特刊，并由学联会发出"五一"告学生宣言。参加开会情形：到会者除附城各校全体参加外有学生百余人，西华学生五十人，下山学生四十四人，峰田学生三十四人，横沟学生四十人，赤山学生七十一人，统计参加学生一百六十五人，实为从前所未有的。巡行时都能尽量高呼口号及唱歌，差不多喉也有嘶破了，值至半途大雨滂沱，一律赤头的小学生都能表现出其革命反抗的精神以之奋斗，通身夹湿也不愿让步，这实在可嘉的现象，也是同志督队的美果。宣传方面，海中与一高工读学生有十六队在会场，宣传者有九队。宣传的会场布满了很浓厚庄严的革命空气，余者皆散出各乡村如道山、赤山、前进都能稍尽其宣传的责任。

B. "五四"事前预备。这次纪念会完全由学生会负责召集的。所以一方面通知附〈城〉各校一律赴会及函知各团体派代表参加。一方面通知各区学生会同时召集各团体在该地举行。同时在这个时候，海中有一班同学很热烈地要求学联会许其往汕尾演剧及参加"五四"纪念会。当时以其恳切的态度，乃准其所请，并着定几个可够〔靠〕的同志与之皆往。

C. 开会情形——赴会者除很少数的附城各校参加外，只有横沟一校三十一人参加，总共只有学生群众六百五十人，各团体参加者亦只有百余人。那时太阳非常猛烈，小学生受其刺激非常难忍，所以会场不甚热烈，到巡行时高呼耳口〔口号〕及唱歌颇能唤起一般民众之注意。

D. 在汕尾举行者，实为该地空前未有学生运动的第一次。各校学生到会者有五百余人，参加者百余人。开会及巡行时都布满了很浓厚的革命空气，又海中所往的三十余学生都作〔做〕宣传工作。白话剧也演得颇使人注意，又能利用剧场作〔做〕宣传的工作，唤醒一部分睡着的群众，可是效果×多而损失学生的资格也是不少，如工作不受指挥、寄宿自由、选择行动各自为之（以下省略一百多字——编者注）。

E. "五五"与"五九〔七〕"，事前都已通知附城学生一致参加，及各区学生会同时举行。在开会时，附城者各校学生都一律参加，可是比之"五一"的人数较〔到〕得少多了，如"五五"只有七百二十一人，"五九〔七〕"只有六百五十人，至于巡行时仍然能唤出极雄壮的口号，热烈的歌声，而使群众注〔自〕豪。

F. 领导学生运动：领导各地学生参加"五卅"运动，这次运动是最热烈最普遍最有成绩的，海中素参加各种运动只有三分之一者，现已一律加入，各高小校也非常踊跃的一致赴会。至各区亦派很多代表参加举行巡行，作一次空前的大运动。至宣传方面，不但在市圩作一种热烈的宣传，各区、各校学生会更有组织宣传队往各乡村宣传。如海中全校差不多全体动员都有任这种工作。至汕尾、梅高、青坑、可塘各校学生，亦无不一致参加。

地委书记林务农报告

二、抗战时期革命史料

海丰党组织的恢复及其斗争①

郑　重

（一）抗日战争爆发前后海丰的政治形势

著名的海陆丰农民运动和海陆丰的全国第一个苏维埃政权在中国现代史上写下了光辉一页。然而，大革命失败后，国民党反动派实行白色恐怖，地主阶级依靠国民党的反动政权进行阶级报复，对共产党员、革命干部、红军战士、赤卫队员和革命群众进行骇人听闻的大屠杀，对广大人民群众穷凶极恶地剥削、压迫。贪官污吏到处敲诈勒索，苛捐杂税名目繁多，人民群众的生活十分痛苦。国民党的官员腐化堕落，贩卖鸦片毒害人民，走私钨矿给日本鬼子大发横财。社会黑暗，土匪流氓到处皆是，赌博、娼

---

① 根据1961年、1963年两次访问记录，并参阅1937年12月郑重给南委的报告。整理人：谢乾生、黄祖鑫。摘自《海陆丰革命史料》（一九三七——一九四九）（第三辑）第531页。广东人民出版社1999年8月版。

妓、盗贼、抢劫、拐卖妇女和儿童的怪现象惨不忍睹。

国民党反动派实行白色恐怖，虽然在政治统治方面似乎暂时稳定，但是，统治阶级内部的派系活动和斗争也逐渐复杂和尖锐化起来。当时站在统治地位的两大主要派系，一个属于国民党党部直系的青年社。他们是一些顽固的反共分子，原来是县党部里面两个长期剧烈斗争的监委派和执委派，为了对抗共产党提出的抗日民族统一战线，联结成一个反动的力量，企图在县区党部职员中和小学教员中网罗反共骨干。另一个属于非国民党系的老官僚、老反共分子组成的新生社。他们以前分为一德社和扶风社，以政府部门的一些公务员和走私钨矿、贩卖私烟等贪污分子和专批损税等官商为基础。统治阶级各派系相互争权夺利，使得国民党统治内部矛盾重重，这就给统治阶级埋下了更深的危机。在这种情况下统治阶级的共同点是十分害怕群众又残酷压迫群众，既要剥削群众又要利用群众，妄图缓和群众的反对。广大人民群众对于国民党反动派实行的高压政策表示极为愤怒，对国难当头河山破碎，怀着极大的悲愤，朝朝夕夕盼望着共产党回来领导他们继续进行斗争。在土地革命失败后，革命的火种仍然在人民群众的心田里燃烧着。人民迫切渴望着党的光辉来重耀海丰这个彭湃的故乡。

（二）抗日救亡运动的开展

1936年间，中共南方委员会从香港派蓝训材同志回海丰后，在海城、赤山、公平、埔仔峒、大安峒一带的老苏区活动。通过联系苏维埃时期隐蔽下来的老党员刘腾光、钟娘永等宣传抗日救亡的道理，党有了活动，海陆丰人民又在党领导下继续酝酿着一场新的战斗。

在这个时期，在广州的海丰籍青年学生，受到了一些进步思想的影响，经常谈论家乡的政治形势；而家乡人民的苦难生活又反映到学生的思想中来。"九一八"东北、平津救亡运动波及广州。"一二·九"之后,抗日浪潮更加高涨。当时我是广州的地下党员,在南委和市委领导下,通过学联、抗先、艺协等组织,在各学校、行业工会、军校和军队中广泛开展抗日民族统一战线运动;并与王文魁、黎连祥、杨启明、陈明、林仕奇等一批进步同学,组织海丰留省学生同学会,并出版《向导》周刊,宣传革命思想和抗日救亡运动。随后,在广州的海丰学生有一部分相继回到海丰,与一些进步青年成立读书会,传播进步思想和介绍国内国际形势,宣传抗日救国道理等。1937年在广州参加海丰留省学生同学会的活动分子王文魁等回到海丰,与进步青年翁域、黄锦家、林克家、吴世强、何世汉等结合起来,在汕尾、海城、可塘、捷胜等地组织读书会、体育会,首先在知识青年学生中开展抗日救亡宣传活动。青抗会的发展有两个比较明显阶段:第一阶段就是1937年,当时的组织活动范围是局限于知识分子阶层,而对群众仅开展一般的宣传活动;第二阶段是1938年,由于全县统一的"海丰青年抗敌同志会"的正式成立,则由知识青年深入到工农群众,进入了以组织工农群众为主的抗日救亡运动的新阶段。

(三) 党组织的恢复与发展

1936年中共广东省委还未成立,只有广州市委和在香港的南方委员会,而广州和香港两地的党组织没有发生关系。

1936年间,蓝训材回海丰后,着手在老苏区和海城、陆城联系了二十多名老共产党员。1937年底,我从广州回到海丰,吸收在汕尾进行抗日救亡活动的积极分子翁域、何世汉等入党,并帮助他们成立了党的第一个支部。然后又约翁域往广州,尹林平同志直接布置其任务,翁回来汕尾后又发展了一批党员。支部的建立表明:1. 党的组织生活从一般的党员的联系,到为实现党在抗日民族统一战线现阶段的政治纲领而斗争的有组织的领导。2. 党的宣传组织工作用各种形式（壁报和口头宣传戏剧宣传），从汕尾、捷胜到全县有计划的组织的迅速开展。党支部统一领导广州回乡学生服务团和四、五区御侮救亡会的宣传工作，发动了大批小学教师和民校夜校开展抗日救国的宣传活动，团结了广大的群众。3. 开设国技馆，组织群众性武术训练，为组织义勇军和抗日游击队做准备工作。4. 建立商店，作为交通站，有计划地为成立县委做准备工作。1938年8月，省委派我回海丰统一整理和建立县委临时工作委员会，主要任务是：1. 统一党的领导审查党员，建立组织，为扩大党的队伍做准备；2. 开展抗日救亡运动，准备武装斗争；3. 开展抗日民族统一战线工作。

我与蓝训材接上关系后，听取了蓝训材关于党的组织情况的介绍。并在翁域处了解党的发展情况，汕尾党支部已有二十多名党员。此时，王文魁所培养的对象也开始个别吸收入党。这样，几条线集中起来，把全部党员进行一次全面审查之后，全县有党员五十多人。

1938年10月间，在汕尾召开了海陆丰党员代表大会，参加大会的代表二十多人。大会分析了海陆丰的政治形势，传达了省委的指示，确定了今后的任务：1. 建立区、乡党的基层组织，扩大党的队伍；2. 发动群众，掀起群众性抗日救亡运动；3. 建立武装，准备开展敌后斗争；4. 积极开展民族统一战线工作。

大会选举了郑重、林兴、蓝训材、王文魁、翁域等为中共海陆丰工作委员会委员。我任工委书记，林兴任组织部长，蓝训材任宣传部长。为了便利于工作，在中共海陆丰工作委员会的直接领导下，成立了陆丰县工作委员会。从此，海陆丰的抗日救亡运动进入了一个新的时期。这个时期的特点是：党所领导的以青抗会为核心的抗日救亡运动，通过知识分子的桥梁作用，迅速地由城镇发展到农村，青抗会的会员也大量吸收农民，同时，妇抗会也在这个时候成立起来并得以发展。蓬蓬勃勃的群众性抗日救亡运动,为发展党的组织提供了极为有利的条件。县工委派吴若冰担任训练班主任,举办青训班和党训班。学习主要内容:《论持久战》《新民主主义论》《党的基本知识》《党章》等,大力培训抗日骨干分子和党的基层干部。1938年是抗日初期党组织大发展时期,党员由原来五十多人发展到将近六百人,各区都建立了区委,大乡普遍有党支部的组织。到1939年底党员已达七百多人。

1939年2月,中共东江特委在紫金县古竹召开扩大会议。我代表海陆丰工委出席,并在这次被选为特委委员。我返回海丰后,于同年3月传达了中共东江特委的指示,把中共海陆丰工作委员会改为中共海陆丰中心县委,并加强了陆丰党的建设工作。东江特委和海陆丰中心县委通过龙山中学校长的统战关系,陆续派了林耀族、韩××等共产党员去当教员,开展党的工作。同时,输送了一批青年进入该校读书,如庄岐洲、江水、王芝兰、蔡高等就是这个时期到龙山中学读书的。龙山中学成为海陆丰党的干部场所。党又派吴棣伍、周浩、卓学佐、郭坚等到惠来葵潭创办三民中学。学生来源是选派青抗会的活动分子,采取延安抗日大学的办学形式,为海陆丰培养了不少党的干部,如方斯、庄岐洲等。

1939年党组织派地下党郑建文到陆丰县任国民兵团副团长。省委把他的组织关系转到海陆丰中心县委,使党的活动更为方便。郑建文在县里组织了一个政工队,任庄岐洲为政工队长。于是,在合法的掩护下,陆丰抗日民族统一战线的群众又活跃起来。

这个时期,在武装斗争方面,党在中心县委所在地汕尾,通过人民抗日统率委员会司令钟秀南先生的统战关系,成立抗日自卫队第五独立中队,作为掩护县委机关和训练武装骨干;又在各地农村普遍组织了担架队、救护队、自卫队,掌握了一些"守箐寮"、"拳头馆"等的群众团体,为武装斗争做准备。

（四）抗日民族统一战线工作

海丰抗日民族统一战线工作的特点，就是利用国民党的内部矛盾，最大可能的争取他们同情我党合作抗日发动群众的主张。海丰国民党的派系斗争是历史性的，派系之间斗争的结果，有的成为当权派，有的在统治阶级中失去了实力。这个时期钟汉翘、钟鼎铭等成为海丰国民党的当权派，也是顽固派。而不少失去实力的人物赞同和我党合作抗日的主张。海丰人民抗日统率委员会，当时只挂空名的钟秀南先生愿意接纳一些进步人士，支持海陆丰旅港同胞回乡服务团，表示支持抗日。所以党就从香港派吴乐月、周浩、吴若冰①等人于1938年以"海陆丰旅港同胞服务团"的名义回到海丰、陆丰，并在统率委员会进行了不少工作。

另一个特点，就是利用当时抗日的有利形势，通过各种社会关系，运用各种办法争取广大群众和中间阶层的支持。

日本南侵，特别是对沿海实行经济封锁的政策，由于阶级利益关系，各阶层的思想也起了变化。纯地租剥削的地主阶级也遭到日寇威胁，逐渐与买办官僚地主阶级发生分化。一般的工商界人士看到国民党腐败透顶，对日寇实行不抵抗政策，激起民族义愤，也认为"大敌当前，匹夫有责"，认识到抗日的意义，支持抗日运动的开展；至于工人、农民、青年知识分子更加积极要求实行抗日，保家卫国。这一有利形势，不论是青抗会最活跃时期，或是以后与日寇展开武装斗争的时期，各阶层人民都热烈拥护和支持抗日，甚至连一些国民党的上层人物也相当同情我们，如汕尾盐场公署一些头头也是我们争取的对象。

统战工作的第三个特点，就是直接参加到国民党组织的一些

---

① 吴、周等先后以"海陆丰旅港同胞回乡服务团"和"东江华侨回乡服务团第二分团"回海陆丰。

群众团体中去教育和争取群众，揭露国民党当局的两面性，揭露他们对抗日不彻底的一面，团结和争取他们愿意抗日的一面。因为国民党迫于形势，曾经组织了一些"抗日后援会"、"政工队"之类的组织伪装抗日，欺骗群众，并与青抗会等进步团体相对抗，并企图取而代之。对于国民党这些"挂羊头卖狗肉"的组织，我们除了公开揭露其伪装抗日之外，还运用了种种机会，通过各种社会关系，把"后援会"中一些比较好的青年争取过来。国民党组织"政工队"时，党组织就派一些不暴露身份的秘密党员和进步青年，到"政工队"进行各种有利抗日的活动，如刘群同志担任了国民党海丰县党部的政工队长，①党就派了一些爱国青年帮助开展工作。海丰的统一战线是掌握"又团结又斗争，坚持独立自主的原则"。

最为明显的是青抗会从成立至被迫解散所坚持的斗争，群众运动中各种进步团体争取公开合法的斗争；训练干部，掌握武装等等。当时为了要更好地掌握统一战线工作，把海丰国民党的首要分子也进行了具体分析，确定了钟汉翘为打击对象，姚之荣是孤立对象，钟秀南、蔡洗三是团结争取对象。而且对土匪和海匪也进行了大量的分化教育工作，争取他们枪口一致对外，团结抗日。由于党的统战工作的胜利，县委发动过多次反击顽固派的斗争都达到如期的目的，进一步发展了党的群众力量。如1938年，顽固派害怕群众，妄图阻止青抗会的合法地位时，党用海丰留省学生回乡服务团的名义，由我和王文魁等列队到县政府和县党部请愿，责问县长姚之荣和县党部书记钟鼎铭为何不喜欢青年爱国行动。当权派看到我们代表团的家庭背景都是县中有地位有身份的地富子女，就一口答应给予支持。我们当面聘请他们担任留省

---

① 据陈云阶回忆，他任队长，刘群是副队长。

学生回乡服务团的顾问,使青年运动取得了合法地位。

(五)掩护东移的曾王部队

海丰国民党反动派假抗日真反共,因此,他们害怕群众抗日救亡运动,千方百计破坏人民抗日团体。如在国民党第一次反共高潮波及广东时,海丰反动派便于1939年冬扬言青抗会受共产党的利用及其它各种借口解散抗日团体。青抗会在汕尾我们力量雄厚的地方公开召开群众大会,在关爷宫戏台以"挂羊头卖狗肉"为题和国民党书记郑崇欣公开辩论。由于到会广大群众的支持,国民党顽固派要退出会场,无路可走,我们出面号召群众让开条路为长官送行。这时各个主要圩镇都举行集会示威,揭露国民党假抗日真反共的阴谋。为了适应这一政治形势的变化,反对国民党的投降路线,海丰党组织曾经集中了各区党组织的负责干部和各区青抗会骨干分子进行学习,然后转入长期的隐蔽活动。党号召知识分子到基层和农村去,与工农群众相结合,开展农村广大地区的群众运动。

1940年初,国民党第一次反共高潮到来,东江人民抗日游击队东移海丰,是对海丰党组织一个严重的考验。海丰党组织在劳动群众支援和掩护曾生部队中起了很大的作用。大安峒、埔仔峒、高潭、可塘、鲘门、汕尾等地的党员和革命群众都为部队做了大量工作。各地党组织为了部队的安全,都建立交通网和情报网。曾生有一个时期就住在汕尾我的家里。当国民党反动派公开在戏台上宣布曾生游击队已被歼灭的时候,曾生却站在戏台下看戏。这就是反动派内战不得民心的讽刺。虽然曾生部队在东移海丰途中遭到国民党反动军队的袭击,受到了一定的损失,到达海丰后斗争又很残酷,最后还是保存了主力,重赴惠东宝前线抗日。曾生部队安全撤离时留下一批枪支弹药和干部,为海丰建立武装队伍打好基础。

（六）东纵第六支队的成立

1943 年，苏联红军反攻德、意侵略军，取得节节胜利，在太平洋战线上又是日本侵略军陷入困境，作猖狂挣扎的时候。中共广东临委、军委为了准备盟军登陆和提防美英帝国主义登陆广东之后配合国民党向我们进攻，根据中共中央的指示，壮大人民抗日武装力量，迅速扩大抗日民主根据地，坚决打击敌伪顽，为争取抗日民族解放战争的最后胜利而斗争。同年 12 月初，经党中央批准成立广东人民抗日游击队东江纵队。1945 年 2 月，东纵第六支队在海丰大安峒宣告成立。当时我任东江特委副书记，支队长叶基、政委曾源、政治处主任郭坚，队伍一百余人，分为二个主力大队和一个警卫排，由韩捷、吴海、陈强分任大队长和排长。六支队成立不久，中共广东临委、军委根据中央关于抗日根据地党政军一元化领导的指示，决定成立中共海陆丰中心县委，我任六支队政委兼县委书记，李果为县委组织部长。当时，日寇第二次陷境，政治形势相当复杂。海丰国民党政府及其武装闻风而逃，龟缩在东北山区的公平、黄羌。杂牌军曾广聘、钟超武、陆如钧的队伍已失去斗志，亦处于瓦解溃散的状态。各阶层的人民群众思想极为混乱，惶惶不可终日。处于水深火热之中的海丰人民，把抗击日寇的希望寄托在共产党及其领导的抗日武装队伍。六支队成立不久，就解放了海丰西北山区的重点圩镇赤石，迫使顽、伪军躲进了梅陇圩内。我们以赤石为中心，把大安峒、明热峒、埔仔峒连成一片，初步奠定了抗日后方基地。

日寇实行扫荡政策。当时为了打开海丰抗日游击战争的局面，在这期间开过三次重要会议，一次是海陆丰中心县委成立会议，一次是党政军扩大的干部会议，一次是地方民主人士参加的统一战线会议。这些会议围绕着县委提出的中心任务：发动群众，开展武装斗争，抗击日寇的进犯，保卫家乡；扩大抗日民主根据地，建立县、区、乡民主政权，开展减租减息的运动；扩大和巩固抗日民族统一战线。参加会议的代表开展了热烈的讨论，明确了任务和方向。最后，县委决定："到平原去扩大抗日民主根据地"、"一个月内打开海丰新局面"、"组织千人以上的群众武装"。重要会议对以后海丰、陆丰开展武装斗争和建立民主政权起了决定性的作用，意义十分重大。不久，抗日民主根据地由大安峒、赤石而逐步伸展到梅陇平原，紧接着其它各区的广大农村都陆续为我们所掌握，并相继成立区、乡民主政府和组织救乡大队，群众性的抗日武装发展到二千多人，六支队本身也由原来的一百多人发展到六百多人，打开了海丰武装斗争的局面。这证明了县委所提出的方针任务是正确的。

在取得上述进展的过程中，党进一步向全县人民提出"有枪出枪，有粮出粮，有钱出钱，有力出力"的号召。这个号召的提出，亦得到广大人民群众热烈的响应。但是，在地主阶级中则表现得很紧张。因为枪、粮、钱三项都是要从地主手里拿出来的，而日、伪、顽也到处扫荡、抢劫、迫粮抢粮。因此民族斗争和阶级斗争复杂地交错在一起。当时虽然多数开明绅士愿意和我们合作抗日，但一些反动的地主阶级坚决不向我们缴枪、缴粮，甚至宁愿把粮食缴给日寇。我们针对这种情况除了提出"保家卫国，人人有责"、"反对卖国行为"等政治口号之外，并且在具体行动中，对一些偷偷缴粮食给日寇的亲日派和反动地主进行镇压、罚款、查封财产，从政治上打击了敌人的反动气焰，广大劳动人民则意气风发，群众看到共产党真正为人民的利益而斗争，更加拥护我们，抗日情绪更加高涨，参加人民抗日武装队伍的人越来越多。

民主区、乡政区，首先是在三区成立的，区长林金枫。三区的民主乡村政权一成立，其他各地也如雨后春笋一样纷纷成立起民主政权。民主政权建立后的首要任务是领导农村开展减租减息运动。这是减轻人民的负担，改善农民生活，调动全民积极参加抗战的一个重要措施。

东纵第六支队在海丰是抗日的主力，与敌、伪、顽三位一体的敌人打了近百次仗，取得很大的成绩。现在回顾起来，当时的武装斗争也是很残酷的，除了日寇经常向我们扫荡之外，顽、伪主力部队装备也比我们好，他们常常依赖着其优越的装备对我们实行扫荡或到农村进行抢掠烧杀。他们进攻我们的时候常用重武器，常常在反攻时增添了很多困难。国民党反动派有其长期反共反人民的经验，他们利用地主阶级中在大革命时期被我们都斗争镇压持有成见的分子组织的反动武装，暗中勾结日寇进攻我们；另方面就是继续散布白色恐怖政策的思想影响，威胁广大人民群众；再者就是布置特务打进我们的内部进行破坏；还有采取其反革命的两面手法，进攻我们的时机未到或形势对其不利时，就向我们假装妥协，一旦有了进攻我们的机会，就暴露了其狰狞面目。如曾广聘一次勾结日寇与地主武装联合进攻我们，他在大进攻的前一天，还假惺惺写信说，他处境困难，要我们原谅他，企图麻痹我们。

斗争环境虽然残酷，但是我们还是掌握了有利条件，运用有利条件，在斗争中取得胜利。当时进行武装斗争的有利条件是：1. 民族矛盾占据主要地位，各阶层人民激于民族义愤，绝大多数主张抗日，支持抗日；2. 国民党不实行抗战，政治腐败，士气消沉，逃兵游勇到处皆是，不得人心；3. 在农村中建立了民主政权，并且领导了开展减息运动，改善了农民生活，进一步调动广大人民群众对于抗日的积极性；4. 我们占据了广大的农村，日寇只占据几个城镇圩市，国民党政府龟缩在黄羌，因此形成一个农村包围城市的局面；5. 扩大统一战线工作，正确执行统一战线政策。由于以上的有利条件，在中国共产党的领导下，全县人民群众的支持，激发了我军英勇作战、不怕牺牲、敢于胜利的精神，因而能够打击日寇和粉碎日、伪、顽三位一体的联合军事进攻，而取得歼灭日伪大批有生力量，争取日寇小股武装带机枪投降和海匪整营投诚，直到日本投降，解放海陆丰大片河山的辉煌战绩。在长期残酷的斗争中，海丰涌现出大批忠勇的好同志，他们立场坚定，对党对人民无限忠诚，艰苦斗争，不少同志在抗日和解放战争中光荣牺牲。如马克昂、许昌炽、蔡烈、黄盛、钟通、陈柏，以及众多的英烈，都永远留在人民的心中。

附录三 革命人物

李劳工

李劳工（1901—1925），男，原名李克家，城区捷胜镇人。1924年加入中国共产党，彭湃的亲密战友。1922年夏，李劳工在海丰蚕桑局捷胜实验场工作。此时彭湃在海丰开展农民运动，李劳工深受感动，追随彭湃参加农运，成为彭湃的得力助手。1923年，李劳工被选为省农会执行委员，任农工部长兼宣传部委员。后随彭湃到汕头、广州活动。

李劳工在广州入党后随之被党组织选送到黄埔军校第二期学习。1925年5月，国民革命军东征，李劳工受周恩来、彭湃指派，和林务农组织东征先遣队，为东征军作向导，配合东征军进占海丰县城。李劳工负责训练海陆丰农民自卫军，并任农民自卫军大队长，随即被委派为黄埔军校后方主任和东征军驻海陆丰后方办事处主任，不久调任陆丰县组建农民自卫军。6月，东征军回师广州，陈炯明部重新占领汕头，进攻陆丰。9月李劳工在陆丰布置农军抗敌工作后赶回海丰，不幸为田墘反动民团抓获。9月24日上午，李劳工在田墘英勇就义，时年24岁。

梁秉刚

梁秉刚（1900—1932），男，城区捷胜镇人，1925年加入中国共产党。梁秉刚在彭湃的影响下，参加了农会秘密组织"十人团"，负责宣传工作。1927年，参与海陆丰三次武装起义，同年10月，当选为第一届中共海丰县委委员兼宣传部长。1928年4月，梁秉刚受彭湃和县委委托，到香港参加广东省委首次扩大会议。4月下旬，梁秉刚从香港回来后参与领导组织反攻海陆丰县城的斗争。事后，梁秉刚被县委派任三区（梅陇区）区委书记。1929年1月，梁秉刚当选为中共海（丰）陆（丰）紫（金）特委委员兼宣传部长，3月奉调省委工作。1932年，被省委选派到广西特委任书记，在赴梧州途中被敌人抓捕。入狱后，他遭受酷刑，但始终坚贞不屈，视死如归。不久，梁秉刚囚于梧州坎下铁笼内，被毒箭射死。牺牲时年32岁。

张善铭

张善铭（1900—1928），男，又名善鸣，广东大埔县西河镇下黄砂村人。1919年就学于广东省立甲种工业学校，1921年8月参加中国共产党，是中共广东支部第一批党员。1926年秋，任中共海丰、陆丰地委书记，接着任中共东江特委书记，是海丰、陆丰及东江三次武装起义的组织者和领导人之一。1927年11月，被调往广东省委，参与广州起义的准备工作。1928年4月，省委重新安排他到海陆丰领导恢复苏维埃政权。4月10日，他以省委常委、省委东江特派员身份带领赵自选、林甦、梁秉刚、吴齐、欧荣等8人，从香港乘船到海丰。后分两组夜行，当张善铭和欧荣到达汕尾附近时，被国民党民团团长施干修带领民团抓获，囚押于汕尾，次日，被国民党第四军十一师陈济棠部杀害，时年28岁。

杨小岳

杨小岳（1900—1930），男，学名少岳，化名林楚、楚南，城区红草镇新村人。中学毕业后参加海陆丰农民运动。1924年被派往广州工人运动讲习所学习。回海丰后在县总工会筹备处工作。1925年加入中国共产党。1926年任青草区中共党支部组织委员，并当选为共青团海陆丰地委委员，后调任第七区（田墘区）中共区委书记。1927年参与海陆丰三次武装起义胜利后，调任东南特委书记。1928年3月，杨小岳领导各区农军与国民党军队作战。5月，成立陆丰临时县委，杨小岳任委员、常委，与其他领导一起开展反"围剿"斗争。1929年，杨小岳被组织选派到香港参加干训班学习。同年9月，他出席东江特委第二次全会，任特委审查委员。后被东江特委派往潮安任县委书记。1930年5月，出席东江首次工农兵代表大会。9月，奉命与张福海、徐海等12人潜入南澳岛，筹划渔民革命暴动，攻占县城隆澳，成立苏维埃政府。10月初，杨小岳率暴动队伍在鸡笼山下澳头与敌交战，为掩护部队撤退，中弹牺牲，时年30岁。

刘胜信

刘胜信（1904—1936），男，化名陈胜信、亚胜，城区捷胜镇人。1925年于陆安师范毕业。同年，东征军克复海丰后，刘胜信参加农会工作。1926年春加入共青团。同年秋，被派往田墘小学任教，兼七区团委副书记，并加入中国共产党。1927年参加海陆丰武装起义。第三次起义胜利后任七区团委书记。

1928年3月，刘胜信任共青团海丰县委委员，到山区参与保卫根据地的斗争，后潜入县城主持情报工作，并恢复党、团支部和工人组织。1929年，刘胜信任中共海丰县委委员、三区区委书记。同年秋,参与创建红军第六军第十七师第四十九团。1930年秋冬,刘胜信一度在红六军四十九团参谋室工作。东江建彭杨军校后,刘胜信任政治教官。1931年5月,刘胜信调任东江特委巡视员,迁回于海(丰)陆(丰)紫(金)各县巡视。1932年4月,刘胜信被补选为东江特委委员,任团东江特委书记。1933年冬,刘胜信调任潮澄澳县委代书记。1934年7月,任潮澄饶县委书记。1935年1月,调往潮澄揭工作。1936年初,刘胜信被扣上参与"AB团"的罪名,不予审讯处决,时年32岁。1984年12月,诏安县发文公开为刘胜信平反,恢复名誉。

黄 强

黄强(1905—1931),男,原名黄国梁,城区东涌镇人。曾就读海丰蚕桑学校。1923年,参加海陆丰农民运动,1925年,加入共青团,任农民自卫军小队长、中队长。1926年参加中国共产党。1927年4月,参加海陆丰首次武装起义,后同潮汕农军合编为惠潮梅农工救党军,黄强任连长,北上武汉,转战江西、湖南,失败后折回海丰,参加海陆丰第三次武装起义。海丰苏维埃政府成立后,黄强任海丰县军事委员会委员、赤卫队队长。1928年3月,国民党军攻陷海陆丰,黄强与红四师汇合转战海丰、陆丰两县,在公平一带坚持反"围剿"战斗。10月,中共海陆紫特委成立后,黄强任特委军委书记。

1929年7月,黄强指挥消灭公平山区高沙敌据点,使海丰山区根据地连成一片。10月,中国工农红军第六军第十七师第四十九团成立,黄强任政委,率团进攻海丰县城未果。1930年1月,黄强任前方委员会委员,领导全团进军大南山,配合潮(阳)普(宁)惠(来)农民暴动,在排金山战斗中击败敌军。6月,他调任驻香港的中央军委南方办事处工农武装部部长、广东军委员,曾回海丰指导工作并组织策应梅陇的国民党部队兵变,奔波于惠属、琼崖苏区和北江等地,负责统编红军,组织暴动,黄强任红二师政委。1931年初,东江特委重新成立,黄强任特委军委委员。红军改称东江独立师,黄强任师政委兼一团政委。6月,东江特委派黄强回海(丰)陆(丰)紫(金)三县,参加地方土改。同年,黄强被诬为"社会民主党"和包庇"AB团"而遭杀害,时年26岁。1992年11月,经审查,中共汕尾市城区委组织部给予平反恢复名誉。

何丹成

何丹成(1905—1933),男,又名何谭璋,化名刘锡三、刘胜,城区捷胜镇人。他是彭湃、李劳工的亲密战友,是中国工农红军第四十八团的奠基人,是饶平、平和、大埔、诏安四县苏区的重要开创者。

何丹成出身贫困。1922年,同李劳工、何醒农、林务农等在海丰蚕桑局捷胜实验场当劳工。1925年1月,何丹成被选送广州第三届农讲所学习,同年加入中国共产党,结业后被派回海丰开展农运,先后任青坑农会特派员、中共可塘区委执委、共青团海丰地委执委。1926年1月,调任澄海农会特派员,组织澄海县农民武装大暴动。1927年11月,当选为中共澄海县委执委。1929年1月,何丹成受命到饶平恢复县委组织,重建了中共饶平县委和共青团饶平县委,何丹成任中共饶平县委书记。同年8—9月,驻饶平城的国民党蒋光鼐部教导团第十三连向苏区投诚,县委从各乡抽调一批武装骨干编入起义军,成立红军第四十八团。1930年8月,何丹成调任普宁县委书记。1931年4月,何丹成调任饶和埔诏中心县委书记。同年7月,组建工农红军饶和埔诏第三连。几年间,何丹成领导饶和埔诏边区人民,建立了69个乡级苏维埃政府、11个中共区委会,49个乡11万多群众分得土地20多万亩。并在诏安秀篆兴建医院、弹药库,在官陂马坑建立消费合作社,为粉碎国民党反动派的军事"围剿"和经济封锁作出了贡献。

何丹成因积劳成疾,被县委转移到大埔高坡、饶平浮山等地治疗。1933年9月,其行踪被敌发现,后在突围中中弹负重伤被捕,在饶平浮山壮烈牺牲,时年28岁。

黄娘恩

黄娘恩(1883—1928),男,出生于汕尾镇码头工人家庭。15岁到码头当挑夫,1923年参加工人运动。1925年,在汕尾组织挑夫工会,并加入中国共产党。1927年,黄娘恩参加海陆丰三次武装起义,海丰苏维埃政权成立时,当选为县委委员,负责工人运动。后当选为县委常委兼工运委员会主任、东江特委委员。1928年3月,国民党海丰县当局军队攻占海陆丰县城,随后进攻汕尾。黄娘恩组织地方革命工农武装,在半途阻击,接着又组织东南沿海群众千余人,配合红军夜袭盘踞汕尾的国民党军。在东江特委和县委领导下,红军和工农武装万余人攻击汕尾,击毙国民党军营长张应良。后国民党军反扑,革命武装撤退,黄娘恩率常备赤卫队殿后,不幸在奎山村林氏祖祠前中弹牺牲,时年45岁。

谢一超

谢一超(1903—1945),男,原名源禄,城区凤山街道人。1925年,国民革命军第一次东征时参加革命,任海丰县总工会宣传组织委员。1927年加入中国共产党,担任汕尾工联会执行委员会常务委员,参加海丰、陆丰三次工农武装起义。大革命失败后,被国民党通缉。1928年,谢一超逃往南洋等地,继续从事革命活动,组织华侨捐募物资,并组织参与"华侨青年回乡服务团""青抗会""地下学生会""救乡会"等活动,采取各种方式支援祖国抗日战争。1939年,在八路军香港办事处工作,受廖承志、连贯直接领导。日本侵占香港时,谢一超奉命协助东江抗日游击队,护送何香凝及媳妇经普椿、柳亚子及女儿柳无垢等4人由香港经水路到城区域红草,并负责安全保卫工作。1942年农历二月,与蓝训材、袁复等护送柳亚子及其女儿到兴宁。之后,又设法营救被国民党拘捕的部分地下党员及爱国青年何宗汉、袁丕诚等。根据党组织指示,在吉隆设立临时联络点,他负责接待转移从香港抵达吉隆的爱国民主人士及文化界人士邓文钊等四五十人。后与袁复赴韶关,与在韶关的胡乔木、丘海山取得联系,商讨营救革命党人的工作。

日军南侵,粤北等地告急。谢一超奉命返回东江。当时他病魔缠身,沿途受阻,身无分文,行至连平灯塔,病情发作,大量吐血,无法行走,蓝训材送他回汕尾治病。1945年8月,日本投降,谢一超病逝,时年42岁。

蔡 烈

蔡烈(1909—1941),男,1909年出生于城区东涌镇步美村一家殷富家庭。1925年就读于海丰陆安师范,1927年加入中国共产党,是海陆丰青抗会主要负责人之一。1927年2月15日,蔡烈在彭湃的推荐下,出席国民党第二区党部改组召开的全区第三次代表大会,当选监察委员以及可候补委员。1927年11月,蔡烈受彭湃的委派,回步美村发展农会和赤卫队组织。1929年,蔡烈受国民党悬红通缉,被迫离开海陆丰到香港谋生,他在香港无法藏身,后只身到南洋谋生。1936年底,蔡烈和蓝训才重逢,重回党组织。1938年，蔡烈在郑重的指示下，在田墘、捷胜、遮浪一带发展中共党员，随后成立海丰第四区青抗会，开展抗日救亡运动。1938年11月，郑重指示蔡烈等组建海丰第四区委会，蔡烈任书记兼组织委员，并担任海陆丰中心县委委员。蔡烈协助海陆丰中心县委为曾生新编抗日部队提供物质保障，把自己家的七间大屋和8片盐町卖掉，献给曾生新编抗日部队当物资。1940年10月，蔡烈任海丰县委组织委员。1941年3月，由于汉奸告密，日军包围步美村，蔡烈为救村民和革命同志，吞掉同志们的名单，引开日军，最后被日军抓获，壮烈牺牲，时年32岁。

许昌炽

许昌炽（1919—1946），男，1919年7月11日生于城区捷胜城北一个没落的书香世家。1937年七七卢沟桥事变发生后，在小学任教的许昌炽踊跃投身于抗日救亡行列。1938年，参加捷胜青年抗敌同志会，并加入中国共产党。许昌炽按照党的指示，积极开展地下党工作，先后到捷胜文亭学校、西郊学校等小学任教，积极开展革命活动。是年9月，东江华侨回乡服务团（简称"东团"）海陆丰队抵达海丰，海陆丰中心县委将许昌炽等6名男女骨干抽调到"东团"工作，1940年6月，许昌炽遵照"东团"总团的部署，回到海丰捷胜，仍以教书为公开职业，从事地下党的活动。1941年，捷胜区委成立了青年党支部，许昌炽为支部书记。1945年春，许昌炽的地下党领导身份暴露后，受到国民党的追捕，上级党组织即把他调到东江纵队第六支队参加武装斗争，并委任他担任新四区的第一任抗日民主政府区长，区武装大队政委。抗日战争胜利后，许昌炽继续参与领导反抗国民党反动派的武装斗争。1946年4月3日，在径口岭阻击敌人、掩护同志时不幸中弹牺牲，时年27岁。

徐丽卿

徐丽卿（1911—1928），女，城区凤山街道人。大革命时期加入共青团，从事宣传工作，动员民众参加农会；创办妇女夜校，发动妇女学文化，编写《平民千字歌》，教唱革命歌曲，宣传革命道理。1928年3月，徐丽卿刚从汕头参加学生代表大会回汕尾不久，在后径村其母姨家被捕。她顶住敌人的毒打利诱，坚贞不屈，后在汕尾曝网埔英勇就义，时年17岁。

江国新

江国新（1916—1948），男，又名江彪，城区红草镇人，1947年加入中国共产党。1945年，江国新加入抗日游击队，负责蓝训材的保卫工作，多次救蓝训材脱险。

抗战胜利后，东纵北撤，江国新留在海陆丰地区坚持武装斗争。1947年，钢铁、天雷两支武装队伍成立，江国新任天雷队队长，多次率部作战，威震敌胆。1948年8月，江国新率部袭击驻守青坑的国民党联防队，在组织突击冲锋中，为掩护副班长谢槐而中弹牺牲，时年32岁。

张肇志

张肇志（1906—1928），男，城区红草下村人。在陆安师范读书时，深受彭湃组织出版的《新海丰》《赤心周刊》等刊物影响，立下革命救国的志向。1923年参加五一节示威游行。1925年，以优异成绩考进中山大学，任中大共青团支部书记，曾发表《海丰的青年》一文，分析和总结海丰青年运动的经验和成绩，影响很大。当时平民教育兴起，每逢假期回乡时，他自办平民夜校，传授文化和进步思想。1927年4月15日，国民党反动派在中山大学大肆搜捕革命同志,张肇志于当日便发动学生为难友捐款,夜间参与张贴标语、发传单的活动,抗议反动派的暴行,呼吁社会人士营救被捕学生。为了营救革命同志,他不顾个人安危,拒绝离开广州,不久被捕,1928年农历正月十九日就义于"惩戒场"门前的竹树坡上,时年22岁。

何粼芳

何粼芳(1892—1928),女,城区红草人,生于柬埔寨贡布省贫苦华侨家庭。12岁时与童养夫周叟一起被送回婆家海城名园。次年,周叟去柬埔寨后便杳无音信,她只得自谋生活。1913年在民生布厂做工。1923年该厂组织工会,她当选为执委,从此一直在工会工作。1925年加入中国共产党,1926年任南丰布厂党支部书记和县妇协执委。1927年底,海陆丰第三次武装起义胜利,她以工人代表身份当选为海丰县苏维埃政府委员。大革命失败后,转移到山区坚持斗争。1928年10月,在南垭召开乡民会议后回队伍途中,遭敌人袭击,中弹被捕。敌人将她连同椅子一起捆绑,抬回县城。何粼芳于途中咬断舌头,壮烈牺牲,时年36岁。

蔡 俊

蔡俊(1910—1932),男,出生于城区捷胜小商贩之家。1923年参加农会,1925年加入共青团。曾任陆丰团特支第三组长、支部书记、团县委书记、临时县委委员等职,1930年,任团东江特委书记,次年,调任团香港市委书记。1931年秋,调回大南山共青团东江特委工作,因反对"AB团"斗争,再回香港做地下工作。1932年秋,因党内叛徒廖卓凡告密,被捕入狱,随即被引渡到上海,不久转解广州,11月2日在羊城牺牲,时年22岁。

徐达章

徐达章（1898—1927），男，城区马宫浪清人，中共党员，1925年参加革命，曾任海丰县临时县长。1927年6月在海丰县城被捕杀害，光荣牺牲，时年29岁。

林 礼

林礼（1900—1930），男，原名林鲁，曾用名林兆龙，汕尾市城区捷胜镇东门社区东门街人，中共党员。早年参加彭湃领导的海陆丰农民运动，是广州农民运动讲习所第六期学员。1929年11月底接受中共广东省委的指派，到广西省龙州负责指导左江地区的党务和农运工作。同年12月15日，任中共龙州县委组织委员，积极参加龙州起义的各项筹备工作。1930年2月1日参加龙州起义，任左江革命委员会秘书长，兼任邓小平秘书，在广西参加革命斗争中，林礼兼任文化委员会主席，左江特委委员。1930年3月20日，不幸被捕，壮烈牺牲，时年30岁。

彭 铿

彭铿（1906—1928），女，又名彭坚、彭贤、彭淑娟、彭淑媛。生于海丰县城，幼儿时被送东涌铜锣寨唐姓人家作童养媳，系黄强妻子，1925加入中国共产党。是大革命时期海陆丰妇女运动"七颗明星"之一。1923年进入农讲所受训时，与章行等人组织成立海丰妇女解放协会，当选第一届海丰妇女解放协会会长，并加入共青团。同年9月，到广州参加团员训练班，回来后被派到陆丰组织妇女解放协会，被选为会长。1927年底，海陆丰第三次武装起义，彭铿参加战斗及以后的建政工作。1928年3月，国民党军队攻占海陆丰县城，她随林铁史转战于陆丰碣石内洋，后转移到田墘、东涌一带活动。后来,在东涌青龙山与组织接头时,被敌人逮捕,不久遭杀害,牺牲时年22岁。

赖月婵

赖月婵(1903—1929),女,生于海丰县城贫农家庭,捷胜籍革命烈士梁觉群妻子。1925年东征军入海丰时,参加海城民生布厂女工罢工斗争,同年参加中国共产党。1927年10月,参加妇女军事训练班,接受严格训练。后担任海丰赤坑区妇女主任,组建有400多人的妇女"粉枪队"。1928年,赖月婵率"粉枪队"参加东江年关大暴动,同年夏,敌军攻占海陆丰县城,赖月婵带领"粉枪队"在可塘、田墘等地开展游击战。1929年初,丈夫梁觉群在战斗中牺牲,赖月婵在一次化装出村执行任务时,被敌人跟踪逮捕,押回县城监狱。此时她已怀孕六个月,经受严刑拷打,毫不畏惧,不久遭杀害,时年26岁。

陈演生

陈演生(1875—1952),男,原名汉生,城区红草镇西河西门村人。清末秀才,曾留学日本并参加中国同盟会,后在广州、新加坡等地参加倒袁护法运动。1918—1920年,在粤军总司令部任政务处长。1921年,任广东电政监督,后在香港开设当生隆糕粉厂,任旅港海陆丰同乡会会长。1946年中国致公党总部在香港成立,他是组织者和领导者之一。1947年,致公党在香港举行第三次代表大会,陈演生当选为致公党中央主席团成员兼秘书长,协助陈其尤主持致公党总部工作。1949年,陈演生应邀出席全国政治协商会议第一届全体会议,当选为全国政协第一届委员会委员。新中国成立后,被任命为政务院政法委员会委员。1950年4月,陈演生当选为中国致公党第四届中央主席团成员。1952年8

月,在香港病逝,享年 77 岁。

刘锦汉

刘锦汉(1900—1987),男,城区捷胜镇人。1922 年,参加海陆丰农民运动。1929 年后,先后在柬埔寨、澳门、香港和厦门等地任中、小学教员。1937 年,在香港任南洋救亡总会驻香港办事处主任和东江华侨回乡服务团主任,从事抗日救亡工作。1949 年 2 月,加入中国致公党。新中国成立后,刘锦汉历任广东省人民政府交际处招待所所长、广州市各界人民代表大会代表、中国致公党第四届至第八届中央委员会委员、第五届全国政协委员。1952 年后,相继任致公党中央办公厅副主任、中央委员会副主任职务。他在联系归侨、侨眷、海外侨胞和港澳同胞,宣传改革、介绍祖国家乡新貌,团结"三胞"支援祖国建设事业等方面作出了积极贡献。1987 年因病去世,享年 87 岁。

林务农

林务农(1904—1999),男,城区捷胜镇人,1924 年加入社会主义青年团,1925 年加入中国共产党,是彭湃亲密战友。1922 年冬,在海丰蚕桑局捷胜实验场工作,并追随彭湃参加农民运动。1923 年,到六区(今青坑一带)组织农会,后参与彭湃组织的"十人团",继续领导农民斗争,同时负责海丰经香港转广州的交通情报工作。1924 年秋,因受国民党反动派监视,撤往广州,从事工人运动。1925 年 2 月底,林务农随东征军回海丰,建立农民自卫军,并主持在国民党统治区的中共党支部等工作。第二次东征胜利后,先后任共青团海陆丰地委宣传委员、书记等职。1926 年冬,调任中共陆丰县西北特支书记。1927 年,林务农两次参加海陆丰武装起义。此后任中共潮安县部委书记。同年 11 月初,回到海陆丰任第五区（今汕尾市区）区委书记。1928年3月，国民党军攻陷汕尾，林务农领导工农武装在附近山岭反"围剿"。当年冬天，反动派日夜上山搜索，林务农与县委失去联系，遂秘密乘船前往香港找省委，因省委机关遭破坏，即往新加坡参加地下党工作，不久调往暹罗（泰国）。1929年底被捕，被泰国当局判刑16年。至1939年遇大赦，提前释放。林务农获释后回国参加东北华侨回乡服务团。1940年，曾生、王作尧抗日游击队东移海陆丰，林务农常带秘密文件给海陆丰中心县委负责人转交曾生。1941年，林务农受海陆丰中心县委委派，前去海岛劝说海匪参加抗战。新中国成立后，林务农在广东省民政厅工作，后调广东省文史研究馆工作。1999年因病逝世，终年95岁。

郑思群

郑思群（1912—1967），男，城区凤山街道人。1926年参加共青团，次年加入中国共产党。大革命和土地革命战争时期，历任共青团汕头市青年工人部党团书记，上海中国社会科学研究会研究部长、党团书记，共青团白区中央局宣传部副部长，共青团江苏省委宣传部长、组织部长等职务。大革命失败后，东渡日本，考入东京第一高等师范。因进行反帝斗争活动，被日本当局驱逐出境。回国后在汕头友联中学执教，因宣传马列主义被校方解职。1931年，郑思群改名再赴日本。九一八事变后回国，在上海从事党的地下工作。其间，郑思群两次被捕入狱，均获释。1936年，郑思群第三次赴日，考进日本大学社会科学系，继续研究马列主义。抗战爆发，郑思群回国参加抗战，历任八路军总政治部特工科长，一一五师三四四旅宣传科长、敌工科长，冀鲁豫军区宣传部长兼军法处长等职。1942年，为掩护地方党政转移而身负重伤，受到军区的通报表彰。解放战争期间，郑思群任一纵一旅、三旅副政委兼政治部主任。后随刘邓大军挺进大别山，历任豫皖苏第一、第八军分区副政委、代理地委书记，第二野战军女子大学副校长兼副政委。

新中国成立后，郑思群任西南军政委员会文教委员和西南人民革命大学总校教育长。1951年冬，参与领导重庆地区高等学校知识分子的思想改造，被派任重庆大学党委书记兼校长，一直工作到"文化大革命"。1967年8月，被迫害致死，终年55岁。中共十一届三中全会后，为其平反昭雪。1979年3月，重庆大学为郑思群召开追悼会。

郑　重

郑重（1915—2003），男，字千里，乳名灶和，曾化名汉色、子明，城区凤山街道人。1927年参加海陆丰农民运动。1936年在广州加入中国共产党。历任中共广州市工作委员会宣传干事，中共海陆丰中心县委书记，东江特委宣传部长，东江前线特委组织部长、副书记，东江纵队第六支队政委，华野十纵教导团（师级）政委。曾参加济南战役、淮海战役和渡江战役。1937年12月，郑重接受广东省委派遣，回到家乡汕尾恢复和发展党组织，为海陆丰党组织的恢复和发展、培育和壮大革命武装力量、开展抗日救亡活动做了大量卓有成效的工作，发挥了重大作用。1949年8月，随军解放福建省并进驻福州市，任福州市副市长。新中国成立后，历任福建省福州市副市长，上海江南造船厂厂长，上海电机厂厂长、书记，福州市委第一书记，三明地委书记兼市长，厦门市委书记兼市长，福建省船舶工业公司董事长。

郑重担任上海江南造船厂和上海电机厂厂长期间，带领广大职工和技术人员先后成功制造了中国第一艘潜艇、第一艘五千吨货轮、第一艘万吨级海轮、第一台万吨水压机，世界第一台6000

千瓦双水内冷发电机。

郑重从小喜爱书画，20世纪30年代为广州艺协骨干。在担任福州、厦门市委书记期间，被誉为"市长、书记画家"。1994年，《郑重书画集》《拾遗集》由广州花城出版社出版发行。2000年，被世界华人交流协会国际专家委员会授予荣誉博士称号，2002年，被国际美术家联合会授予"中国古今美术名家"称号，以后又被国家文化部、文化艺术人才中心、中国文联、艺术指导委员会等单位相继授予"世界华人艺术家""中国历代书画名家""中国美术五百强""中国书画五百强""中国翰墨名家""当代著名画家"等称号。

新中国成立后，郑重偕同夫人黄瑛多次回汕尾故乡。1986年，郑重将其故居"沁园"赠送给当地作老干部之家和粤赣湘边纵老战士联谊会会址。1987年12月，郑重回汕尾又将市区新兴街的一座大楼捐赠给地方政府创办继彭小学。

2003年12月，在福州市逝世，终年88岁。

杨成志

杨成志（1902—1992），乳名浩，字有竞，中国致公党党员，城区凤山街道人。

1923—1927年，就读于岭南大学文科历史系。其间主编了《南大青年》《南大思潮》《南风》等刊物。1927年后在中山大学语言历史研究所工作。1928—1930年赴云南少数民族地区调查，发表了中国最早的民族学实地调查著作。1932年毕业于巴黎人类学院，翌年获得巴黎大学民族学博士学位。

1942年，杨成志返回故乡海丰县考古，在沿海捷胜镇沙坑、遮浪镇施公寮等处，发现了新石器时代先民遗址，从中发掘出石器、陶器1000多件献给国家（保存在中山大学研究院），进一步加深对广东史前文化和广东人民之来源的研究和了解。

杨成志是中国当代著名考古学家、人类学家、民族学家、民俗学家、博物馆学家，历任岭南大学、中山大学、中央民族学院教授，通晓英、法、德等国家语言，治学态度严谨，学术造诣精深，发表论文近200篇，共300多万字。研究领域涉及人类、民族、民俗、语言、考古和博物馆等学科。译著、专著近20部。专著有《毋忘台湾》（郭沫若作序）、《云南罗罗族论丛》（蔡元培题书名）、《罗罗族文字与经典》（法文著作）、《人类科学论集》、《广东人民和文化》等。多次出席各种国际性学术研讨会。足迹遍及英国、日本、比利时、梵蒂冈、意大利、苏联、美国等。在国内，长期深入粤、桂、滇、黔、川等边远民族地区，调查研究，搜集资料，拓展考古学问。《云南通志》称："国内研究罗罗专家，以杨氏为巨子"。杨成志历任致公党中央委员会第七、八届委员，第九届咨议，中国人类学会、民族学会、民俗学会、民间文艺研究会、民族古文研究会等机构领导职务。1992年5月，杨成志因病在北京逝世，终年90岁。

郑继斯

郑继斯（1914—1967），女，小名丽华，又名郑惠，城区凤山街道人。14岁考上海丰初等师范时改名郑继斯。16岁在广州逸仙医院高级护士学校读书。日军入侵东北三省时，郑继斯与堂弟郑重积极参加抗日救亡活动。1935年，作为学生骨干参加一二·九抗日救亡运动。1936年7月，加入中国共产党。1937年7月在同济医院当护士，同时担任党的地下掩护和联络工作。同年10月，奔往革命圣地延安，任延安抗日大学九队支部组织委员。1938年5月，郑继斯任抗大第三大队第五队指导员。次年4月，进中央党校学习。1941年，郑继斯与当时在军事学院执教的宋时轮结婚。同年 5 月，调到八路军门诊部任政治协理员。日军投降后，郑继斯在北平军调部人事处工作。以后相继任胶东莱东县委委员兼组织部长，渤海高苑县委委员兼组织部长，渤海高青县委副书记、代书记兼组织部长，上海沪东区委委员兼组织部副部长等职。1951 年 6 月，调到中央组织部工作。1952 年，在上海开展"三反""五反"运动。以后调往南京，先后担任江苏省工业部重工业处副处长、国营南京机床厂党委书记、南京监委会副书记及江苏省工业厅副厅长。1958 年 9 月，郑继斯调往北京，先后任二机部（核工业部）十二局副局长、党委副书记，二机部党委副书记、政治部组织部副部长。1967 年 12 月，郑继斯逝世，终年 53 岁。

余国强

余国强（1907—2002），男，原籍海丰县，后定居于汕尾庙前街。1926 年参加海陆丰农民革命运动，1927 年加入中国共产党，任海丰南塗乡党支部宣传委员。1928 年冬转移到马来亚，继续投身革命。1930 年加入马来亚共产党，任马来亚太平市工、农、学革命组织负责人。后转移到新加坡成立吉隆坡青年抗战后援会地下组织，创办《青年半月刊》至抗战胜利。1946 年加入中国民主同盟，任马来亚柔佛州居銮市主任委员，从事民族解放事业。1948 年，以归国华侨的身份在汕尾庙前街创办红海书店，宣传中国共产党的理论。1950—1954 年任惠州军区（后为粤东军区）"22 号"驻汕尾工作队负责人。1954—1965 年，先后当选海丰县和汕尾镇三届人大代表、广东省侨联代表；相继任汕尾镇归国华侨联合会第一至第五届主席和海丰县归国华侨联合会第一至第五届副主席。政协海丰县第一届委员会常委。1983 年离休。2002 年在深圳医院病逝，享年 95 岁。

缪振业

缪振业（1917— ），男，城区红草镇人。11岁时，在海陆丰农民运动中，加入少先队和儿童团，接受革命熏陶。1937年参加革命，1938年加入中国共产党，曾任东江纵队支队税站党支部书记。解放战争时期，任陆丰县人民自卫队总队副官、总支部书记；新中国成立后，相继任海丰县财委副主任、财政科长，县政府党总支部书记。1953年任海丰县第一区区长，后调任县粮食局长，县供销总社主任。1954年任海丰县副县长，1955年任海丰县县长，1979年任中国银行惠州支行副行长至1984年离休。

林树岳

林树岳（1904—1982），男，后改名林悠如，城区捷胜镇人。1925年毕业于广东省立甲种工业学校，回县后随彭湃、李劳工等从事农民运动，在海城创办《海丰民报》，同年加入中国共产党。1927年，海陆丰工农武装夺取政权，成立苏维埃政府，林树岳被任命为陆丰县县长、县委常委。海陆丰工农政权受反扑失败后，林树岳遭国民党通缉追捕，逃往澳门参与起义，失败后往广东高明县三洲隐蔽，改名林悠如。1931年夏，林树岳在广州的明远、实践等中学任教，并从事文学创作，以杜康、杜琏、林越等笔名在《大众文艺》《小说月刊》等杂志发表作品。抗战初期，在广州与叶启芳、肖隽英等合办报刊，鼓励抗日救国。1938年广州沦陷，即往香港在德明中学任教，并参与编辑《世界知识》杂志。1941年底，日军侵占香港，林树岳回乡避难，在田墘筹办白沙中学，为第一任校长。1943年，又筹办捷胜中学，任校长。1946年，林树岳再到广州、香港执教。广州解放前夕，林树岳秘密进入东江游击区，参加湘粤赣边区纵队教导营，随大军解放广州。

后相继任广州国民大学副教务长、中文系主任,华南联合大学中文系主任,江西大学中文系主任。1973 年,林树岳离休回广州。1982 年在广州逝世,终年 78 岁。

黎　诺

黎诺(1930—1989),男,城区凤山街道人。青少年时曾在坎白中学(汕尾中学前身)、海丰中学和广东省立高级水产学校读书。读书期间加入中国共产党。1949 年 5 月参加中国人民解放军,相继在青龙队、粤赣湘边纵队一支队、东江军分区海丰大队、华南军区独立一团和七团任文化教员、青年团支部书记、副政治指导员、党小组长、党支部委员和秘书等职。1952 年调任东北人民大学、长春地质学院任系党支部书记,翌年被选拔考进北京俄文专修学校留苏预备班。1954 年 8 月赴苏联留学,在涅茨工业学院地质系深造,担任中国留学生负责人和党支部书记。1959 年毕业后回国分配在地矿部地科院从事地质科学研究,任工程师、副研究员等职,著名矿相学和矿床学家。在 20 世纪 60 年代初期,首先提出长江中下游铜矿床具有层探特征,矿源层和地液泥成矿原理,并逐步发展成完整的理论。多次在冶金部属部门作科学报告。著有《中国矿床及成矿理论》《地液成矿论》等。他长期从事地球内部结构研究,通过对地震波和各种物探测定数据的大量数学运算和研究,基本完成了《地球空心论》一书。1989 年 7 月 7 日因病逝世,终年 59 岁。

翁　域

翁域(1914—2001),化名洪涛,男,城区凤山街道人,1937 年 12 月加入中国共产党,在郑重的培养下组织成立中共汕尾支部,并任党书部书记。解放后相继任海丰县一中、二中(汕尾)、四中(赤坑)校长。1983年离休后(享受副厅级待遇),热心汕尾教育事业,与余双福、陈绍民、蔡存养、林俊才、张云飞、苏戴欣、林昭存、吕岗、林昭汉等10名离退休干部(当地称颂为"十老")创办汕尾中等职业学校,亲任校长,后任董事长。曾编著《海陆丰第一、二次国内革命战争大事记》《李劳工传》《杨望传》,参与《彭湃传》的编写工作。1983年荣获全省和全国"老有所为精英奖"。1985年受海丰县人民政府记大功1次。2001年5月逝世,享年87岁。

何 竺

何竺(1918—1972),男,又名何世汉、何杰中,中共党员,城区捷胜镇人,副厅级干部。1938年11月参加中国共产党。何竺入党后即参加革命工作,任中共海陆丰中心县委第四区(捷胜)委员会宣传委员。在抗日战争和解放战争中,出色完成了党交给的任务。新中国成立后,历任华南财委办公厅主任,广东省建筑工程局局长,广东省科委副主任、党组副书记。为广东省的基本建设和科学技术事业的发展,做了大量的工作。"文化大革命"期间,遭受"四人帮"迫害和打击,1972年2月3日逝世,终年54岁。1981年获平反恢复名誉。

苏 惠

苏惠(1909—1996),女,原名庄启芳,又名苏蕙,原籍汕尾市田墘,童年时代,被送往捷胜梁良萼家当童养媳。1925年加入中国共产党。曾任海丰县妇委委员、县苏维埃政府委员。1928年兼任湖田洞8个乡的政治指导员,因工作出色荣获列宁奖章。后因海丰党组织受到严重破坏,与党组织失去联系,1928年春赴新加坡、暹罗任中学教员。1935年赴香港在中共南方工委从事组织工作,后任中共韩江工委组织部部长。1945年为中共七大代表。新中国成立后,历任广东省妇联第一届副主任,国家侨委司长,全国侨联一届常委、二届副主席、三届顾问。第二、三届全国人大代表,第五、六届全国政协委员。

郑云湘

郑云湘(1906—1967),男,又名郑敦厚,生于汕尾,1925年加入中国共产党。1927年大革命期间,任汕尾市苏维埃工会委员,大革命失败后流亡香港。1942年1月香港沦陷,他接受香港地下党组织交给的任务,配合谢一超等人护送爱国民主人士何香凝及其儿媳妇经普椿、文化人士柳亚子及其女儿柳无垢抵达海丰。事后,何香凝画一老虎、柳亚子题"爱国"二字送给郑云湘。解放后,郑云湘从香港回汕尾,先后在城建部门、水产部门工作,后被无端扣上"反革命"帽子开除,1967年清理阶级队伍时被迫害致死。1987年平反恢复名誉。

杨耿仪

杨耿仪(1916—1987),男,生于汕尾。抗日战争爆发后,与妻子郑芸一起参加抗日救亡运动,是海丰县青年抗敌同志会发起人之一,1938年五六月间,夫妻双双加入中国共产党。杨耿仪当时公开身份是海丰县青年抗敌同志会财务联络干事和汕尾区会常务干事,在地下党工作中任海陆丰中心县委青年委员。1940年春,青抗会被国民党强行解散后,他受中共海丰县委委托,与青抗会骨干在汕尾中巷口成立同兴堂盐店,抢运官盐至香港,把盈利作为经费上缴东江特委。同时配合郑悦农组织外港渔船秘密运载东移汕尾的曾生部队后勤人员往香港。1941年春,日军登陆汕尾,汕尾沦陷,杨耿仪一家逃难捷胜,中断了与组织的联系。后又避难到广州仲恺农校教书，又曾回到汕尾青龙山盐场和汕尾文亭学校任职。1948年到香港海陆丰公学教书。1949年8月经香港地下党组织批准，回到陆丰河田山区重新参队。新中国成立后，从部队转业地方，后到海丰一中和海丰师范学校教书。1959年清队时被开除出队，1963年由汕尾镇安排在群联小学教书，"文化大革命"期间受冲击，随家庭下乡。1975年回城安排在汕尾镇联中教书，1982年平反落实政策，在汕尾中学教书至离休。1987年农历五月初九日因心梗去世。

林昭存

林昭存（1909—1990），男，出生于汕尾盐町头村，1927年11月参加共青团，1944年参加中国共产党。早期在党的领导下从事宣传工作，1928年大革命失败后，疏散往香港、广州等地。1938年10月参加海丰民众自卫团独立第五中队，任第一小队队长，武装中队解散后直接参加地下党组织，以资方合办的"同兴堂"盐运公司为掩护筹集经费，帮助革命同志转移或支援革命。1941年12月，他被国民党以"危害国民罪"逮捕入狱，1943年6月释放。1944年入党之后，先后任东江纵队抗日六支队大队指导员、东纵司令部军需处盐厂主任。1945年10月海丰出现白色恐怖，党为保存力量进行长期斗争，号召非武装战斗干部暂时疏散，他经组织同意往香港，与留港海陆丰县委同志一起创建旅港海陆丰公学并任董事。1948年被派回到海陆丰人民自卫队迎接大军南下，历任海南区人民自卫委员会主任、海南区工作委员会主任、粤赣湘边纵一支五团政治处支前主任、海丰县人民政府主任秘书和汕尾军管会委员秘书。汕尾解放后，林昭存历任海丰县五区人民政府区长、土改大队副大队长、华南公路工程指挥部材料调拨科副科长、广东养殖公司海丰县海水养殖场场长、海丰县政协筹备委员会秘书长、汕尾镇工会主任等职，1962年被评为海丰县老革命。粉碎"四人帮"以后，当选为海丰县总工会第八届委员会常委，政协海丰委员会一届、二届常委，汕尾联络处主任。在他晚年时，又与其他九位老同志一道创办了汕尾公学（后改称为汕尾中等职业学校），成为当地"十老办学"的创始人之一。

陈 琼

陈琼（1917—1977），男，出生于城区红草镇东宫村贫农家庭，汉族，初小文化，1948年1月参加中国共产党。1944年5月参加东江纵队第五大队，在红草一带参加战斗。1946年组织安排他前往香港做地下工作，同年9月组织安排他回青草、南雅、新厅一带参加游击队，后任天雷队组长，陈琼作战勇敢机智，多次受上级表扬奖励。后与黄平一起参加开辟海南区工作，组织建立武装民兵、成立乡镇级政权工作。1948年3月，海鹰武工队（简称海鹰队）成立，他当首任队长，任队长期间，多次组织作战或与天雷队配合作战，战绩显著，威震敌胆。1948年底任中共海南区总支委员会保卫委员。1949年先后任青马镇人民政府镇长、书记。后历任海产公司联络主任，梅陇区书记、区长、县委委员，海丰县盐务局党委书记。1977年在工作中去世。

黄 平

黄平（1924— ），男，出生于捷胜大巷村，原籍东涌镇龙溪村，1947年加入中国共产党。1940年由罗烈忠介绍参加中共地下党组织，在读书会里经常组织群众，宣传抗日救国的道理。1943年参加惠海行商护路队，1944年在护路队任事务长。1945年1月，护路队改为东纵第六支队第三大队（独立大队），黄平任副官。1947年3月由蓝训材、刘云龙介绍入党。1947年6月10

日,在闪山武工队任政治服务员,发动群众、实行减租减息、组织民兵、收缴民间武器等等。1948年1月,受上级委派,开辟海南区工作,组织建立武装队伍、开展武装斗争、建立流动武装税站、开展民运、成立乡镇人民政权等工作,并与陈琼一起,成立海鹰武工队,陈琼任队长,黄平任指导员,配合天雷队进行作战,扩大胜利成果,为实现海丰县的全境解放作出了贡献。7月,海南区党总支部成立,黄平任党总支书记。

1950年1月黄平回海丰,7月调任海丰县人民法院副院长。1951年下放梅陇参加土改,被评为土改模范。1953年先后被调任海丰县财政科副科长、科长。曾遭政治运动冲击,后平反恢复名誉,在海丰财政局工作,1983年离休。

杨 蓬

杨蓬(1914—1996),男,又名杨大蓬,出生于汕尾市城区东涌镇步美村,1938年加入中国共产党。他少年时就参加革命活动,任少先队队长。大革命失败后,杨蓬和父亲杨怡昭避难到捷胜、汕尾等地以打工为掩护为党组织当眼线刺探情报。1931年,父子回步美村负责联络汕尾、田墘、捷胜、遮浪、东涌、青坑一带的地下交通联络工作,多次圆满完成交通联络任务。1933年,在杨蓬家正式设立地下交通站,杨蓬当站长负责对外工作,父亲负责留守,联络范围扩大至埔仔峒、大安峒、九龙峒等联络点。1938年,杨蓬参加了中国共产党,并归属地方武装部队。1940年夏秋之际,杨蓬出色完成接应从香港运送来的枪支、药品任务,并通过各地下交通站安全转移到据点。1945年他被编入粤赣湘边东江纵队,任某五团海南区副官,负责海丰、汕尾、东涌、田墘、捷胜一带的地下交通站,其间圆满完成中心县委地下党的转移工作;培养发展了十多名进步青年入党;动员并输送近百名进步青年到部队参加革命,为党发展革命力量作出较大贡献。

1948年杨蓬任流安乡政府乡长,增设了税站和乡政府(设在杨蓬的家里),仍继续做好地下交通工作,深入组织当地群众与敌人作斗争,配合武装队伍有力打击敌人,成为敌人惧怕而被"悬红"通缉的英雄人物。

新中国成立后,杨蓬历任海丰七区土改队长兼区委副书记、八区区长,汕尾酒厂书记;组建汕尾搬运站并任书记。多次被县和省评为先进个人和典型模范。"文化大革命"时期被打为"走资派",1968年进入五七干校劳动,1970年7月平反离休,1996年9月8日在汕尾病逝。

梁 峰

梁峰(1930—),男,大专学历,城区捷胜镇南村人,1946年加入中国共产党。1945年5月参加抗日活动,成为东江纵队第六支队战士,东纵北撤后,任青马游击区民运队长。1949年7月任捷胜镇第一任镇长。同年9月,任田(墘)、捷(胜)、遮(浪)、流(安)四个乡镇工作委员会副主任。新中国成立后,先后任海丰县公安局政保股长、副局长。1961—1962年任大埔县第二中学校长、党支部书记。1963—1979年先后任潮安县教育局科长、局长。1980—1982年任潮安县人民法院副院长、县司法局局长。1983—1988年6月任潮安县人民检察院检察长、党组书记。1988年7月调任汕尾市人民检察院检察长、党组书记,当选为中共汕尾市委第一届委员会委员。1995年秋离休。

附录四 革命烈士纪念碑

一、汕尾市城区革命烈士纪念碑

汕尾市城区革命烈士纪念碑位于市城区东涌镇横岭山（公墓山）。该纪念碑建于 2015 年，碑高 6.2 米、宽 1.32 米，是为纪念大革命时期、土地革命战争时期、抗日战争时期和解放战争时期牺牲的城区籍革命英烈而建造。

横岭山革命烈士纪念碑（何夏逢摄）

二、双英纪念碑

双英纪念碑（"双英"即黄强、彭铿伉俪）位于汕尾市城区东涌镇横岭山（公墓山）上，该纪念碑占地 20 平方米，保护面积约160平方米,立碑高度1.88米,碑正面刻有"双英纪念碑"5个大字。

双英纪念碑(何夏逢摄)

三、李劳工烈士纪念碑

李劳工烈士纪念碑位于捷胜镇北门外狗地山上。建于1956年,碑座长、宽各1.5米,高0.7米。碑身宽0.77米,厚0.5米,高4米,正面直书"烈士李劳工之碑"7个大字,字径2.3米×0.18米。

李劳工烈士纪念碑(何夏逢摄)

四、捷胜革命烈士纪念碑

捷胜革命烈士纪念碑位于捷胜城北门外狗地山上李劳工烈士纪念碑右侧前面。建于 1956 年,碑座长、宽各 3 米,高 1.14 米。碑身宽、厚各 1.2 米,高 6.5 米,正面直书"革命烈士纪念碑"7 个大字,字径 0.4 米×0.58 米。这是为纪念捷胜区在第一、二次国内革命战争时期以及抗日战争和解放战争时期牺牲的革命烈士而建的,碑刻有 105 名烈士名字。

捷胜革命烈士纪念碑(何夏逢摄)

五、鼎盖山革命烈士纪念碑

位于市区鼎盖山的革命烈士纪念碑,重修于 1999 年,总面积约 6000 平方米。该纪念碑是城区委、区人民政府为纪念自大革命时期至解放战争时期,在汕尾这片红色土地上为人民解放事业而壮烈牺牲的革命烈士建造。

鼎盖山革命烈士纪念碑

附录五 红色革命遗址

1. 海陆丰人民自卫队芦列坑突围旧址（凤山街道芦列坑村）
2. 海丰县工农革命军团队战斗遗迹（琉璃径岭）（凤山街道奎山社区）
3. 抗日第五独立游击中队活动遗址（文亭）（凤山街道文亭社区）
4. 海丰县青抗会活动遗址（关帝戏台）（凤山街道联兴社区）
5. 汕尾接应抗日新编大队交通情报点遗址（凤山街道联兴社区）
6. 海陆丰中心县委遗址（继彭小学）（凤山街道凤照社区）
7. 海陆丰中心县委经费筹备处遗址（凤山街道凤照社区）
8. 汕尾海上运输联络站遗址（凤山街道凤照社区）
9. 汕尾党支部、第五区青抗会旧址（凤山街道凤照社区）
10. 抗日新编大队汕尾联络站旧址（凤山街道凤照社区）
11. 海丰县青抗会活动遗址（妈祖戏台）（凤山街道凤翔社区）
12. 抗日新编大队领导人隐蔽旧址（凤山街道凤翔社区）
13. 汕尾市城区革命烈士纪念碑（凤山街道凤翔社区）
14. 盐仕村党支部旧址（香洲街道新兴社区）
15. 汕尾市苏维埃政府遗址（东南楼）（新港街道海港社区）

16. 海陆丰中心县委遗址（沁园）（新港街道海滨社区）

17. 抗日新编大队宿营地遗迹（象地山）（新港街道新港村）

18. 芳荣村猫仔洞农会遗址（新港街道芳荣村）

19. 长沙村农会遗址（马宫街道长沙村）

20. 何香凝、柳亚子转移海丰登陆处（马宫）（马宫街道马宫社区）

21. 横岭山革命烈士纪念碑（东涌镇东石村）

22. 黄强、彭铿双英纪念碑（东涌镇东石村）

23. 湖田村农会、赤卫队旧址（东涌镇新湖村）

24. 三联村农会、赤卫队旧址（东涌镇新湖村）

25. 东品乡民运活动旧址（东涌镇新湖村）

26. 桂竹岭村农会、赤卫队遗址（东涌镇新湖村）

27. 黄强旧居（东涌镇东涌村）

28. 东涌乡农会旧址（东涌镇东涌村）

29. 天雷队铜锣寨战斗遗迹（东涌镇洪流村）

30. 铜锣寨村农会旧址（东涌镇洪流村）

31. 海陆丰人民自卫队石洲岭战斗遗迹（东涌镇石洲村）

32. 石洲村农会旧址（东涌镇石洲村）

33. 海丰县四区抗日民主政府成立大会遗址（东涌镇新安村）

34. 海丰县第四区委旧址（东涌镇新民村）

35. 海鹰队步美村突袭盐警遗迹（东涌镇新民村）

36. 抗日新编大队交通情报点旧址（步美村）（东涌镇新民村）

37. 步美村党支部旧址（东涌镇新民村）

38. 建茶村农会旧址（东涌镇新民村）

39. 海陆丰县委驻海南区办公旧址（东涌镇新民村）

40. 龙溪乡地下联络站旧址（东涌镇龙溪村）

41. 龙溪农会旧址（东涌镇龙溪村）

42. 安华大塘美村抗日游击队活动遗迹（东涌镇安华村）

43. 海丰抗日游击分队指挥所旧址（东涌镇安华大塘美村）

44. 东坑村农会旧址（捷胜镇东坑村）

45. 东坑村农民自卫军、赤卫队旧址（捷胜镇东坑村）

46. 捷胜革命烈士纪念碑（捷胜镇北门社区）

47. 刘胜信旧居（捷胜镇北门社区）

48. 李劳工旧居（捷胜镇西门社区）

49. 何丹成旧居（捷胜镇西门社区）

50. 克复捷胜战斗遗迹（捷胜镇东门社区）

51. 林务农旧居（捷胜镇东门社区）

52. 消灭龟龄岛海匪战斗遗迹（捷胜镇龟龄岛）

53. 红草抗日游击队活动遗迹（红草镇径口村）

54. 杨小岳旧居（红草镇新村村）

55. 杨捷江旧居（红草镇新村村）

56. 隐蔽柳亚子旧址（胜昌大院）（红草镇新村村）

57. 杨捷江烈士墓（红草镇新村村）

58. 海丰县第八区委旧址（红草镇青草社区）

59. 东纵六支税站党支部旧址（红草）（红草镇南汾村）

60. 康美峒赤卫队旧址（红草镇五雅村）

附录六 革命烈士英名录[①]

大革命和土地革命战争时期（共426人）

叶镜波　　黄　德（黄本青）　　黄球藤　　林少琼　　黄潭水
杨添岁　　梁炎卿　　曾娘编　　曾纪亲　　黄田心　　陈金强
欧潭宝　　刘友全　　欧　寅　　欧再式　　刘小妹　　欧再着
李　缘（李绵业）　　曾　赠　　蔡纪按　　蔡　检（蔡康庙）
蔡妈绘　　蔡　曲　　蔡　岳　　蔡兆棠　　蔡纪德（蔡举德）
罗妈银　　罗世梳　　王立石（王妈石）　　王永模　　王　阶
王　定（王　正）　　王世谋　　王世车　　王　强　　田　闹
卢潭城（卢城门）　　余之田　　蔡　崇　　许立好（许　宣）
许娘数　　陈洪九　　叶　相　　许　庆
许　淄（许　溜　许立忠）　　杨　迪　　杨　约
黄　立（黄　召）　　冯町文　　黄　进　　黄　再
黄　照（黄本谨）　　蔡　闹　　黄潭宗（黄本支）
黄拨伍（黄　皮）　　黄茂详（黄　如）　　黄　情（黄木琴）
黄　判　　林带娣（林　英）　　梁妈想　　何　尧
颜昌梁（颜娘弟）　　颜水贞　　颜绍珠　　颜妈建　　黄　彩
黄学存　　陈　芳（尾　仔）（女）　　黄学诗（黄潭赚）

[①] 共479人，不含红海湾开发区。

黄　宗（黄　堆）　　方妈潭　　　　黄　宽（黄学涉）
蔡敬群（蔡宗树）　　黄为国　　　　黄　卷（黄学卷）　　黄佛藤
罗　景（罗章郁）　　罗　景　　　　梁　看　　梁　王　　黄佛深
梁妈鲁　　梁　兼　　梁覃叹　　　　梁水深　　梁乃桑　　梁妈卡
梁妈以　　梁水光　　梁　活　　　　梁伯仁　　翁世栋　　王　政
黄娘镜　　黄景炎（黄纪南）　　　　巫　调　　张　实　　陈　把
曾娘破　　陈　尚（陈超聪）　　　　曾　锄　　陈　高　　曾　战
田　瑞（田荣源）　　蔡潭治　　　　蔡娘攀　　陈红九　　罗章逊
曾茂如（曾招意）　　刘　介　　　　魏娘辽（魏志民）　　杨　闯
王妈杉　　苏潭佐（苏潭做）　　　　王潮州　　蔡　陆
彭　坚（彭　铿　彭　贤　彭淑娟　彭淑媛）（女）　　吴潭珠
卢　途（卢势力）　　卢木达　　　　叶娘庇（叶娘屁）　　叶妈福
蔡　梳　　朱潭礼　　林仕轩　　　　邓玉枝（女）
许慧英（女）　　　　徐丽卿（女）　　　　　彭少琼（女）
许城四　　蔡妈立　　蔡　信　　　　蔡娘吉　　王宝珍（女）
王守香（王俊卿）　　苏镜波　　　　郑潭耀　　郑俊民　　杨利胜
罗妈程（罗协嵩）　　陈娘分　　　　洪庆心
何粦芳（何粼芳）（女）　　　　　　林佛舜　　吴　雨　　徐　钗
林胜玉（林作延）　　庄妈扶　　　　林　敬　　黄本海　　曾　懒
郑潭溪　　冯锦容　　辛　叠　　　　刘钟氏（女）　　　　蔡贵香
王庭保　　陈娘氏（女）　　　　　　江潭德　　沈茂芝　　林居莲
吴振明　　洪文构　　刘　义　　　　邓潭容　　叶水粘　　叶集侍
叶潭潮　　林端扬　　叶水纯　　　　陈月琴（女）　　　　杨米凡
杨捷广（杨捷莲）　　赖　黑　　　　林乃佑　　韩松泗　　韩　儿
李钟炎　　吴　颂　　邓英隋（黄　金）　　　　周朝定
蔡钟氏（女）　　　　翁潭清　　　　魏友德（魏潭妹）
吴　厅（钟　联）　　黄怎拖　　　　陈树林　　陈潭銮　　黄火逐

曾本一　　黄正赎　　黄妈就　　黄正教　　曾乃苍　　赖贵邓
林城进　　林妈积　　赖镰　　　张登宫　　刘保弟　　刘望
刘芳九　　刘愚九　　刘芎　　　刘妈林　　刘妈泗
丘赤浓（女）　　刘妈金　　黄娘集　　方围　　洪向随
洪庆史　　曾妈泽　　刘文杰　　叶妈许　　叶潭钳　　刘妈问
李钟泅　　刘坤　　　刘添锦　　吴潭浆　　余潭泉（余　清）
吴齐　　　吴猴　　　刘氏（女）　　　周妈党（周玉杯）
余灰（余定叶）　　余富　　　余埞湖（余乃水）
方潭来（方潭铸）　　方坎（方向深）　　方再圩　　方变
方金水（方金记）　　方服　　方堵　　陈乃火（陈如珍）
杨小岳　　杨元箱　　杨捷江　　洪本祝　　洪林氏（女）
林跃愈　　蔡毓瑶　　林世志　　刘宗仁　　刘宗帅
蔡少参（蔡小参）　　何玉芳（牡丹）（女）　　陈世奎
刘宗法　　吴最（女）　　蔡声　　梁伯如（女）
刘纪泽　　陈佛良　　胡达　　　麦命　　　李生　　　梁德
朱厂　　　林鲁（林礼）　　黄让全　　胡加　　　刘明德
黄爱梅（女）　　刘道安　　何念采　　何康民（何权）
刘道活　　何权　　　李投　　　陈顺盼　　林主政（林主权）
林妈祐　　周娘丙　　钟送　　　陈胜　　　蔡估　　　柯木福
肖开魁（肖乃发）　　蔡毓坊（蔡育坊）　　吴勤　　　蔡寿明
蔡毓旬　　刘志云（刘高云）　　蔡俊　　　蔡位忠　　郑娘教
莫捷光　　莫妈泉　　邝妈语　　林荫　　　林树武
林树定（林启英）　　林世济　　刘友达　　林醒群　　林世语
黄锡禄　　蔡湘（蔡沃）　　黄连高（黄良高）　　黄顺华
翁贞锦　　梁良岳　　张湘奕（张尚翼）　　翁锞（翁恢锞）
黄乐　　　何火照　　梁国英　　梁汉卿（女）　　蔡赤农
黄财　　　何火照（何念光）　　翁沛　　　何位苞（何位袍）

翁　勤　　黄　复　　林　骈　　梁秉刚　　蔡锦辉　　杨　九
陈妈营　　吴　火　　黄瑶英（女）　　　柯瑶英（女）
周汉明　　杨　青　　何秀利　　黄良成　　周　蚊　　李劳工
何醒农（何秀汤）　　何丹成（刘锡三　刘　胜）
周　墙（周子松）　　何　扶　　杨位求　　陈潭入
施友添（施　渡）　　陈继周　　施本香　　徐宪宽
徐克岳（徐潭参）　　徐达章　　徐壹轻　　邱乃巷　　徐夏明
邱　久（邱声龙）　　陈　淡　　陈　晓　　陈　伟　　黎贵健
黎田宝　　王　彬　　黎桂山　　黎周华　　黎　权（黎桂藩）
杨云捷　　杨集意　　邱　界（邱声桥）　　林极瑞　　黎贵兰
黎贵烈　　黎景云　　柯　坎　　陈　藩　　杨位限　　杨捷泰
杨　创　　曾　荫　　陈炳森　　杨宏泰　　陈潭柳　　林卓熊
林　铃　　苏灶叶（苏创业）　　陈　得（陈维明）　　颜妈恩
吕　冰（吕芳友）　　吴　法　　黄　文　　蔡业招　　张建超
陈维精　　杨　秋　　黄佛陈　　黄　攀（黄汉新）
卢大妹（女）　　　　吴　宽　　张　硕　　李　淡　　陈　松
梁　泽（梁　殿）　　陈德确　　黄妈招　　黄妈调　　林潭徐
郭　爪　　陈城州　　黄　羑　　黄生何　　黄生判　　黄生煜
黄　娥　　黄生旦　　黄来寿　　吴　汤（女）　　　　陈城旺
陈城钦　　李妈朝　　邓城海（邓城富）　　欧城金
邹　昌（邹鸿羽）　　邹维光　　邹拥库　　谢城寨　　黄娘恩
吴建民　　陈水丕　　刘　刨　　王少南　　刘　多　　李月表
刘　玫　　陈　永（陈存通）　　杜　喜

抗日战争时期（共10人）

罗　琛　　曾　荣　　蔡　烈　　许潭珍　　曾　眉　　曾　包
蔡长和　　王　情　　陈秀梯　　黄庆浩

解放战争时期（共43人）

王　谋	严振成	陈　满	余船蕉（余昭蕉）	陈保禄
曾纯安	李　民	王世保	黄　连（黄若望）	江　淡
梁锦伯	李　德	蔡和枢	黄雷义	黄俊义	黄绍义
黄绍义（黄乃港）	黄番九	吴腾意	缪潭政	张潭宝
叶乃寅	江国新	叶色平	曾　郎	曾　豆
许昌炽（许壮基）	韩　捷	许　田	韩　顺	许　用
林　汉	何　冷	刘甲乙	林　并	何　方（何　交）
施加银	黄卓盛（黄六妹）	梁　凤（女）	陈妈才
邹　乖	王桂容	钟兴南

——摘自汕尾市城区地方史志编纂委员会办公室：《汕尾市城区志》（1988—2007），方志出版社版2012年10月版，第893-918页。

参考文献资料

1. 中共海丰县委组织部、中共海丰县委党史研究室、海丰县档案馆合编：《中国共产党海丰县组织史资料》（1921—1949），广东人民出版社 1993 年版。

2. 中共海丰县委党史研究室编：《海陆怒潮——海陆丰革命斗争回忆录》（内部发行）（二）、（三），2016 年 10 月。

3. 海陆丰历史文化丛书编纂委员会编著：《海陆丰历史文化丛书》（卷六）音乐舞蹈武术，广东人民出版社 2013 年 1 月版。

4. 中共海丰县委党史研究室编：《彭湃和他的战友》，中共党史出版社 2006 年 9 月版。

5. 中共海丰县委党史研究室、中共汕尾市城区委党史研究室编：《中共海丰党史大事记》，广东人民出版社 1995 年 6 月版。

6. 中共海丰县委党史研究室编：《莲花山风云》，广东人民出版社 1991 年 5 月版。

7. 海丰县地方志编纂委员会：《海丰县志》，广东人民出版社 2005 年 8 月版。

8. 广东省海丰县水产局编、钟绵时主编：《海丰水产志》（内部发行），海丰县海洋与渔业局再版，2002 年 4 月。

9. 汕尾市市区盐务局编：《海丰盐业志》（内部发行），1997 年。

10. 中国人民政治协商会议广东省委员会编：《敢为人先——改革开放广东一千个率先》经济卷（上）、科技·教育卷，人民出版社 2015 年 10 月版。

11. 汕尾市城区地方史志编纂委员会办公室编：《汕尾市城区志》(1988~2007)，方志出版社 2012 年 10 月版。

12. 汕尾市城区地方史志编纂委员会办公室、汕尾市城区档案局（馆）、汕尾市城区大事记编辑部编：《汕尾市城区大事记》（远古—公元 2008 年）（内部发行），2009 年 4 月。

13. 中共汕尾市城区委组织部、中共汕尾市城区委党史研究室、汕尾市城区档案局编：《中国共产党广东省汕尾市城区组织史资料》（1921.7~1996.7），中央文献出版社 1997 年 4 月版。

14. 政协汕尾市城区委员会学习文史委员会编：《汕尾市城区文史》（内部发行）第一辑至第十辑。

15. 刘林松、江铁军著：《红军第二师第四师史》，广东人民出版社 1989 年版。

16. 刘丽君编译：《汕头大学学报（人文社会科学版）》，第 2 期第 8 卷。

17. 郑重：《故土恋（第一集）》，天津人民美术出版社 2000 年版。

18. 《程子华回忆录》，中央文献出版社 2005 年 5 月版。

19. 黄平：《无悔人生》（内部发行），2004 年 5 月。

20. 中共海丰县委党史研究室编：《海丰革命史料》，广东人民出版社 1999 年版。

21. 中共汕尾市城区委、汕尾市城区人民政府有关文件资料。

22. 海丰县第七区第八区革命斗争材料汇编：《我的参队及革命经历》，《慎独拾零》（内部发行）1957 年。

后记

在举国上下迎接新中国成立70周年，建党100周年的重大历史时刻，根据全国老促会、省老促会的部署和要求，经近一年时间的组织编纂，《汕尾市城区革命老区发展史》数易其稿，终于付梓出版了。

该书的编辑出版，是贯彻落实习近平总书记2013年2月在兰州军区视察时的讲话"发扬红色资源优势，深入进行党史军史和优良传统教育，把红色基因一代代传下去"的重要指示精神，致力传承红色基因、弘扬红色文化，以红色精神武装干部群众的头脑，不忘初心，砥砺前行，奋力打造文化强区，促进城区经济社会提速提质发展，把汕尾打造成为沿海经济带靓丽明珠的重要举措。

汕尾市城区是全国1599个革命老区县之一，是全国十三块革命根据地之一的海陆丰革命根据地的重要组成部分，有着光辉的革命历史和优良的革命传统，为中国革命作出了积极的贡献。该书的编写和出版有助于进一步推动汕尾市城区革命老区历史资料及红色文化的挖掘整理和传播，有助于促进老区精神的发扬光大，为社会各界更好地了解和支持汕尾市城区革命老区建设和发展提供一部有价值的学习和研究资料。

自2018年6月底，该书启动编纂以来，中共汕尾市城区委、汕尾市城区人民政府高度重视，区委、区政府成立了汕尾市城区革命老区发展史编纂委员会，市委常委、区委书记李庆新（2019年10月离任），区委书记林钢捷（2019年10月任职），区委副书记、区长罗光钊任编委会顾问；区委副书记、区政法委书记郑良斌任编委会主任；区委常委、宣传部长叶凯旋，副区长余正茂，区政协原主席吴大集，区人大常委会原常务副主任、区老促会会长陈镜炉任编委会副主任；区直有关部门主要负责人为编委会成员。编委会下设编辑部，吴大集任主编，抽调精干人员组成编辑力量。由区老促会牵头，区委党史研究室参与负责日常编纂协调工作。在启动较慢、资料缺乏、经验不足的情况下，编辑部全体人员不辞劳累、不厌其烦、默默耕耘、全力以赴，认真学习和理解全国和省老促会的指导意见，紧紧围绕革命老区革命与发展这条红线，集中体现城区在党的领导和彭湃等革命先辈"敢为人先，无私奉献"革命精神的指引下，城区人民光荣的革命斗争史，注重突出革命精神和光荣传统的弘扬和宣传，促进老区红色文化资源的挖掘整理。编辑人员广泛查阅资料、虚心走访学习、潜心伏案编写、反复修改完善，从拟定提纲、搜集资料、分工编写、形成初稿、定稿成书，用了一年余的时间，终成册出版，全书约25万字。

在编写该书的过程中，市委常委、区委书记李庆新，区委书记林钢捷，区委副书记、区长罗光钊十分重视，作了批示要求；区委副书记、区政法委书记郑良斌对该书编纂工作作动员和部署，并解决日常编纂工作中碰到的困难和问题；同时，得到了区领导孔卓文、叶凯旋、余正茂，市老促会会长王世顶及其他老同志，区老促会会长陈镜炉、副会长邵银洲，区老促会原会长吕子春、副会长黄彩的关心和指导；得到了95岁高龄的离休革命老同志黄平、省工商局原副巡视员陈建生、汕尾市海洋与渔业局原副调研员陈锤，区人大常委会原副主任曾昭群，区政协党组原副书记陈汉杞，区委办公室原副主任钟训成等的悉心指导；得到了区地方志办公室等区直有关部门、海丰县老促会、中共海丰县委党史研究室、海丰县档案局，以及广大文史爱好者、摄影爱好者的鼎力支持和帮助，他们无私提供文史资料和图片，热心提出宝贵意见，对该书的编纂和顺利出版起到了积极的帮助作用。2019年5月31日，汕尾市城区革命老区发展史评审小组召开了评审会，并通过了对该书的评审。在此，对支持和关心该书编纂工作的各级党政领导和社会各界人士表示衷心的感谢。

由于该书历史跨度长、涵盖范围广、史料不足、编纂时间紧，加上我们水平所限，在内容、结构、史料等方面还存在诸多不足，错漏之处在所难免，恳请专家读者批评指正。

《汕尾市城区革命老区发展史》编辑部

2019年12月